高职交通运输与土建类专业系列教材

高等职业教育新形态一体化教材
国家自然科学基金项目（41972270）资助

TBM 法施工

Construction by TBM Method

焦胜军　陈　馈　毛红梅　**主编**
刘泉声　王江卡　**主审**

人民交通出版社
北京

内 容 提 要

本书为高职交通运输与土建类专业系列教材之一。本书基于作者及其团队在 TBM 法施工技术方面的教学与科研成果及 TBM 法施工技术实践，重点介绍 TBM 法施工技术。全书分为十四个单元，分别从 TBM 的认知、TBM 选型、TBM 适应性设计、地质勘察、施工准备、TBM 现场组装调试、地质超前预报、施工测量、TBM 掘进与支护、TBM 施工运输、监控量测、TBM 设备管理等方面，对 TBM 选型、适应性设计、设备管理与关键施工技术等进行了系统性的阐述，同时介绍了 TBM 在极硬岩地层、岩爆地层、软弱地层、破碎地层、富水构造带等不同类型特殊地质洞段的 TBM 施工技术，并从地质风险、设备风险、人员风险、作业环境风险等四个方面总结提出了 TBM 施工风险防控措施与建议。每单元均提炼出了对应的知识目标、能力目标和素质目标，更有利于读者学习与掌握对应任务下的内容；教材中嵌入了二维码动态教学资源链接（含 TBM 教学视频、TBM 工程案例、TBM 讲座、微课等），符合信息时代学习者的学习习惯，体现了新时代新形态一体化教材建设的理念和方向。

全书内容深入浅出，资料翔实，图文并茂，可作为高职院校地下与隧道工程技术相关专业的教材，也可供 TBM 设计、施工、工程管理、科研等相关专业技术人员学习参考。

图书在版编目（CIP）数据

TBM 法施工 / 焦胜军，陈馈，毛红梅主编. — 北京：人民交通出版社股份有限公司，2024.5
ISBN 978-7-114-19002-5

Ⅰ.①T… Ⅱ.①焦…②陈…③毛… Ⅲ.①全断面开挖—隧道施工—高等职业教育—教材 Ⅳ.①U455.41

中国国家版本馆 CIP 数据核字（2023）第 183446 号

TBM Fa Shigong
书　　名：TBM 法施工
著 作 者：焦胜军　陈　馈　毛红梅
责任编辑：李　娜
责任校对：赵媛媛　魏佳宁
责任印制：刘高彤
出版发行：人民交通出版社
地　　址：(100011) 北京市朝阳区安定门外外馆斜街 3 号
网　　址：http://www.ccpcl.com.cn
销售电话：(010)59757973
总 经 销：人民交通出版社发行部
经　　销：各地新华书店
印　　刷：中国电影出版社印刷厂
开　　本：787×1092　1/16
印　　张：14.5
字　　数：345 千
版　　次：2024 年 5 月　第 1 版
印　　次：2024 年 5 月　第 1 次印刷
书　　号：ISBN 978-7-114-19002-5
定　　价：45.00 元

(有印刷、装订质量问题的图书，由本社负责调换)

《TBM 法施工》编委会

主　　编：焦胜军　陈　馈　毛红梅
副 主 编：陈莎莎　杨露伟　刘作威　张宏达　吴朝来
参编人员：贾连辉　姜留涛　刘建卫　郭　军　张岩涛
　　　　　张　凌　杨延栋　宁向可　王连山　卢　松
　　　　　张志强　王小凤　宋秀清　高攀科　程光威
主　　审：刘泉声　王江卡
主编单位：陕西铁路工程职业技术学院
　　　　　湖南中天凿岩科技有限公司
　　　　　中铁隧道局集团有限公司
　　　　　中铁工程装备集团有限公司
　　　　　凌远科技股份有限公司
　　　　　盾构及掘进技术国家重点实验室

前言 Preface

全断面岩石隧道掘进机(TBM)是一种集机、电、液压、传感、信息技术于一体的隧道施工成套智能装备,在实现连续掘进的同时,完成破岩、出渣、支护等作业,实现了隧道施工的工厂化作业,掘进速度较快,效率较高。与钻爆法相比,TBM法虽然具有快速、优质、高效、安全、环保及自动化、信息化程度高的优点,但由于隧道工程地质和周边作业环境极其复杂,TBM隧道施工长期受制于极硬岩、岩爆、软弱地层、破碎地层、富水构造带等诸多不良地质。随着我国"西部大开发""交通强国"等国家战略的深入推进,重大基础设施迅猛发展,众多超长深埋复杂地质隧道作为控制性工程,施工风险大、建设周期长,亟须突破复杂地质条件下TBM施工关键技术难题。针对TBM技术行业发展现状,本教材以TBM法施工技术为切入点,结合我国各种复杂特殊地层的TBM施工案例进行阐述,以期促进我国TBM技术领域的教学、科研成果共享,推动TBM法施工技术的健康、快速发展。

本教材共十四个单元,由陕西铁路工程职业技术学院牵头编写。该书由焦胜军、陈馈、毛红梅担任主编,陈莎莎、杨露伟、刘作威、张宏达、吴朝来担任副主编。武汉大学刘泉声教授及中国中铁股份有限公司总承包分公司、中铁(广州)投资发展有限公司王江卡教授级高级工程师担任主审。

本教材主要编写分工如下:单元一"TBM的认知"(焦胜军、陈莎莎、刘作威);单元二"TBM选型"(陈馈、陈莎莎、杨延栋);单元三"TBM适应性设计"(陈馈、杨露伟);单元四"地质勘察"(焦胜军、毛红梅);单元五"施工准备"(焦胜军、刘作威);单元六"TBM现场组装调试"(陈馈、陈莎莎、张宏达);单元七"地质超前预报"(焦胜军、杨露伟);单元八"施工测量"(焦胜军、杨露伟);单元九"TBM掘进与支护"(毛红梅、张岩涛、张宏达);单元十"TBM施工运输"(毛红梅、刘作威);单元十一"监控量测"(焦胜军、杨露伟);单元十二"TBM设备管理"(陈馈、吴朝来、张凌);单元十三"特殊地层TBM施工"(陈馈、焦胜军);单元十四"TBM施工风险控制"(陈馈、刘作威)。本教材配套有丰富的教学资源,主要包括TBM教学视频、TBM工程案例、TBM讲座、微课等,由陈馈、毛红梅、杨露伟、刘作威等整理。另外,TBM技术领域的同行贾连辉、郭军、姜留涛、刘建卫、宁向可、王连山、卢松、张志强、王小凤、宋秀清、高攀科、程光威等提供或编写教学资源资料,在此对他们的辛勤付出表示真诚感谢。

由于时间仓促,本书的微课录制仍待完善,我们将持续努力,期待再版时予以更新。尽管作者为本教材付出了大量的心血,但书中难免有错漏和不当之处,敬请广大读者批评指正。

期望本教材能给我国 TBM 法施工的教学与科研提供参考和借鉴。

2024 年 1 月

教材配套资源说明

本教材配套了丰富的教学资源，通过多种知识呈现形式，为教学组织和教学实施服务，可有效激发学生的学习兴趣和积极性。

具体资源类型主要包括 TBM 教学视频、TBM 工程案例、TBM 讲座、微课等。列表说明如下，读者可扫描书中二维码在线观看学习。

（一）TBM 教学视频

序号	资源名称	页码
1	主梁敞开式 TBM	7
2	单护盾 TBM	10
3	双护盾 TBM	12
4	罗宾斯主梁式 TBM	22
5	罗宾斯双护盾 TBM	22
6	海瑞克 S210 敞开式 TBM	22
7	海瑞克双护盾 TBM	22
8	秦岭隧道 TBM 施工	26
9	高压水力耦合破岩	35
10	岩爆	171
11	圣哥达基线隧道 TBM 施工	184
12	涌水	196

（二）TBM 工程案例

序号	资源名称	页码
1	西康铁路秦岭隧道 TBM 施工关键技术	201
2	西南铁路磨沟岭隧道 TBM 施工关键技术	
3	兰渝铁路西秦岭隧道 TBM 施工关键技术	
4	南疆铁路中天山隧道 TBM 施工关键技术	
5	大瑞铁路高黎贡山隧道 TBM 施工关键技术	
6	引汉济渭秦岭隧洞工程 TBM 施工关键技术	
7	吉林引松供水工程 4 标 TBM 施工关键技术	
8	引洮供水工程 7 号隧洞 TBM 施工关键技术	
9	青海引大济湟工程 TBM 施工关键技术	
10	陕西引红济石工程 TBM 施工关键技术	

续上表

序号	资源名称	页码
11	重庆轨道交通 5 号线工程 TBM 施工关键技术	201
12	青岛地铁 2 号线工程 TBM 施工关键技术	

(三) TBM 讲座

序号	资源名称	页码
1	TBM 施工技术概论	3
2	TBM 构造原理及选型	6
3	我国 TBM 技术发展历程与新技术进展	23
4	TBM 及盾构施工隧道超前地质预报技术	115
5	TBM 关键施工工艺	125
6	硬岩 TBM 掘进关键技术	126
7	TBM 法隧道围岩支护技术及案例	130
8	典型地层 TBM 配置及掘进技术	170
9	TBM 不良地质掘进针对性措施	171
10	引汉济渭秦岭隧洞岭南工程 TBM 施工主要问题及应对措施	176
11	敞开式 TBM 施工技术与应用	181
12	引洮供水单护盾 TBM 施工	183
13	西秦岭隧道 TBM 施工	183
14	单护盾 TBM 在重庆地区的应用	183
15	复杂不良地质条件下 TBM 施工重难点及关键技术	192
16	双护盾 TBM 在青岛地铁的应用	192
17	双护盾 TBM 在华南地区的首次应用	192
18	深部复合地层隧道 TBM 施工风险与选型设计制造应用关键问题	206

(四) 微课

序号	资源名称	页码
1	围岩分级方法	90
2	施工准备	94
3	隧道地质超前预报及其质量验收基本知识	114
4	地质素描	115
5	超前水平钻孔预报	115

续上表

序号	资源名称	页码
6	地震波法超前预报	115
7	地质雷达法超前地质预报	115
8	隧道监控量测概述	140
9	隧道施工监测信息管理平台1	141
10	隧道施工监测信息管理平台2	141

教师可加入高职铁道类教育平台QQ群(189546008)进行交流与研讨。

目录 Contents

单元一　TBM 的认知 ... 1
任务一　TBM 基本概念与分类认知 ... 2
任务二　TBM 构造与工作原理认知 ... 6
任务三　TBM 起源与发展认知 ... 14
思考题 ... 42

单元二　TBM 选型 ... 43
任务一　TBM 选型理论 ... 44
任务二　TBM 选型案例 ... 48
思考题 ... 55

单元三　TBM 适应性设计 ... 57
任务一　TBM 掘进性能要求 ... 58
任务二　TBM 关键参数设计 ... 60
任务三　TBM 刀盘刀具设计 ... 66
思考题 ... 83

单元四　地质勘察 ... 85
任务一　地质调查与勘察 ... 86
任务二　地质参数测试与评价 ... 87
任务三　隧道围岩分级 ... 89
思考题 ... 91

单元五　施工准备 ... 93
任务一　施工准备要点 ... 94
任务二　技术准备 ... 95
任务三　设备设施与材料准备 ... 96
任务四　临时工程 ... 97

任务五　安全环保与防灾 ………………………………………………… 97
　　　思考题 ……………………………………………………………………… 98

单元六　TBM现场组装调试 ………………………………………………… 99
　　　任务一　TBM组装 ………………………………………………………… 100
　　　任务二　TBM调试 ………………………………………………………… 111
　　　思考题 ……………………………………………………………………… 112

单元七　地质超前预报 ……………………………………………………… 113
　　　任务一　地质超前预报内容 …………………………………………… 114
　　　任务二　地质超前预报方式方法 ……………………………………… 115
　　　思考题 ……………………………………………………………………… 116

单元八　施工测量 …………………………………………………………… 117
　　　任务一　施工测量要点 ………………………………………………… 118
　　　任务二　施工测量主要内容 …………………………………………… 119
　　　思考题 ……………………………………………………………………… 122

单元九　TBM掘进与支护 …………………………………………………… 123
　　　任务一　掘进与支护的基本要求 ……………………………………… 125
　　　任务二　TBM掘进 ………………………………………………………… 126
　　　任务三　支护与衬砌 …………………………………………………… 129
　　　思考题 ……………………………………………………………………… 130

单元十　TBM施工运输 ……………………………………………………… 133
　　　任务一　TBM施工出渣 …………………………………………………… 134
　　　任务二　TBM施工物料运输 ……………………………………………… 136
　　　思考题 ……………………………………………………………………… 138

单元十一　监控量测 ………………………………………………………… 139
　　　任务一　监控内容与方法 ……………………………………………… 140
　　　任务二　管理标准及信息反馈 ………………………………………… 141
　　　思考题 ……………………………………………………………………… 142

单元十二　TBM设备管理 …………………………………………………… 143
　　　任务一　TBM全寿命周期管理 …………………………………………… 144

任务二　TBM 状态监测 ·· 144
　　任务三　TBM 油水检测 ·· 145
　　任务四　TBM 关键系统维护保养 ······································ 147
　　思考题 ·· 165

单元十三　特殊地层 TBM 施工　167

　　任务一　极硬岩地层 TBM 施工 ······································ 168
　　任务二　岩爆地层 TBM 施工 ·· 171
　　任务三　软弱地层 TBM 施工 ·· 178
　　任务四　破碎地层 TBM 施工 ·· 183
　　任务五　富水构造带 TBM 施工 ······································ 192
　　思考题 ·· 202

单元十四　TBM 施工风险控制　203

　　任务一　TBM 施工风险识别 ·· 204
　　任务二　TBM 施工风险分析 ·· 206
　　任务三　TBM 施工风险管理 ·· 210
　　任务四　TBM 施工风险防控对策 ······································ 211
　　思考题 ·· 215

参考文献　216

单元一

TBM 的认知

【单元描述】

本单元主要介绍 TBM 与 TBM 法的基本概念；介绍 TBM 与盾构的区别、TBM 的分类、TBM 基本构造与工作原理；介绍 TBM 的起源与发展历程。

【学习目标】

1. 知识目标

(1) 掌握 TBM 与 TBM 法的基本概念、原理、工法特点；

(2) 掌握 TBM 的基本类型及其发展历程。

2. 能力目标

(1) 能够正确描述 TBM 与 TBM 法施工的基本原理；

(2) 能够正确区分 TBM 的基本类型及其适用范围。

3. 素质目标

(1) 培养学生归纳总结能力、语言组织能力及对比分析能力；

(2) 通过多样化 TBM 类型的学习，培养学生的创新思维；

(3) 通过对 TBM 基本构造与工作原理的阐述，培养学生隧道及地下工程的基本安全意识；

(4) 通过对"TBM 的起源及在国外的最初发展"的学习，了解国内外差距，树立攻克"卡脖子"关键技术的信心；

(5) 通过对"TBM 在中国的发展历程"的学习，提升学生对中国制造的信心，培养学生的民族自豪感，增强"四个自信"。

任务一　TBM 基本概念与分类认知

一、TBM 的概念

TBM 是"隧道掘进机"英文"Tunnel Boring Machine"的缩写,在日本和我国,习惯上将用于软土地层的具有开挖面稳定机构的全断面隧道掘进机称为盾构(图 1-1 为土压平衡盾构外形及其结构;图 1-2 为泥水平衡盾构外形及其结构),将用于岩石地层的没有开挖面稳定机构的全断面隧道掘进机称为 TBM(图 1-3 为敞开式 TBM 外形及其结构)。

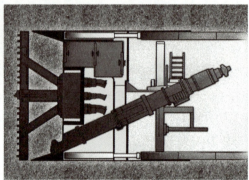

图 1-1　土压平衡盾构外形及其结构

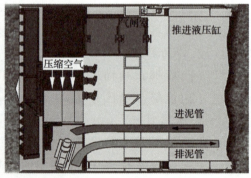

图 1-2　泥水平衡盾构外形及其结构

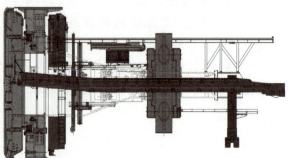

图 1-3　敞开式 TBM 外形及其结构

本书所述的 TBM 是指全断面岩石隧道掘进机,是一种依靠刀盘旋转破岩推进,使滚刀挤压破碎岩石,采用主机皮带输送机出渣,并使隧道全断面一次成型的大型专用装备。

现代 TBM 采用了机械、电子、液压、激光、控制等领域的高科技成果,运用计算机控制、闭路电视监视、工厂化作业,是集掘进、支护、出渣、运输于一体的成套装备。采用 TBM 施工,无论是在隧道的一次成型、施工进度、施工安全、施工环境、工程质量等方面,还是在人力资源的配置方面,都比传统的钻爆法施工有了质的飞跃。

TBM 具有掘进、出渣、导向、支护四大基本功能,对于复杂地层,还配备超前地质预报设备。掘进功能主要由刀盘旋转带动滚刀在开挖面破岩以及为 TBM 提供动力的扭矩系统和推进系统完成;出渣功能一般分为导渣、铲渣、溜渣、运渣四部分;导向功能主要包括确定方向、调整方向、调整偏转;支护功能分为掘进前未开挖的地层预处理、开挖后洞壁的局部支护以及全部洞壁的衬砌或管片拼装;超前地质预报系统一般由超前钻机和自带的物探系统组成。

二 TBM 法的概念与工法特点

1. TBM 法基本概念

TBM 法是使用岩石隧道掘进机(TBM)施工隧道(洞)的方法,是靠旋转并推进刀盘,以盘形滚刀为主要破岩方式进行岩石破碎,从而使隧道(洞)全断面一次成型的施工方法;利用回转刀盘,借助推进装置的作用力,从而使得刀盘上的滚刀(或辅以其他破岩方式)破碎岩石,以达到开挖隧道(洞)的目的;破碎的岩石被刀盘铲斗铲拾至刀盘中心,通过刀盘中心的皮带输送机运送出来。

2. TBM 法施工优点

TBM 法与钻爆法相比,主要具有以下优点:

讲座:TBM 施工技术概论

(1)快速。钻爆法受地质条件影响较大,工期相对较长。TBM 是一种集机、电、液压、传感、信息技术于一体的隧道施工成套设备,可以实现连续掘进,能同时完成破岩、出渣、支护等作业,实现了工厂化施工,掘进速度较快,效率较高。

(2)优质。钻爆法对围岩的扰动破坏性较大,非人为造成的超挖量较大。TBM 采用滚刀进行破岩,避免了爆破作业,成洞周围岩层不会受爆破振动而破坏,洞壁完整光滑,超挖量少。

(3)高效。TBM 施工速度快,缩短了工期,较大地提高了经济效益和社会效益;同时由于超挖量小,节省了大量衬砌费用。TBM 施工作业人员少,降低了劳动强度和材料消耗。

(4)安全。钻爆法采用炸药爆破,安全隐患较大。采用 TBM 施工,改善了作业人员的洞内劳动条件,减轻了体力劳动,避免了爆破施工可能造成的人员伤亡,使事故大大减少。

(5)环保。钻爆法采用炸药爆破,会产生大量有害气体,污染环境;对于较长隧道,需开设支洞,修建道路,对环境影响较大。TBM 施工不用炸药爆破,对施工现场环境污染小;减少了长大隧道的辅助导坑数量,保护了生态环境。钻爆法因爆破产生的振动对周围建筑物影响较大,TBM 施工对周边建筑物基本无影响。

(6)自动化、信息化程度高。钻爆法人力资源投入大,设备投入多,自动化及信息化程度不高。TBM采用了计算机控制、传感器、激光导向、测量、超前地质探测、通信技术，集机、光、电、气、液压、传感、信息技术于一体，具有自动化程度高的优点。TBM具有施工数据采集功能、TBM姿态管理功能、施工数据管理功能、施工数据实时传输功能，可实现信息化施工。

3. TBM法施工缺点

TBM的地质针对性较强，不同的地质条件、不同的隧道断面，需要设计满足不同施工要求的TBM，需要配置适应不同要求的辅助设备。

（1）地质适应性受限。TBM比较适合于在地层变化小、岩体完整性好、岩石强度中等的地层施工，TBM对隧道的地层十分敏感，不同类型的TBM适用的地层条件也不同，一般的软岩、硬岩、断层破碎带，可采用不同类型的TBM辅以必要的预加固和支护设备进行掘进，但对于大型的岩溶暗河发育的隧道、较大规模的断层破碎带、高石英含量的石英砂岩、膨胀性围岩、高地应力区强烈岩爆洞段及塑性变形严重洞段、软岩大变形隧道、可能发生较大规模突水涌泥的隧道等特殊不良地质隧道，则不太适宜采用TBM施工。在这些情况下，采用钻爆法更能发挥其机动灵活的优越性。一般情况下，以Ⅱ、Ⅲ级围岩为主的隧道较适合采用敞开式TBM施工，以Ⅲ、Ⅳ级围岩为主的隧道较适合采用单护盾或双护盾TBM施工，对于以Ⅴ级围岩为主和地下水位较高的城市浅埋隧道或越江隧道则较适合采用盾构法施工。

（2）不适宜短距离隧道的施工。由于TBM体积庞大，运输移动较困难，施工准备和辅助施工的配套系统较复杂，加工制造工期长，对于短隧道和中长隧道很难发挥其优越性。国外实践表明，当隧道长度与直径之比大于600时，采用TBM施工是比较经济的。对于一般的单线铁路隧道，开挖直径通常为9~10m，按此计算，大于6km的隧道就可以考虑采用TBM施工。发达国家的隧道施工，一般优先考虑TBM法，只有在TBM法不适宜时才考虑采用钻爆法。我国则相反，钻爆法施工一直是我国的强项，采用钻爆法已成功修建了5000多公里的铁路隧道，且钻爆法施工的进度仍在逐年加快。在我国，一般认为，小于10km的隧道难以发挥TBM的优越性，而钻爆法则具有相对经济的优势；对于10~20km的特长隧道，可以对TBM法和钻爆法施工进行经济技术比较，选择适宜的施工方法；对于大于20km的特长隧道，则宜优先采用TBM法施工。另外，对于穿越江河、城市建筑物密集或地下水位较高的隧道，考虑到施工安全和沉降控制等因素，不论隧道长短，宜优先考虑采用盾构法施工。

（3）断面适应性较差。采用TBM施工断面直径过小时，后配套系统不易布置，施工较困难；而断面过大时，又会带来电能不足、运输困难、造价昂贵等种种问题。一般地，较适宜采用TBM施工的隧道断面直径为3~12m；对直径在12~15m的隧道应根据围岩情况和掘进长度、外界条件等因素综合比较；对于直径大于15m的隧道，则不宜采用TBM施工。另一方面，变断面隧道也不能采用TBM施工。

（4）运输较困难，对施工场地有特殊要求。TBM属大型专用设备，全套设备重达几千吨，最大部件重量达上百吨，拼装长度最长达200多米。同时洞外配套设施多，主要有混凝土搅拌系统，管片预制厂，修理车间，配件库，材料库，供水、供电、供风系统，运渣和翻渣系统，装卸调运系统，进场场区道路，TBM组装场地等。这些对隧道的施工场地和运输方案等都提出了很高的要求，有些隧道虽然长度和地质条件较适合TBM施工，但运输道路难以满足要求，或者现场不具备布置TBM施工场地的条件。

(5)设备购置及使用成本高。TBM施工需要高负荷的电力保证,需要高素质的技术人员和管理队伍,前期购买设备的费用较高,这些都直接影响到TBM施工的适用性。

(6)非掘进作业占用工期长。采用TBM法施工的深埋长大隧洞,从TBM设备订货开始到TBM试掘进,需要经历TBM的选型论证、设计联络、设计制造、厂内组装与调试、海运或陆运、现场组装与调试等环节;在TBM正常掘进后,可能由于地质风险、TBM设备风险、专业技术管理控制风险等,导致可预见或不可预见的非正常停机。所有这些对TBM施工来说既占用工期又无进尺可言的操作,如卡机事故的脱困处理、更换主轴承等,均称之为非掘进作业。非掘进作业占掘进作业的比率相当高,对于采用TBM法的隧洞工程,设计和施工均应对非掘进作业给予充分的考虑,以便做出科学、合理的施工组织设计。

4. TBM法施工组织设计特点

TBM的施工组织设计应充分考虑到TBM设备采购周期较长(制造周期为11～12个月)的特点,按工期要求,有计划地合理组织好TBM及后配套设备的采购工作。

应充分考虑TBM对地质的适应性,根据隧道的围岩条件选用适应地质条件的TBM,合理组织好TBM及后配套设备的选型工作,并组织好TBM设备的监造工作。

应充分考虑到使用TBM的特殊性,做好施工现场的准备工作,包括用电线路的架设,通往施工现场的道路、桥梁的修筑和加固,临时工程的施工工作,组织好TBM大件的运输、安装、调试、掘进准备工作,并做好技术培训和材料、机具需要量计划;以上这些与TBM的购置同步进行。

应充分考虑TBM施工特点和TBM通过特殊地质地段的设计方案、工程措施以及场地及水电情况对TBM的特殊要求。

三 TBM与盾构的区别

1. 是否具有开挖面稳定功能

TBM是以岩石地层为掘进对象,它与盾构的主要区别是不具备泥水压、土压等维护掌子面稳定的功能,常用于山岭隧道施工,目前已经拓展应用于城市地铁和煤矿开采。而盾构施工主要由稳定开挖面、掘进及排土、管片衬砌及壁后注浆三大要素组成。其中开挖面的稳定方法是盾构工作原理的主要方面,也是盾构区别于TBM的主要方面。

TBM是以岩石地层为掘进对象,以掘为主,要求掘得进,其次才是推得动、撑得住、排得出。盾构以盾为主,要求稳得住,以稳定为中心,以稳为主,其次才是掘得进、排得出。

2. 刀盘是否具有铲拾岩渣功能

TBM刀盘与盾构刀盘的区别如下:

TBM刀盘均为面板式,且刀盘具有铲拾岩渣的功能。TBM刀盘面板上布置盘形滚刀,通过盘形滚刀自转以及随刀盘的公转破岩,被盘形滚刀破碎的岩渣从TBM刀盘与掌子面的间隙掉落堆积在隧道底部,然后通过刀盘周边的刮刀刮入铲斗,随着刀盘的转动被提升到刀盘轴线以上,岩渣受重力作用,沿刀盘背面的溜渣板滑落至布置在刀盘中部的皮带机上,运出隧道。

盾构刀盘有面板式和辐条式两种,刀盘没有铲拾岩渣的功能。盾构刀盘面板上有开口,开口两侧布置有切刀,掌子面被切削形成的渣土直接从刀盘开口进入刀盘内,通过螺旋输送机或者泥水回路输送出土仓。

3. 是否具有主撑靴系统

盾构没有主撑靴系统,仅仅依靠推进液压缸支撑在管片上提供向前推进的反作用力;而 TBM 除单护盾 TBM 外,一般具有主撑靴系统,通过主撑靴撑紧洞壁以承受向前推进的反作用力及反扭矩。

4. 是否采用中心皮带机出渣

TBM 一般采用主机中心皮带式输送机出渣,而盾构则通过螺旋输送机或泥水回路出渣。

四 TBM 分类及其适用范围

常规 TBM 主要分为敞开式 TBM、单护盾 TBM、双护盾 TBM 三种类型,分别适用于不同的地质条件。

敞开式 TBM 主要用于自稳性好的隧道;双护盾 TBM 主要适用于部分或反复出现软弱破碎地层的隧道;单护盾 TBM 主要适用于破碎及以软岩围岩为主的隧道。

随着 TBM 技术的进步以及 TBM 适应复杂地质的需要,除了上述三种类型外,还有同时具备 TBM 和盾构功能的多模式 TBM。多模式 TBM 是在单护盾 TBM 工作模式的基础上增加了盾构密闭式功能,主要包括土压/单护盾双模式 TBM、泥水/单护盾双模式 TBM、土压/泥水/单护盾三模式 TBM。

任务二 TBM 构造与工作原理认知

一 敞开式 TBM 构造与工作原理

敞开式 TBM 除部分机型机头上方约 120°范围内有栅格式防护外,其余大部分作业都暴露于隧道空间之中。位于最前方的刀盘在主驱动电动机带动下,借助侧向支撑机构提供的反作用力推进刀盘切割岩石。随后借助机械手进行钢拱架安装和锚杆、喷射混凝土等初期支护施工。这种类型的 TBM 为在较完整的围岩条件下进行隧道开挖和支护提供了方便,支护方式具有较大的灵活性。

敞开式 TBM 主要用于围岩自稳性好的隧道。在敞开式 TBM 上,配置了钢拱架安装器和喷锚等辅助设备,以适应地质的变化;当采取有效支护手段后,也可应用于软岩隧道。

讲座:TBM 构造原理及选型

1. 敞开式 TBM 基本构造

敞开式 TBM 在欧洲称为 Gripper TBM,即撑靴式 TBM。敞开式 TBM 采用新奥法围岩支护工艺,不采用管片衬砌,在中高强度围岩条件下能实现快速掘进,在软弱围岩及断裂带地层应用时,需使用支护设备及时提供围岩支护,避免松散破碎围岩垮塌,以保证施工安全和快速。敞开式 TBM 结构组成见图 1-4,其中,刀盘为开挖工具,采用皮带机输送渣土,锚杆钻机及拱架安装器用于支护,撑靴及推进液压缸用于支撑推进。

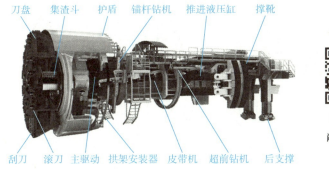

视频:主梁
敞开式 TBM

图 1-4　敞开式 TBM

根据 TBM 支撑洞壁结构的不同,敞开式 TBM 主要分为凯式敞开式 TBM 和主梁敞开式 TBM 两种机型。维尔特公司(Wirth)主要采用凯式敞开式 TBM(图 1-5),海瑞克公司(Herrenknecht)、罗宾斯公司(Robbins)和中国的 TBM 制造商主要采用主梁敞开式 TBM(图 1-6),其中主梁敞开式 TBM 又可分为单对水平支撑主梁敞开式 TBM 和双对水平支撑主梁敞开式 TBM(图 1-7)。

图 1-5　凯式敞开式 TBM

图 1-6　主梁敞开式 TBM

主梁敞开式 TBM 与凯式敞开式 TBM 最大的区别在于为 TBM 提供推进反力的撑靴系统。如图 1-8 所示为主梁敞开式 TBM 的整机构造图,主要由主机、设备桥和后配套系统组成,主机主要由刀盘、主驱动系统(含主轴承)、护盾、推进及支撑系统、后支撑、主机皮带机、辅助支护系统等部分组成,主机是 TBM 系统的核心部分,完成主要掘进和部分支护工作。后配套系统通过设备桥与主机相连,由一系列相连的钢结构台车组成,用于布置液压动力系统、供电和控制系统、供排水系统、通风除尘系统、出渣系统、支护系统等。

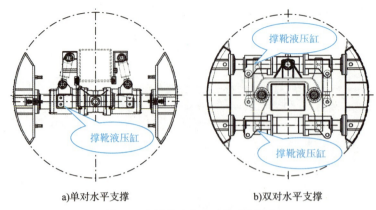

a) 单对水平支撑　　　　b) 双对水平支撑

图 1-7　主梁敞开式 TBM 的两种形式

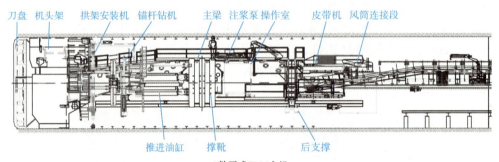

a) 敞开式TBM主机

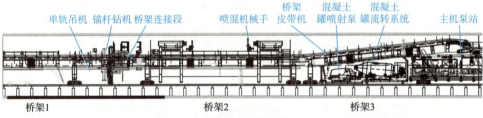

b) 敞开式TBM设备桥

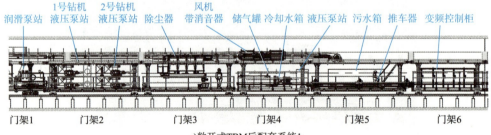

c) 敞开式TBM后配套系统1

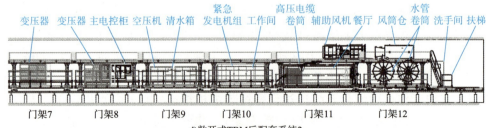

d) 敞开式TBM后配套系统2

图 1-8　主梁敞开式 TBM 整体构造

2. 敞开式 TBM 工作原理

采用敞开式 TBM 进行隧道(洞)掘进时,装有滚刀的旋转刀盘在推力、扭矩作用下抵住掌子面,盘形滚刀绕着刀盘中心公转,同时也绕自身中心自转,滚刀在掌子面滚动,当荷载超过岩石的破坏强度时,岩石破碎、滚刀贯入岩石,掌子面被滚刀挤压碎裂形成同心圆沟槽。随着沟槽深度的增加,岩体表面裂纹加深扩大,当超过岩石剪切和拉伸强度时,相邻同心圆沟槽间的岩石成片剥落,形成岩渣。通过刀盘上的刮板铲拾岩渣,经过刀盘的溜渣槽滑落到机器中心位置,然后经漏斗状的集渣环落到主机皮带机上,在主机皮带机的末端,岩渣转由后配套皮带输送机或有轨运输,完成岩渣的转运。通过软弱破碎等不良地层时,可利用超前钻机,对掌子面前方的岩土条件进行钻探,并在必要时实施地质改良;需要对掌子面后方的围岩实施临时支护时,主要利用锚杆、钢筋网和钢拱架实现围岩临时支护。围岩渗水可利用掘进机底部的排水系统抽排。在后配套区通过喷射混凝土对已开挖隧道(洞)内壁进行支护。所有必要的供应设施均安装在后配套区,除了混凝土喷射以外,常常还包括仰拱块安装。撑靴作为敞开式 TBM 的支撑、换步的结构,同时也用作 TBM 导向。

施工中需要不断对 TBM 的位置、姿态进行监测,根据掘进中 TBM 的姿态决定是否对 TBM 进行调向。对于掘进机方向控制,凯式与主梁式 TBM 各有不同。凯式 TBM 是后支撑装在内凯氏机架上,位于外凯氏机架的后面,后支撑通过液压缸控制伸缩,还可用液压缸作横向调整;后支撑缩回时,内凯氏机架的位置能够在水平和垂直方向上调整,以调整 TBM 的隧道(洞)中线。主梁敞开式 TBM 是借助撑靴区的液压缸,通过主梁进行竖向和横向移动,从而实现对掘进方向精确控制。

敞开式 TBM 的掘进循环由掘进作业和换步作业交替组成。换步作业是利用支撑系统完成,TBM 掘进时撑靴撑紧洞壁,推进液压缸推动刀盘掘进破岩,被破碎的岩石由刀盘的铲斗落入出渣系统后运至洞外。

敞开式 TBM 适用于洞壁岩石能自稳并能经受水平支撑的巨大支撑力的情况,掘进时,伸出水平支撑,撑紧洞壁,收起前支撑和后支撑,起动皮带机,刀盘回转,开始掘进;掘进一个循环后,进行换步作业。

敞开式 TBM 的掘进循环工作原理如图 1-9 所示。

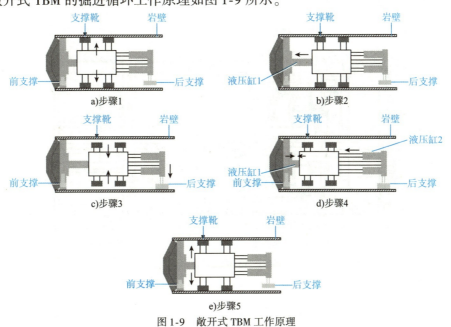

图 1-9 敞开式 TBM 工作原理

步骤1:撑靴液压缸伸出,撑靴撑紧岩壁,前支撑、后支撑缩回,做好掘进准备;

步骤2:推进液压缸伸出,推动刀盘向前完成一个循环掘进后停止;

步骤3:前支撑、后支撑伸出来支撑设备,撑靴系统收回;

步骤4:液压缸1缩短,液压缸2伸长,外凯向前滑移一个行程长度;

步骤5:前后外凯的撑靴重新撑紧在洞壁上,前、后支撑缩回,开始新的掘进循环。

二、单护盾 TBM 构造与工作原理

单护盾 TBM 是将机头置于护盾的保护之下,刀盘在主驱动电动机带动下旋转切割岩石,刀盘前进的推力由已经完成的衬砌体提供。单护盾 TBM 实现了在护盾保护下进行隧道开挖和衬砌作业,大大提高了施工安全性。由于受衬砌体强度的限制,不可能提供很大的推力,因此只能适用于强度不高的围岩条件。

视频:单护盾 TBM

单护盾 TBM 主要适用于破碎及以软岩围岩为主的隧道。单护盾 TBM 推进时,要利用管片作为支撑,其作业原理类似于盾构,与双护盾 TBM 相比,掘进与安装管片两者不能同时进行,施工速度较慢。单护盾 TBM 与盾构的区别有两点:一是单护盾 TBM 采用皮带机出渣,而盾构则采用螺旋输送机出渣或采用泥浆泵通过管道出渣;二是单护盾 TBM 不具备平衡掌子面的功能,而盾构则采用土仓压力或泥水压力平衡开挖面的水土压力。

1. 单护盾 TBM 基本构造

单护盾 TBM 与敞开式 TBM 的主要区别是前者在刀盘后面带有一个护盾(图1-10),在护盾的保护下有管片安装设备,配合管片衬砌工艺,在岩层中可实现高效掘进,减少停机时间。单护盾 TBM 采用管片或管段支撑围岩,在脆性岩层或低强度岩层中掘进,使掘进过程与隧道(洞)衬砌之间的相互依赖降至最低,一般不需要额外的支护措施来支护围岩,这样能够提高掘进的速度。

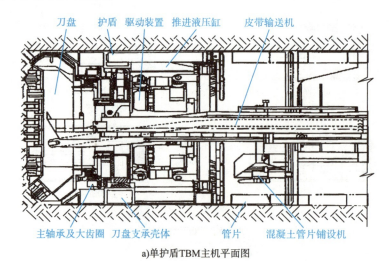

a)单护盾TBM主机平面图

图 1-10

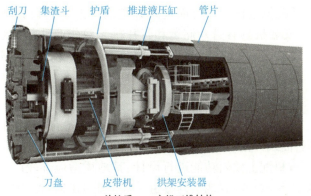

b) 单护盾TBM主机三维结构
图1-10 单护盾TBM主机组成

单护盾 TBM 刀盘上配置了盘形滚刀、刮刀、铲斗、喷嘴、耐磨保护装置等。机头架为箱形结构，为主轴承、主驱动设备及刀盘提供支撑。推进液压缸沿盾体圆周方向布置，每根推进液压缸配置靴板，靴板与液压缸球头和球套连接，靴板可将液压缸推力均匀地作用在管片接触面上。盾体滚转纠偏装置可调整推进液压缸与隧洞轴线的夹角。铰接液压缸连接掘进机中盾与尾盾，能使盾尾根据线路情况调整尾盾与中盾的夹角，满足掘进机转弯的需要。主机皮带机将落入刀盘内的岩渣运输至后配套皮带机，主机皮带机满足最高掘进速度的需要并有富余系数。前盾用于支撑机头架，并在前盾布置稳定器以减少开挖过程的振动。

单护盾 TBM 即装有调向液压缸的固定式驱动机构，以及装有铰接轴承或者扭矩液压缸，再配上辅助纵向移动液压缸的可伸缩式驱动机构。这些控制机构使得 TBM 可以建造转弯半径非常小的隧道(洞)。无论采用哪一种驱动机构，都可将刀盘退回，从而可以直接到达掌子面。如果刀盘处于常压环境下，那么作业人员可进入掌子面与刀盘之间的空间，易于更换在掘进过程中受磨损的滚刀。

2. 单护盾 TBM 工作原理

单护盾 TBM 的推力是由推进液压缸作用于护盾内安装的管片反力提供的。掘进时推进液压缸的后部顶在已经完成衬砌的钢筋混凝土管片上，推进液压缸伸出，推动刀盘前进。推进行程结束后，TBM 停止前进，推进液压缸回缩归位，新的混凝土管片在盾尾拼装，开始进入下一循环。单护盾 TBM 适用于开挖地层以软弱围岩为主、岩体抗压强度低的隧道(洞)，掘进后通过管片拼环支护。相比敞开式 TBM 在软弱围岩地层必须采用辅助支护措施具有较大优势。

单护盾 TBM 一般依靠推进液压缸倾斜调整，获得盾体滚转纠滚的反力矩。纠滚反力矩很大，该反力矩通过液压缸倾斜后靴板与管片的摩擦力传递到管片环上，管片环也会发生滚转，管片的纠偏更加困难，当滚转超过一定程度，掘进施工就难以进行。因此单护盾 TBM 配置的刀盘最好具备双向旋转切削、溜渣功能，借助于刀盘的正反转对盾体滚转进行纠偏，简单、有效、可靠，更重要的是避免了管片环滚转。

三 双护盾 TBM 构造与工作原理

双护盾 TBM 主要适用于部分或反复出现软弱破碎地层的隧道。双护盾 TBM 按照隧道管片拼装作业与开挖掘进作业并进而连续开挖的理念进行设计,按快速施工的设计要求,掘进机的管片安装机具有管片储运和管片拼装双作业功能。双护盾 TBM 在地质条件良好时掘进与安装管片可以同时进行,且在任何循环模式下都是在敞开状态下掘进。

1. 双护盾 TBM 基本构造

视频:双护盾 TBM

双护盾 TBM 又称伸缩护盾式 TBM,装备有两节壳体,具有防止开挖面坍塌,曲线开挖,且能套筒式伸缩而并进作业的功能。双护盾 TBM 按照硬岩掘进机配上软岩功能进行设计,其地质适应性较广,主要适用于部分或反复出现软弱破碎地层的隧道。双护盾 TBM 的结构如图 1-11 所示。

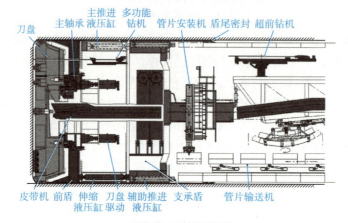

a)双护盾TBM结构平面图

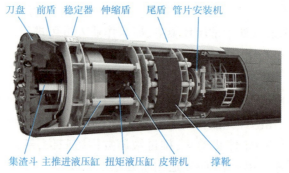

b)双护盾TBM三维结构图

图 1-11　双护盾 TBM 结构图

双护盾 TBM 与敞开式 TBM 不同的是双护盾 TBM 具有全圆的护盾,与单护盾 TBM 不同的是双护盾 TBM 在地质条件良好时掘进与安装管片可以同时进行。伸缩护盾形式是双护盾 TBM 独有的结构特点,是实现软硬岩作业转换的关键。

双护盾 TBM 具有双护盾掘进和单护盾掘进两种掘进模式。双护盾掘进模式适用于稳定性好的地层及围岩有小规模剥落而具有较好稳定性的地层,此时洞壁岩石能自稳并能经受水平支撑的巨大支撑力,掘进时伸出水平支撑靴撑紧洞壁,由支撑靴提供掘进反力;单护盾掘进模式则适用于不稳定及不良地质地段,由管片提供掘进反力。

2. 双护盾 TBM 工作原理

（1）双护盾掘进模式

在围岩稳定性较好的硬岩地层中掘进时，撑靴紧撑洞壁为主推进液压缸提供反力，使 TBM 向前推进，刀盘的反扭矩由两个位于支撑盾的反扭矩液压缸提供，掘进与管片安装同步进行。此时 TBM 作业循环为：掘进与安装管片→撑靴收回换步→再支撑→再掘进与安装管片，具体步骤见图 1-12。

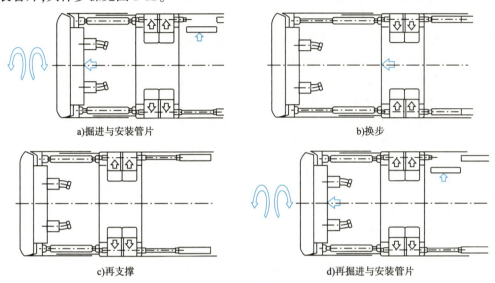

a) 掘进与安装管片　　　　　　　　　b) 换步

c) 再支撑　　　　　　　　　d) 再掘进与安装管片

图 1-12　双护盾掘进模式（硬岩模式）

（2）单护盾掘进模式

在软弱围岩地层中掘进时，洞壁岩石不能为水平支撑提供足够的支撑力，支撑系统与主推进系统不再使用，伸缩护盾处于收缩位置。刀盘的扭矩由盾壳与围岩的摩擦力提供，刀盘的推力由辅助推进液压缸支撑在管片上提供，TBM 掘进与管片安装不能同步。此时 TBM 作业循环为：掘进→换步（辅助液压缸缩回）→安装管片→再掘进，具体见图 1-13。

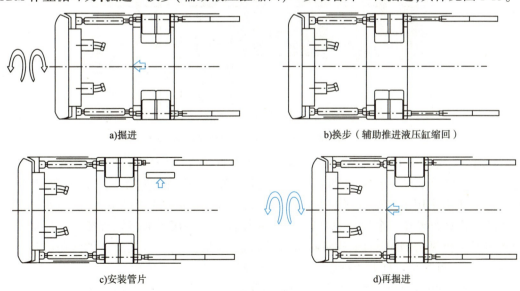

a) 掘进　　　　　　　　　b) 换步（辅助推进液压缸缩回）

c) 安装管片　　　　　　　　　d) 再掘进

图 1-13　单护盾掘进模式（软岩模式）

任务三　TBM 起源与发展认知

一　TBM 的起源及在国外的最初发展

铁路时代的到来，极大地促进了隧道施工技术与装备的大发展。19 世纪初，在工业化发展的进程中，随着铁路网的扩大，隧道工程获得飞速发展。当时，在稳定岩层中一般采用钻爆法施工。隧道掘进的初步机械化，始于发展高效钻机，用于钻孔爆破，与此同时，人们也开始试验采用全断面机械破岩。

世界上首台 TBM，并不是真正意义上的全断面 TBM，因为并未在全断面上采用刀具破岩，而是沿隧道掌子面的圆形轮廓线，先切割出凹槽，然后将掘进机撤回，将余留的部分，采用钻爆手段或传统的机械胀裂法松动破碎。1846 年，比利时工程师毛瑟（Henri-Joseph Maus）为建设 Mont-Cenis 隧道设计制造的掘进机就是基于这种方法。尽管这台机器（图 1-14）在一条试验隧道中工作了 2 年，证实了它的功效，但由于当时驱动技术不太成熟，而未能在 Mont-Cenis 隧道工程中实际使用。当时这台掘进机掘进所需的能量，由设于隧道口的水力设备提供，并通过一套机构穿过隧道，传输到机器。考虑到 Mont-Cenis 隧道长达 12290m，毛瑟预测，水力设备产生的 75kW 的功率中，只有 22kW 传输到了机器。此外，由于当时采用的机器材质不能适应掘进要求，造成了刀具的严重磨损。虽然存在这些问题，但毛瑟的机器还是达到了日进 7m 的平均效率，如加上更换刀具所花费的时间，日进度可视为 5m。

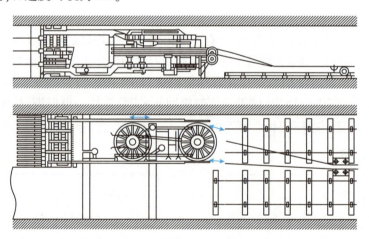

图 1-14　Maus 发明的 TBM"片山机"（1846 年）

1851 年，美国人 Charles Wilson 研制了一台岩石掘进机（TBM），但在 1856 年才申报专利。该机已显示出一台现代 TBM 所具备的各种特点，故被视为第一台按机掘原理制造的 TBM。机上采用了 Wilson 早在 1847 年就制造并申报专利的盘形滚刀，机器在全断面上切割。刀具布置在一个旋转的刀盘上，钻进所需的推进压力通过侧支撑对岩层的支撑力来实现。和现代 TBM 对比，这种掘进机的刀盘是凸出的，而且其旋转轴线与隧道的中心线呈直角，布置在刀盘上的盘形滚刀将掌子面切割成一个半球形岩面。

1853 年，Wilson 对此台掘进机（图 1-15）又进行了多次试运转，在美国马萨诸塞州波士顿胡萨克隧道(Hoosac Tunnel)约掘进3m后,由于盘形滚刀的问题,人们认为该机不具备与成熟的钻爆技术有竞争能力。

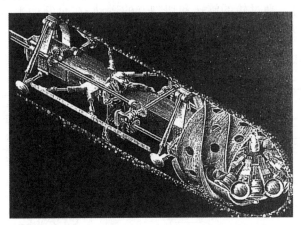

图1-15　C.Wilson研制的TBM用于Hoosac隧道(1853年)

第二台类似的TBM,由豪普特(Haupt)设计,在1857年美国韦斯特波特市进行试验,开凿了一个直径2.44m的导洞。

1875年,Wilson依据他在掘进机方面的经验,对TBM进一步进行了改进,并申报了专利(图1-16)。此次,对刀盘做了全新的设计,不再在岩面上采用刀具进行全断面破岩,而是仅切割出一个外环和一个中心孔。因而仅在刀盘周边和转轴上安装滚刀,当达到最大切割深度后,机器回撤,用炸药将余留的岩石破碎。其优点是保持了断面轮廓的精确性,以这种方式破岩,当时实践证明效果良好。

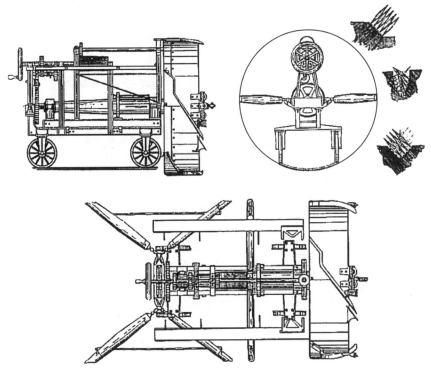

图1-16　由Wilson改进的TBM,美国专利号:17650(1875年)

1853年，Wilson在Hoosac隧道试验TBM的同时，美国人Ebenezer Talbot研制出一台TBM，该机采用盘形滚刀和旋转式切割轮。该机将盘形滚刀布置在两个可在切割轮上运动的摇臂上（图1-17）。通过轮的旋转和切割臂的运动，在全断面上破岩。但Tallot研制的这台机器，在直径为5.18m的断面上进行初次试掘就失败了。

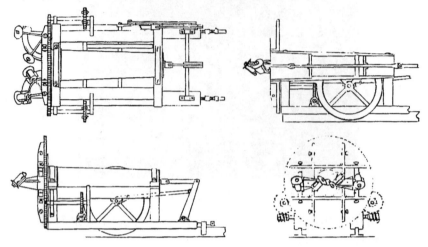

图1-17　Ebenezer Talbot研制的带钻头和摇臂的TBM，美国专利号9774（1853年）

Cooke和Hunter（Wales）于1866年在他们的发明专利（图1-18）中，提出了一种全新的隧道掘进机系统。该系统不采用围绕隧道纵轴旋转的刀盘，而是采用三个滚筒，围绕着隧道的水平横轴旋转。中间的滚筒直径最大，而且位置超前于其他两个滚筒，外侧的两个滚筒则起着扩孔作用。该机所切割出的断面为矩形。切割岩面时，岩渣沿旋转方向排出。但是，这台机器当时并未实际制造。

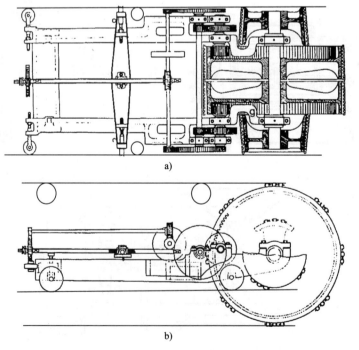

图1-18　Cooke和Hunter设计的TBM，美国专利号：433（1866年）

Frederick E. B. Beaumont 于 1863 年申报了一个装有齿形刀具的 TBM 专利,但在一条输水隧洞工程应用中宣告失败;而后,他于 1875 年又申报了一个带可旋转切削刀盘的 TBM 专利(图 1-19)。

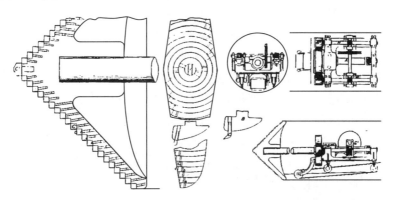

图 1-19　Beaumont 的 TBM,美国专利号:4166(1863 年)

此切削刀盘由多个径向布置的切割臂构成,每个切割臂末端装一个水平轴,在锥形切割臂上安装有钢齿,钻头的顶部形成一个较大的锥形齿。掘进力靠一台压缩空气驱动的液压泵产生。该专利被 Colonel T.(英国人)所采纳,他研制了一台机器,并于 1880 年申报专利,在切割臂上留有筒状槽,刀具被拧紧在槽中,这是一项设计创新,旨在更换刀具时,不将掘进机退出岩面。两个切割臂上布置刀具的原则是,能在岩面上切割出沟槽,两沟槽间余留岩石,可在切割过程中崩落。掘进机的下部底架设有排渣装备和钻头传动装置。上部框架则与钻进机构连在一起,钻进机构靠液压缸推进。这样,首次实现了在推进钻头时,不松开机器在隧道岩壁上的支撑机构。采用此种工作方式,可产生较高的推压力,而且至今仍是新型掘进机的设计基础。

Beaumont 在 1881 年按照 Colonel 的专利制造了两台机器(图 1-20),并将它们用于掘进输水隧洞。1882—1883 年间,这两台机器的工作卓有成效,然而,由于政治原因,后来却不得不中止工作。

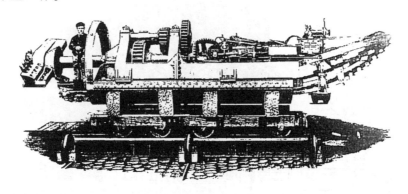

图 1-20　Beaumont(英国)-隧道掘进机 $\phi 2.13m$(1882 年)

在此后的几十年中,人们没有再采用掘进机进行隧道施工。以上的这些尝试,见证了工程师们的远见卓识和开拓创新的精神,为隧道掘进机的成功研制和应用奠定了基础。这些硬岩隧道掘进机的技术后来逐渐被软土盾构借用。

伦敦地铁建设的蓬勃发展和伦敦的黏土地质,都有利于盾构的机械化发展。1893

年,罗宾斯(J. J. Robbins)注册专利——一台具有旋转刀盘(带刀具)、液压千斤顶、铸铁管片、皮带排渣系统的盾构。这台专利盾构还设计有盾尾密封,盾尾密封对于盾构在含水地层非常必要。虽有专利,但当时没有制造样机。由于刀盘驱动设备安装在距离刀盘轴线非常近的位置,因此它的缺点是驱动扭矩负载过大。这一问题被普莱斯(J. Price)在1896年解决,他改进了刀盘驱动,将驱动设备装在更靠近刀盘边缘的区域,后成功应用于伦敦的黏土地层中施工。1901年,改进后的盾构开始逐渐被商业化生产,机械化的软土盾构问世。

同时,在矿山中掘进较软岩层时,掘进机的使用也获得了较大成功。20世纪初,掘进机用于岩矿的巷道掘进。1916年,被称为"铁矿工"的掘进机首次掘进时,采用了装有切割刀具并循环运转的滚筒作为切割轮,掘出的断面为矩形(图1-21)。

图1-21　Schmidt, Kranz&Co.制造的"铁矿工"巷道掘进机(1916年)

1931年,由Schmidt, Kranz&Co.制造的巷道掘进机则获得了更大成功。该机器由主机、钻车、张紧车、电缆车和排渣带构成(图1-22),这种三臂式切割轮装有刀具,每班平均掘进效率达5m,共需5名工人操纵机器。此台机器也曾用于匈牙利某煤矿施工,从当时的观点看,此台机器的缺点是尺寸和重量大,拐弯不灵活,机器后退费时。

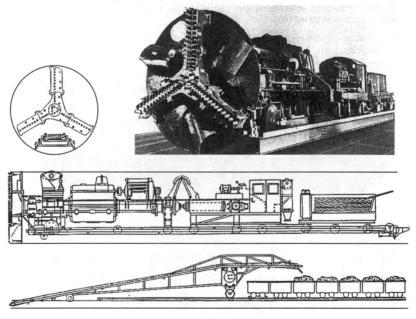

图1-22　由Schmidt, Kray&Co.制造的巷道掘进机 ϕ3m(1931年)

在此后的实践中,又将该机器用于快速掘进试验平峒和通风平峒。20世纪20年代,由Whittaker制造的用于掘进输水隧洞的TBM(图1-23)与此台机器有突出的相似之处。该机在Folkestone的下白垩纪岩层中掘进试验平峒,平均速度达到2.7m/h。

图1-23　Whittaker研制的TBMφ3.6m(1922年)

20世纪50年代,当代TBM掘进工艺技术的突破,迎来了TBM大发展的新时代。这一大发展离不开詹姆斯·罗宾斯(J. S. Robbins)。1930年,詹姆斯·罗宾斯从当时的密歇根采矿学校毕业,当时他对TBM的历史一无所知,后来的十五年他四处漂泊,在加利福尼亚的坚硬岩石中开矿,在阿拉斯加淘金。第二次世界大战以后,詹姆斯·罗宾斯在伊利诺伊成为一名采矿咨询工程师。1952年,詹姆斯·罗宾斯和一名叫F. K. Mittry的隧道承包人见了面。当时,Mittry刚在南达科他州皮尔中标了一个输水隧洞工程项目。

皮尔附近的基岩充满裂缝和断层,地质学家甚至特意标明为皮尔页岩。皮尔页岩的脆弱使得爆破施工极其困难,Mittry投标时义无反顾,他知道需要大量时间和精力解决皮尔页岩的开挖问题,但那是中标以后的事。于是中标后,他开始访问咨询工程师。

Robbins给他出了一个主意。当时采矿业刚刚开始非爆破开挖掘进技术的发展。基本思路是将一批金属齿或者镐,切入采煤工作面,然后旋转,在工作面上形成一个切口。而悬挂于金属尖齿之间的旋转轮则将表面的松散煤层带下。

当然,隧道的使用环境截然不同。隧道的精度要求远高于煤矿挖掘,而且断面尺寸也大为不同。但Mittry慧眼独具,一举选定Robbins的方案并委托其制造一台机器。

1953年,机器研制成功,并成功地应用于南达科他州俄亥俄大坝工程,开挖一条直径7.85m的隧道,该隧道穿越了节理破碎的页岩地层。这是世界上第一台真正意义上的TBM,是一台现代意义上的软岩TBM,与以前不同的是,该TBM的表现令人惊奇。大转盘将岩石像花生壳那样搅碎,隧道以每天160ft(1ft=0.3048m)的速度推进。这是一个惊人的数字,几乎是同时代的钻爆法施工速度的10倍。Robbins虽然没有建造世界上第一台TBM,但他制造了第一台能在软岩中高效工作的TBM,他实现了百年来的突破。

Robbins看到了TBM发展的广阔前景,于是他创办了世界上第一家专门研究制造TBM的公司——S. Robbins & Associates公司(即后来的Robbins公司)。

1955年,Robbins又为某坝的工程建设连续制造了3台直径2.44m的TBM,这3台TBM均不能认为是成功的,因为这些机器仅能应用于掘进稳定的、较软的岩层。在对页岩、石灰岩的互层岩体及硬石灰岩的岩体掘进中,很快暴露出一些弱点,其中,最突出的问题是碳化钨钻头经常会使硬岩脱落,不得不停机进行维修。如此反复,浪费了大量时间,且钻头本身也价格昂贵。Robbins绞尽脑汁思索化解之道。1956年的某一天他突发奇想,决定去掉所有的钻头,乍一看似乎不合理,因为理论上,钻头主要负责切入岩石,而碟片则负责收集碎石。但他的直觉是对的,没有钻头后,那些稍经改造的碟片(被罗宾斯称为破碎轮,即盘形滚刀)更能独立高效地完成作业,并能有效破碎多伦多项目单轴抗压强度140MPa的岩石。Robbins制造的直径3.27m的中硬岩TBM,成功地通过了工业性试验,盘形滚刀的应用是全断面硬岩TBM的重要标志,是硬岩TBM发展中的一个重要转折点。Robbins研制的这台TBM是第一台采用盘形滚刀作为唯一刀具的全断面支撑式(国内称敞开式)TBM,在多伦多为掘进Humber排水隧道进行的预试验中证明,采用盘形滚刀不仅刀具寿命提高,而且掘进效率较高[图1-24a)]。采用TBM,在Hunber排水隧道施工中遇到的岩层为砂岩、石灰岩和黏土,日掘进最高速度达30m[图1-24b)]。

a) Robbins第一台TBM,910-101型 Oahe-Damm,φ8m(1953年)

b) Robbins支撑式TBM,131-106型,Humber河,排水隧道(加拿大多伦多),φ3.27m(1957年)

图1-24　Robbins TBM

随着Robbins在TBM研制方面的成功,开启了岩石隧道掘进机蓬勃发展的新时代。很多设备制造商进入掘进机制造行业,如北美的Hughes、Alkirk-Lawrence、Jarva和Willians也开始制造TBM。当今的主梁式TBM和凯式TBM,也起源于这个时期。

掘进机在欧洲的发展,稍微滞后了一段时间,但在初期却朝着另外的发展方向。基于捷克Bata-机器在奥地利某煤矿的使用经验,奥地利工程师沃尔迈耶尔(Wohl-meyer)研制了采用铣削式刀具进行后切割的技术[图1-25a)]。这项技术和Bade公司的技术一样,用得比较少。Bade公司的TBM布置成3个相互运转的旋转式刀头[图1-25b)]。尽管有1台沃尔迈耶尔掘进机在Alb平峒以及Seikan隧道的辅助平峒中取得了较好的应用效果,但此种机型在鲁尔矿区的试运行中仍遭到了挫折。

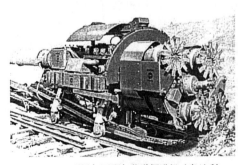

a) SBM720型沃尔迈耶尔巷道掘进机(奥地利Alpine公司),φ3m(1958年)

b) SVM40型隧道掘进机(Bade),用于硬煤煤矿,φ4m(1961年)

图1-25　掘进机在欧洲的初期发展

采用这种后切割原理,所要求的推进压力较小,而且能够掘出非圆形断面,此后几十年,Habegger、Atlas、Krapp、IHI 和 Wirth 公司也从事了这方面的研发工作。Bade 公司的掘进机分为前后两部分,前一部分带有刀盘,后一部分起着刀盘架的支座作用,通过 4 个大支撑轮,靠液压撑紧在隧道岩壁上,当推进缸推进一个行程后,它再前移。在当今使用的双护盾掘进机上,仍能看到这种工作模式。

20 世纪 60 年代,德国的制造商,如 Demag 公司、Wirth 公司等开始制造 TBM,其特点是以掘进硬岩为目的。刀盘上采用了地下深孔钻进技术中所使用的球形和齿形刀具。随着盘形滚刀硬度的提高,这种刀具已可用于其他硬岩,60 年代末期,采用扩孔方式首次掘进了大断面倾斜隧道,扩孔钻进的发展与 Marer 公司有着密切关联(图 1-26)。

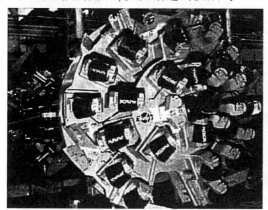 

a)TBⅡ-300E型斜巷掘进机,掘进Emosson压力平峒, b)TBE770/1046H型扩孔式掘进机,掘进
ϕ3m(1968年) Sonnenberg隧道,ϕ7.7m/10.46m(1969年)

图 1-26　Wirth TBM 的特种形状

20 世纪 60 年代和 80 年代的目标,定位于掘进破碎岩层和大的隧道断面,岩层的稳定时间在这时起着至关重要的作用。1962 年在 Mangla 水坝采用一台开挖直径为 11.17m 的敞开式 TBM 获得成功。受其鼓舞,1971 年在瑞士掘进 Heitersberg 隧道(ϕ10.65m),同样也采用了 1 台敞开式 TBM。当时采用的支护形式是钢拱架、锚杆以及加钢筋网的喷射混凝土,但受这些支护形式的制约,未能达到预期的掘进效率。而后 Locher 和 Prader 公司将用于 Heitersberg 隧道的这台 Robbins 敞开式 TBM 改造成 1 台护盾式 TBM,采用预制管片支护方式,1980 年在 Gubrist 隧道(ϕ11.5m)掘进中获得成功[图 1-27a)]。此外,Robbins 和 Herrenknecht 公司制造了直径为 11~12.5m 的此种类型的护盾式 TBM。

与此同时,Carto Grandori 开发设计出双护盾 TBM,并与 Robbins 合作,于 1972 年应用于意大利的 Sila 压力平峒(ϕ4.32m),如图 1-27b)所示。

开发这种机型的基本想法是,在地质条件较好时,能作为高效掘进的敞开式 TBM;遇到岩层条件变坏时,也能较灵活地作盾构使用。该机自 1972 年投入使用并成功得到改进以来,在有利的岩层条件下,双护盾 TBM 配合预制管片支护达到了较高的掘进效率。因此很多著名的 TBM 制造商都优先制造中等直径的双护盾 TBM。20 世纪 80 年代末,在掘进一条输水隧洞时,遇到了对隧道工程技术十分有利的白垩纪岩层,使双护盾 TBM 达到了很高的掘进效率,给人们留下了深刻印象。

敞开式 TBM 制造商,在发展护盾式 TBM 的同时,也在考虑敞开式 TBM 在必要时如何进行早期支护的问题,曾经尝试在主机范围内采用喷射混凝土支护。

a) Locher/Prader 单护盾 TBM，掘进 Gubrist 隧道，ϕ11.5m（1980年）　　b) 144-151型 Robbins 双护盾 TBM 掘进 Sila 压力隧道，ϕ4.32m（1972年）

图 1-27　护盾式 TBM

如今的技术水平则体现为，大直径 TBM 掘进时，尽可能在刀盘护盾/局部护盾后面直接安装钢拱架和系统锚杆。对于较小的 TBM，在机身范围内采用辅助机械装置安装支护材料有困难，如需早期支护，只能进行手工操作，从而使掘进效率相应降低。

目前敞开式 TBM 的发展趋势，要在机器范围内，尽早机械化安装支护材料，以便通过缩短支护时间，提高掘进效率，在当今的 TBM 上，有效掘进时间已达 80%～90%，所以若想通过继续增加有效掘进时间来提升掘进效率的空间已很小。

采用敞开式 TBM，在未来的工艺发展中，要求将常规隧道施工中的支护手段与机器掘进更好地配合起来。尽管采用单护盾 TBM 没有出现过频繁卡机现象，但人们还是要求对护盾式 TBM 采用的刚性支护进行革新。

视频：罗宾斯主梁式 TBM

视频：罗宾斯双护盾 TBM

视频：海瑞克 S210 敞开式 TBM

视频：海瑞克双护盾 TBM

从最早的"远古式"TBM，到当代的"高技术型"TBM，工程师们走过了漫长而艰辛的道路。

罗宾斯公司在推动 TBM 技术的发展过程中起到了重要作用，于 1953 年完成设计制造并应用世界上第一台真正意义上的 TBM，该 TBM 采用主梁式结构，为以后的 TBM 发展奠定了基础；1965 年，罗宾斯公司研制出世界上第一台单护盾 TBM 并投入运行；在此基础上，1972 年，罗宾斯公司与 SELI 公司合作推出第一台双护盾 TBM。

德国维尔特公司于 1967 年开始制造 TBM，其生产的第一台 TBM 的直径为 2.14m，用于奥地利 263m 长的 Ginzling 隧道。1982 年 1 月为南美金矿制造了 1 台直径为 3.4m 的 TBM，应用较成功，其自制的滚刀也有较高的承载力。1983 年，维尔特公司开始制造双护盾 TBM。1994 年，为瑞士 19.062km 长的弗莱娜（Vereina）隧道制造了 1 台直径为 7.64m 的敞开式 TBM；为秦岭隧道制造了 2 台直径为 8.8m 的敞开式 TBM。1999 年，为西班牙制造了 1 台直径为 12.5m 的敞开式 TBM。

成立于 1977 年的德国海瑞克公司是硬岩 TBM 行业的后起之秀，1990 年为瑞士 Bözberg 隧道制造的 1 台单护盾 TBM 是该公司有记载的第一台 TBM。

2000 年，意大利 SELI 公司在与 Robbins 公司于 1972 年合作发明的双护盾 TBM 的基础上，提出了通用紧凑型 TBM 的设计。意大利 SELI 公司既设计制造 TBM，同时也开展 TBM 施工业务，在 TBM 不良地质施工救援方面具有丰富的施工经验。

虽然盾构最早是基于软土而研制,岩石掘进机是基于硬岩而研制,但随着工程建设发展的需要,盾构和岩石掘进机的共同点却越来越多。同时,为适应工程复杂地质的需要,目前已开发了具备"TBM+盾构"的双模式 TBM 和具备"TBM+土压平衡+泥水平衡"的三模式 TBM。

二 TBM 在我国的发展历程

我国 TBM 技术的发展始于 20 世纪 60 年代,经过近 60 年的发展,在 TBM 自主研发水平和自主施工技术方面均取得了跨越式发展。我国 TBM 技术的发展可归纳为艰辛探索阶段、设备引进阶段、联合制造阶段和自主创新阶段四个阶段。2020 年我国研发出当前世界最大直径(15.084m)TBM,应用于格鲁吉亚,打破了 TBM 最大直径世界纪录。

1. 艰辛探索阶段

艰辛探索阶段主要指 1964—1984 年期间。

1964 年,经周恩来总理批准,在国家科委领导下,成立了全断面岩石隧道掘进机攻关小组,完全自力更生,开始了国产 TBM 的研制,由上海勘测设计院机械设计室、北京水利水电学院机电系分别进行方案设计。

1965 年,TBM 的研制列入国家重点科研项目,由当时的水电部抽调技术力量,以上海勘测设计院机械设计室为主,集中在上海水工机械厂进行现场设计,1966 年制造出了 1 台直径为 3.5m 的 TBM,这是我国的第一台 TBM。该 TBM 在云南下关的西洱河水电站引水隧道进行工业性试验,开挖地质为花岗片麻岩及石灰岩,抗压强度为 100~240MPa,最高月进尺 48.5m。我国第一台 TBM 的下线比国外第一台晚了 120 年。

1969 年,广州市机电工业局制造了 1 台直径为 4m 的 TBM,在花岗岩及石灰岩中施工掘进,岩石的抗压强度 30~240MPa,掘进长度 245m,最高月进尺 20m。

1970 年,萍乡矿务局机修厂制造了 1 台直径为 2.6m 的 TBM,应用于萍乡青山矿的巷道掘进施工,掘进长度 622m,掘进开挖的岩石类型为石灰岩和灰砂岩,抗压强度 20~120MPa,最高月进尺 252.6m。西安煤矿机械厂也试制了 1 台直径为 3.5m 的 TBM,由铜川矿务局开展工业性试验,掘进长度 669m,开挖的岩石类型为石灰岩,抗压强度 56~160MPa,最高月进尺 179m。

1971 年试制的 TBM 直径分别为 2.5m、5.5m、3.8m 和 5.9m。制造单位为广州市机电工业局、铁道兵、抚顺矿务局以及上海水工机械厂,使用单位分别是贵州省铁路二局、京西煤矿、抚顺老虎台矿及北京落坡岭水电部第二工程局。掘进的岩石类型为白云质石灰岩、矽质石灰岩、花岗片麻岩和石灰岩,最高月进尺 123m。此后,由上海水工机械厂制造的直径为 5.8m 的 SJ-58 型 TBM,曾于 1977 年 4 月—1978 年 4 月在云南西洱河水电站的水工隧道中进行工业性试验,共掘进了 247.3m。

1981 年,SJ-58 型 TBM(图 1-28)经过优化设计后,于同年 11 月 25 日投入引滦入唐工程古人庄隧道施工,共掘进 2747.2m,穿越的岩层系白云质矽质灰岩,最高日进尺 19.85m,最高月进尺 201.5m,该工程于 1983 年 3 月 15 日贯通,这是中国第一条用国产 TBM 施工的中型断面隧道。

图 1-28　应用于古人庄隧道的 SJ-58 型 TBM（φ5.8m）

这一时期，上海重型机器厂制造的 EJ50 型 TBM 在山西古交东曲煤矿进行的工业性试验中，掘进长度为 3600m，开挖直径为 3m，穿越的岩层为灰岩和砂页岩，平均月进尺 78m，最高月进尺 202m，最高日进尺 12.7m。

1966—1984 年，国产 TBM 投入使用共计 10 余台，工程项目 20 余个，掘进总长度约 20km，但由于当时国内基础工业水平薄弱，核心技术不过关，研发生产的 TBM 破岩能力弱、掘进速度慢、故障率高、可靠性差，不能满足隧道快速掘进的要求，并且研制工作一度中断，与真正意义上成功的现代 TBM 技术水平相差甚远，掘进能力与国外同类 TBM 相比还有较大差距，在地下工程建设中发挥作用不太明显。

2. 设备引进阶段

设备引进阶段主要指 1985—2005 年，这一阶段的主要特点是中国不能自主设计制造 TBM。这一阶段首先经历了从"国外制造自主施工"到"国外制造国外施工"，然后再从"国外制造国外施工"到"国外制造自主施工"的过程。

"国外制造国外施工"的特点是不仅 TBM 装备从国外引进，也不能自主应用 TBM，以国外施工为主导。主要特色是在外商的主导下，施工过程中锻炼成长了一批施工作业操作人员，但缺乏能够统筹工程全过程的工程师队伍和专家人才。这一时期的主要代表工程是甘肃引大入秦工程、山西万家寨引黄入晋工程等。

"国外制造自主施工"的特点是中国可自主完成全断面隧道掘进机的选型设计与招标采购，逐步建立了自主施工队伍，但 TBM 设备依靠国外制造。主要特色是中国结合重大工程逐步掌握了 TBM 自主施工技术，逐步锻炼培养了一批专业技术骨干、专家队伍和自主施工队伍。这一时期的主要代表工程有广西天生桥二级水电站引水隧洞工程、西康铁路秦岭Ⅰ线隧道工程等。

在设备引进阶段，我国通过自主施工到外商主导施工再到自主施工的过程中，逐步掌握了 TBM 自主施工关键技术，逐步建立起了自主的 TBM 施工队伍，为后来 TBM 联合设计和自主创新设计及 TBM 工程的全过程自主施工奠定了坚实的基础。

（1）广西天生桥二级水电站引水隧洞工程

在我国，水利水电工程最早引进 TBM 施工。1985—1992 年，水电武警部队在广西天生桥二级水电站引水隧洞工程施工中，引进了美国罗宾斯公司制造的二手敞开式 TBM（图 1-29），直径为 10.8m，由于选型与地质不适应，且设备故障率较高，进度较低，平均月进尺仅 65m，累计掘进仅 7.5km。

图 1-29　广西天生桥二级水电站引水隧洞工程引进的美国罗宾斯 TBM(ϕ10.8m)

(2) 甘肃引大入秦工程

1991—1992 年,甘肃引大入秦工程 30A 号(图 1-30)和 38 号输水隧洞,总长度约 17km,相继由意大利 CMC 公司采用美国罗宾斯公司制造的 ϕ5.53m 双护盾 TBM 施工, TBM 应用较成功,平均月进尺 980m,最高月进尺 1400m。

图 1-30　甘肃引大入秦工程 TBM

甘肃省引大入秦工程是将大通河水引入兰州秦王川的一项大型跨流域调水工程,总干渠全长 86.9km,30A 隧洞长 11649m,地层自进口至出口依次由前震旦系结晶灰岩、板岩夹千枚岩、砾岩、砂砾岩、泥质粉砂岩、砂岩及出口长约 150m 的黄土所组成。38 号隧洞长 5400m,围岩为砂岩。

(3) 山西万家寨引黄入晋工程

1993—2001 年,山西省万家寨引黄入晋工程相继由意大利 CMC-SELI 集团、意大利英泼基诺(Impregilo)、意大利 CMC 等国外承包商使用了 5 台罗宾斯、1 台法国 NFM 公司双护盾 TBM,开挖了总长度为 122km 的隧道,创造日掘进 113m、月掘进 1637m 纪录;其中,总干 6 号、7 号、8 号隧洞采用 1 台罗宾斯双护盾 TBM 施工,开挖直径为 6.125m;南干 4 号、5 号、6 号、7 号隧洞采用 4 台双护盾 TBM 施工,其中 3 台为罗宾斯[图 1-31a)]、1 台为法国 NFM 公司制造[图 1-31b)],直径为 4.82~4.94m。

a)罗宾斯双护盾TBM　　　　　　　　　　b)NFM双护盾TBM

图1-31　山西引黄入晋双护盾TBM

(4) 西康铁路秦岭Ⅰ线隧道

秦岭Ⅰ线隧道全长18.456km，采用TBM法和钻爆法施工，1996年铁道部引进2台φ8.8m敞开式TBM（图1-32），秦岭北口由铁道部隧道工程局施工，TBM掘进长度为5.244km；秦岭南口由铁道部十八局施工，TBM掘进长度为5.621km。突破了TBM法隧道自主施工、极硬岩TBM高效掘进技术，极硬岩条件下最高月进尺531m。

视频：秦岭隧道 TBM 施工

图1-32　秦岭Ⅰ线隧道TB880E型敞开式TBM

(5) 西南铁路桃花铺1号隧道

西安南京铁路桃花铺1号隧道全长7.234km，TBM掘进长度为6.2km，由中铁十八局采用φ8.8m敞开式TBM施工（该TBM曾施工秦岭Ⅰ线隧道出口段），最高月进尺为551.82m。

(6) 西南铁路磨沟岭隧道

西安南京铁路磨沟岭隧道全长6.114km，软岩占隧道总长度的70.5%，由中铁隧道集团采用φ8.8m敞开式TBM施工，于2002年11月完工（图1-33为隧道贯通照片）。TBM掘进长度为4.653km，最高月进尺为573.9m。该工程创建了敞开式TBM掘进长距离软弱围岩的施工技术与工法。

(7) 台湾新武界引水隧道

台湾新武界引水隧道自武界水库跨流域引水至日月潭水库，其中7.1km以TBM施工，TBM穿越的地层89%为佳阳层板岩，11%为达见砂岩。该TBM是1994年美国Robbins公司制造的敞开式TBM，直径6.2m，长222m，系二手TBM。此TBM经承包商于香港改装及维护后，于2000年4月运抵工地，5月开始组装，6月下旬推进至预定开挖位置并进行试运转，7月中旬开始试掘进，9月初开始正式开挖。试掘进期间，因油压及电力系统故障率高,调校耗时,部分零件备料不足,致进度无法展开,7—8月仅开挖154.2m。自9月起开始正式掘进,机具故障率大幅降低,机时利用率上升至30%以上。自10月19日,起隧道进入佳阳层板岩,进度渐入佳境,日进尺最高曾达44.3m,月进尺最高曾达659.3m。

图1-33　磨沟岭隧道TBM贯通

(8)大同塔山矿井工程

2003年,山西水利建筑工程局引进意大利CMC公司曾经在引黄南干线使用的1台$\phi 4.88m$的双护盾TBM承建大同矿务局塔山矿主巷道,采用"树脂锚杆+混凝土"支护,掘进长度3023m,围岩为石灰岩、花岗岩,并夹杂着煤层。

3. 联合制造阶段

联合制造阶段主要指2005—2013年,这一时期的主要特点是中国进入与外商联合设计制造TBM及自主施工的大发展阶段。主要特色是中国TBM施工队伍不断壮大,在TBM设计制造技术、施工技术和人才队伍建设上,有了扎实的积累和跨越式发展。

以大伙房水库输水工程为代表,该阶段呈现了与国外TBM制造商联合设计制造、自主施工大发展的特点,改变了以往传统钻爆法和TBM法长期争议、迟疑局面,使我国在TBM设计制造技术、施工技术和人才队伍建设上有了丰富的积累和跨越式进步。

这一时期的主要代表工程如下:

(1)云南掌鸠河引水隧洞

云南昆明掌鸠河引水工程是解决昆明市水资源严重短缺,缓解滇池回归水的污染,促进水生态良性发展的调水工程。引水隧洞长22km,围岩主要为砂质板岩、泥质板岩、白云岩等。2003年开始施工,采用中国第二重型机械集团公司和美国Robbins公司联合制造的$\phi 3.65m$双护盾TBM施工,TBM计划掘进长度为13.77km。由于初设对断层基本探明,而实际施工中遇到沿洞线密布的多条小断层,TBM常被围岩卡住机头,又因超前钻孔灌浆设备未配置,致使不能进行地质超前钻灌,TBM掘进困难,不能充分发挥应有的施工快速的优点,后期改用钻爆法施工。

(2)大伙房引水隧洞

辽宁大伙房输水工程为辽宁省中部地区提供工业与生活及环境用水。2005—2009年施工,输水隧洞长85.308km,隧洞前24.58km采用钻爆法施工,后60.73km除2km采用钻爆法施工外,其余段采用3台$\phi 8.03m$敞开式TBM施工,其中2台为美国罗宾斯技术,1台为德国维尔特技术(图1-34)。

图 1-34　中铁隧道集团与德国维尔特联合制造的 TBM 在工厂组装

大伙房引水隧洞当时在中国首次采用的技术主要有：使用 19in（1in＝0.0254m）刀具、使用变频驱动、使用连续皮带出渣系统、后配套系统和运输车使用钢枕运输、通风系统使用 300m 低漏风量的空气软管。大伙房 TBM 取得的业绩主要有：最高月进尺 1208m、最高日进尺 63.5m、平均月进尺 750m（连续 6 个月）、最高月机时利用率 60.3%（平均超过 40%）。该工程主要突破了连续皮带机出渣、变频传动技术、连续钢筋排支护关键技术。

(3) 青海引大济湟工程

青海引大济湟引水隧洞从青海省内大通河与湟水河基本平行处引水，引水处两河相距 25～30km。隧洞围岩有泥质夹砂岩、泥质粉砂岩、花岗闪长岩、石英岩等。隧洞平均埋深 480m，最大埋深 1020m。采用双护盾 TBM 开挖，施工长度 20.0km，开挖直径 5.93m，成洞直径 5.0m。该工程 2007 年开始施工，至 2015 年 6 月 30 日完工。隧道长度 24.17km（TBM 19.9km），衬砌外径 5.7m；使用双护盾 TBM，TBM 由德国维尔特提供技术支持，北方重工制造（图 1-35）。由于地质复杂，并存在许多软土地段，不适应 TBM 施工，造成停机超 5 年，对 TBM 设备进行了改造；从引洮供水项目上撤下的另一台 TBM 也在本工程中投入使用，从另一端反方向掘进。

图 1-35　青海引大济湟工程 TBM

(4) 甘肃引洮供水工程

隧道直径 5.75m，长度 35km（18km＋17km）。采用 1 台双护盾 TBM，1 台单护盾 TBM，TBM 由法国 NFM 技术支持，北方重工制造（图 1-36）；双护盾 TBM 于 2008 年始发，于2011年10月到达;单护盾TBM由于遭遇松散的砂土和地下水而停机,对刀盘和护盾进行了再制造,同时改变掘进方向,最后100m隧道使用了冷冻法作业,于2014年到达,最高月进尺1868m。

图1-36　甘肃引洮供水工程TBM

(5)兰渝铁路西秦岭隧道工程

兰渝铁路西秦岭隧道在2008年8月开工,全长28.236km。隧道位于甘肃省陇南市武都区,为双洞单线隧道,由中铁隧道局集团及中铁十八局采用中国南车与美国罗宾斯联合制造的2台ϕ10.2m敞开式TBM施工(图1-37),其中洞口段2113m预备洞和2个掘进段之间长4715m的预备洞采用钻爆法施工。2014年7月19日隧道全线贯通,TBM最高月进度为842.5m。

图1-37　兰渝铁路西秦岭隧道工程TBM

(6)重庆轨道交通6号线

重庆轨道交通6号线一期TBM试验段为五里店—山羊沟水库段,全长12.122km,围岩为泥质砂岩和砂砾岩,岩石的抗压强度约30MPa,施工过程中采用两台中铁隧道集团与美国Robbins公司联合制造的ϕ6.36m敞开式TBM(图1-38),这是我国首次在城市地铁中采用TBM施工。最高日掘进46.8m、月掘进862m。

(7)辽宁辽西北供水工程

辽西北供水工程是现阶段东北采用TBM施工的两条输水隧洞之一。2010年开工,隧道直径8.5m,隧道长度100km+130km+40km,采用8台ϕ8.53m敞开式TBM(图1-39)施工,首次使用20in滚刀,最高月进尺1078m,建成之后将成为世界最长隧道。

图1-38　重庆轨道交通6号线TBM

图1-39　辽西北供水工程北方重工联合制造的TBM

4. 自主创新阶段

自主创新阶段主要指2013年以后，这一时期的主要特点是面向国内TBM工程市场，我国TBM实现了自主化（自主设计、自主制造）、产业化，并出口国外，走向了自主创新的新时代。主要特色是实现了TBM施工技术与装备的全面国产化，并走向国际。

从2013年开始，我国进入了TBM装备技术自主创新期，开始设计制造具有完全自主知识产权的TBM。这一时期，在TBM自主设计制造方面的主要业绩如下：

(1) 铁建重工双模式TBM

新街台格庙煤矿斜井工程位于内蒙古鄂尔多斯新街台格庙矿区，围岩主要为砂质泥岩和粉砂岩，强度在40～60MPa之间。采用由中国铁建重工集团、神华集团和中国铁建十三局联合研制的双模式TBM（图1-40）。2013年8月3日，铁建重工研发出世界首台长距离大坡度煤矿斜井TBM。该TBM开挖直径7.62m，具有土压平衡盾构和单护盾TBM两种模式。

图1-40　铁建重工自主制造的双模式TBM（土压/单护盾）

(2) 中信重工小直径 TBM

2013年8月,国内首台直径5m敞开式 TBM(图1-41)在中信重工下线,于2015年应用于洛阳故县引水工程1号隧道施工。

图1-41 中信重工自主制造的小直径 TBM(敞开式)

(3) 中船重工双护盾 TBM

青岛地铁2号线一期工程全程总长度为25.2km,采用 TBM 和钻爆法联合施工。工程中采用了4台由中船重工(青岛)轨道交通装备有限公司制造的 DSUC 双护盾 TBM(图1-42),开挖直径为6.3m。这是国内首次将该类型 TBM 应用于地铁建设项目。2014年12月22日,由中船重工制造的 DSUC 型双护盾 TBM"贯龙号"成功下线,于2015年1月23日运抵青岛地铁2号线海安路站组装调试,于2015年3月21日始发掘进。

图1-42 中船重工制造 DSUC 型双护盾 TBM

(4) 铁建重工敞开式 TBM

引松供水工程是现阶段东北采用 TBM 施工的两条输水隧洞之一,全长70km,2台敞开式 TBM 分别由中铁装备与铁建重工自主制造,实现了敞开式 TBM 的国产化。2014年12月27日,中国铁建重工依托国家863计划研制出国内首台 ϕ7.93m 敞开式 TBM(图1-43),解决了"长距离、大埋深、高应力、高水压、高地温、大涌水、易岩爆"地质特点和技术难点,用于吉林引松工程施工率先完成第一阶段掘进6000m贯通,最高月掘进1209.8m。

(5) 中铁装备自主制造敞开式 TBM

中铁装备2015年自主设计制造的吉林引松工程"永吉号"ϕ7.93m 敞开式 TBM(图1-44),最高月进尺1318.7m。

图 1-43　铁建重工 ϕ7.93m 敞开式 TBM

图 1-44　中铁装备自主制造 ϕ7.93m 敞开式 TBM

(6) 铁建重工单护盾 TBM

2015 年 3 月,铁建重工自主研制的单护盾 TBM"领航一号"(图 1-45)用于重庆轨道交通环线工程,该 TBM 开挖直径 6.88m,施工中实现最高日进尺 24m。

图 1-45　铁建重工自主研制 ϕ6.88m 单护盾 TBM

(7) 中铁装备自主制造双模式 TBM

2015 年 4 月 16 日,中国首台用于城市地铁施工的 ϕ6.85m 双模式 TBM(图 1-46)在重庆轨道环线体育公园—冉家坝区间工地始发,设备由中铁装备自主设计,由中铁装备与重庆建工集团联合制造。

(8) 铁建重工自主研制单护盾 TBM

神东补连塔煤矿 2 号副井位于内蒙古鄂尔多斯市补连塔矿区,井长达 2733m,存在长距离、连续下坡、上穿下跨既有巷道、掘进泥质砂岩、多次穿越煤层以及高压富水等六大技术难题。2015年6月,铁建重工研制的中国首台具有自主知识产权的 φ7.6m 煤矿斜井单护盾 TBM(图1-47)用于神华神东补连塔矿2号副井,该TBM总长度约165m,总质量超过1560t,穿越软岩、硬岩和复合地层等特殊地层,并通过调整 TBM 姿态克服过竖曲线难题,施工中最高月进尺639m。

图1-46　中铁装备自主研制 φ6.85m 双模式 TBM

图1-47　铁建重工自主研制 φ7.6m 单护盾 TBM

(9)铁建重工自主研制双护盾 TBM

2015年12月24日,铁建重工自主研发的 φ5.49m 双护盾 TBM(图1-48)用于兰州市水源地建设工程项目。

图1-48　铁建重工自主研制 φ5.49m 双护盾 TBM

（10）中铁装备自主研制双护盾 TBM

兰州水源地工程以刘家峡水库作为引水源向兰州市供水,工程包括取水口、输水隧洞主洞、分水井、输水支线等。工程线路规划长度为 14km 左右,穿越地形地貌依次由中低山向黄土塬及梁峁区过渡,岩石以Ⅲ、Ⅳ类为主,抗压强度分布在 15～75MPa。施工中采用 2 台双护盾 TBM,开挖直径均为 5.49m。2016 年 1 月 10 日,由中铁装备研制的 ϕ5.48m 双护盾 TBM（图 1-49）在成都下线。

图 1-49　中铁装备自主研制 ϕ5.48m 双护盾 TBM

该双护盾 TBM 用于兰州市水源地建设项目,输水隧洞主洞为压力引水隧洞,全长 31.57km。TBM 施工洞段长 24.4km,最大埋深 918m,施工距离长,岩石硬度高,沿线地层多变。

（11）中铁装备自主研制世界最小直径 TBM

2016 年 1 月,由中铁装备研制 2 台世界最小直径 TBM（ϕ3.53m）在郑州成功下线（图 1-50）,该 TBM 应用于黎巴嫩大贝鲁特供水隧道和输送管线建设项目。

图 1-50　中铁装备自主研制世界最小直径 TBM（ϕ3.53m）用于黎巴嫩

（12）铁建重工研制可变径 TBM

2016 年 5 月 5 日,铁建重工研制的"大埋深、可变径"TBM（图 1-51）,开挖直径可在 6.53m 和 6.83m 之间调整。该 TBM 用于新疆某重大输水隧洞工程（全长约 42km）,开挖洞径为 6.53m,沿线穿越有"大埋深、围岩大变形、强岩爆、穿越大断层破碎带、高地温、岩体蚀变破碎带"等世界级工程地质难题,是目前 TBM 施工最具挑战性的隧洞。

（13）中铁装备研制双护盾 TBM 用于深圳地铁施工

深圳地铁 10 号线梅林东站—创新园站区间全长 3869.5m,其中 TBM 正常掘进段

2688m,空推段463m,矿山法施工段718.5m。该区间为深圳市首次选用双护盾TBM进行地铁施工的项目。TBM主要穿越岩层为微风化花岗岩、微风化混合岩及局部中风化花岗岩,其中微风化占95%。微风化花岗岩单轴抗压强度为33.4~127.3MPa,中风化花岗岩单轴抗压强度为20.8~54MPa。初步统计TBM穿越地层主要以Ⅲ、Ⅱ围岩为主,Ⅲ、Ⅱ围岩各占比约40%,Ⅳ、Ⅴ围岩各占比约10%。该双护盾TBM(图1-52)由中铁装备自主研制,开挖直径为6.5m。

图1-51 铁建重工研制可变径TBM(ϕ6.53~6.83m)

图1-52 中铁装备自主研制双护盾TBM(ϕ6.5m)

(14)中铁隧道局与中铁装备联合研制大直径敞开式TBM

高黎贡山隧道是大瑞铁路最重要的控制性工程,全长34.5km。隧道穿越险峻的高黎贡山,地质结构极为复杂,存在高温热害、软岩大变形、涌水、断层破碎带、高烈度地震带等多种地质环境。该工程出口段正洞施工采用由中铁隧道局集团和中铁工程装备集团联合研制的直径9.03m敞开式TBM(图1-53)。

(15)中铁装备与黄河设计院联合研制高压水力耦合破岩TBM

2019年6月18日,中铁装备与黄河设计院联合研制的高压水力耦合破岩TBM(图1-54)在郑州下线。该TBM开挖直径3.83m,整机长约300m,是国内首台高压水力耦合破岩TBM,也是国内自主研制的超小直径凯式TBM。"龙岩号"所搭载的国内首项高压水力耦合技术是对TBM传统破岩理念革命性的创新,不仅能较大提升TBM在极硬岩条件下的掘进效率,同时还将降低施工成本、加快施工进度,在TBM历史上具有里程碑意义。

视频:高压水力耦合破岩

图1-53　中铁装备自主研制大直径TBM(ϕ9.03m)

图1-54　中铁装备与黄河设计院联合研制国内首台高压水力耦合破岩TBM(ϕ3.83m)

(16)中铁装备自主研制的全球首台紧凑型超小转弯半径硬岩TBM

2019年9月10日,中铁装备自主研制的全球首台紧凑型超小转弯半径硬岩TBM(图1-55)成功下线,标志着中国TBM研制技术取得新突破。该TBM开挖直径3.53m,整机长度38m,最小转弯半径30m。该TBM用于山东省文登抽水蓄能电站排水廊道项目建设,项目具有开挖直径小、岩石强度高、转弯半径小等难点,中铁装备通过创新设计,使该类型TBM广泛适用于转弯半径≥30m、岩石强度≤200MPa的岩石隧洞,在隧洞施工中具有安全性好、掘进效率高、适应性强、转场灵活等优点,为项目安全优质高效建设奠定了坚实基础。截至2020年9月,首个区间887m上层廊道贯通,实现了直线段最高日进尺20.5m,曲线段最高日进尺11.2m。

图1-55　中铁装备自主研制的全球首台紧凑型超小转弯半径硬岩TBM

(17)中铁装备自主研制双护盾硬岩TBM"三江一号"

2019年9月29日,广东省水利工程建设首台硬岩TBM"三江一号"在中铁装备顺德基地下线(图1-56),用于广东省水利重点民生工程——粤东韩江榕江练江三江连通工程。该 TBM 开挖直径 5.06m,整机长度约 433m,用于掘进长约 27km 输水隧洞,该输水隧洞最大埋深约 360m,岩石强度平均值约 100.8MPa,最高值约 210MPa。针对三江连通工程岩石强度高、石英含量大、涌水多的特点,设计采用 19in 滚刀小刀间距刀盘、强大的豆砾石填充系统和背部灌浆系统以实现快速掘进。

图 1-56 中铁装备自主研制双护盾硬岩 TBM"三江一号"

(18)中铁装备自主研制 9.83m 大直径硬岩 TBM

2020 年 5 月 8 日,由中国中铁工程装备集团自主研制的当时国内最大直径 (9.83m)敞开式硬岩 TBM"云岭号"(图 1-57)在中铁装备德阳基地顺利下线。该设备用于云南省滇中引水工程。滇中引水项目是中国西南地区规模最大、投资最多的水资源配置工程。其中大理Ⅰ段施工 3 标是全线控制性工程,隧洞主线长 26.542km,TBM 掘进总长度为 20.802km。

图 1-57 中铁装备自主研制 9.83m 大直径硬岩 TBM

(19)中铁装备自主研制 φ11.09m 硬岩 TBM 出口澳大利亚

2020 年 6 月 18 日,中铁装备自主研制的出口澳大利亚的 φ11.09m 硬岩 TBM(图 1-58)在郑州下线。

该 TBM 用于澳大利亚 Snowy Hydro 2.0(雪山 2.0 水电站)项目建设,这是我国出口的最大直径硬岩 TBM,也是中国硬岩 TBM 首次应用于澳大利亚隧洞项目建设。该项目隧洞开挖直径 11.09m,最大埋深 723m,水平转弯半径 500m,岩性为粉砂岩、砂岩,岩石强度 15~160MPa。项目由意大利工程公司 Salini Impregilo 与澳大利亚建筑公司 Clough、Lane 组成的 Future Generation 联营体承包建设。

图 1-58 中铁装备自主研制的出口澳大利亚的 ϕ11.09m 硬岩 TBM

(20)中铁装备自主研制 ϕ15.08m 硬岩 TBM 出口格鲁吉亚

2020 年,中铁装备自主研制了出口格鲁吉亚的直径 15.084m 的单护盾 TBM,用于格鲁吉亚 KK 公路隧道工程项目建设,这是我国自主制造的当时世界最大直径的 TBM。

(21)中铁装备研制 ϕ10.33m 双结构敞开式 TBM 用于色季拉山隧道施工

2021 年 6 月 17 日,用于川藏铁路色季拉山隧道施工的国产首台直径 10.33m 的高原高寒大直径硬岩 TBM"雪域先锋"号(图 1-59)在中铁装备下线,这是当时国产最大直径的敞开式 TBM,也是当时世界首台双结构 TBM。2021 年 8 月 28 日,第二台高原高寒大直径硬岩 TBM"忠诚担当"号(图 1-60)在四川成都下线。

图 1-59 中铁装备自主研制世界首台双结构敞开式 TBM"雪域先锋"号(ϕ10.33m)

图 1-60 中铁装备自主研制的双结构敞开式 TBM"忠诚担当"号(ϕ10.33m)

(22) 中铁装备研制双支撑矿用硬岩 TBM

2022 年 2 月 28 日，国内首台双支撑矿用硬岩 TBM"宏源号"始发，用于山西省临汾市惠源煤矿副斜井施工。"宏源号"TBM 工厂照片及工地始发照片如图 1-61 所示。

图 1-61　中铁装备自主研制的双支撑矿用硬岩 TBM

(23) 中铁装备联合研制引调水工程最大直径 TBM

2022 年 3 月 18 日，由中铁装备和水电十四局联合研制的引调水工程最大直径硬岩 TBM"弘毅号"（ϕ9.84m）在昆明中铁电建下线（图 1-62）。

图 1-62　中铁装备联合研制引调水工程最大直径 TBM

(24) 中铁装备联合研制大直径（10.23m）TBM"蜀通号"

2022 年 5 月 8 日，中铁装备和中铁五局联合研制的大直径（10.23m）硬岩 TBM"蜀通号"在四川德阳顺利下线（图 1-63），用于全国首条山地轨道交通项目都江堰至四姑娘山山地轨道交通项目紫荆隧洞建设。

图 1-63　中铁装备联合研制大直径（10.23m）TBM"蜀通号"

(25) 中铁装备研制首台出口菲律宾的硬岩 TBM "同舟号"

2022 年 5 月 25 日,中铁装备首台出口菲律宾的硬岩 TBM "同舟号"在佛山基地下线(图 1-64),拟用于菲律宾安嘎特供水 5 号隧洞项目。

图 1-64 中铁装备研制首台出口菲律宾的硬岩 TBM "同舟号"

(26) 中铁装备研制大倾角(39°向上)斜井 TBM

2022 年 8 月 11 日,由国网新源、水电六局、中铁装备联合研制的我国首台大倾角(39°向上)ϕ7.23m "永宁号"斜井 TBM(图 1-65)在郑州下线,应用于河南省装机容量最大的抽水蓄能电站——国网新源河南洛宁抽水蓄能电站引水斜井工程,填补了我国大倾角斜井施工建设领域的技术空白,也为推动抽水蓄能电站工程建设模式转型升级注入新动力。

图 1-65 中国首台大倾角(39°向上)斜井 TBM "永宁号"(ϕ7.23m)

(27) 铁建重工联合制造全球首台大坡度螺旋隧道 TBM

2022 年 9 月 4 日,由铁建重工和中铁十八局联合制造的全球首台大坡度螺旋隧道 TBM 在长沙下线(图 1-66),刀盘直径 7.03m,能够实现水平 200m 转弯半径,同时竖向 380m 曲线半径螺旋式掘进,拟用于我国北山地下实验室主体工程斜坡道开挖。

(28) 中铁装备联合研制 10.23m 大直径 TBM "高原先锋号"

2022 年 9 月 26 日,由中铁装备与中铁十四局联合研制的 10.23m 大直径硬岩 TBM "高原先锋号"在郑州成功下线(图 1-67)。

(29) 铁建重工联合制造大直径多支护 TBM 用于川藏铁路建设

2022 年 9 月 30 日,铁建重工与水电十四局联合制造的大直径多支护 TBM "高原明珠号"始发(图 1-68),开挖直径 10.23m。

图1-66 铁建重工联合制造全球首台大坡度螺旋隧道TBM"北山1号"

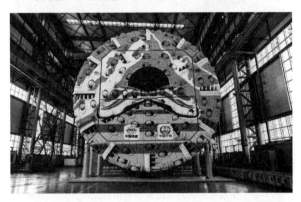

图1-67 中铁装备联合研制10.23m大直径TBM"高原先锋号"

图1-68 铁建重工联合制造大直径多支护TBM用于川藏铁路建设

(30)中铁装备研制世界首台矿用机动型TBM

2022年10月26日,中铁1200号硬岩TBM下线仪式在贵州省六盘水市高新技术产业开发区举行(图1-69),是世界首台矿用机动型TBM,拟用于贵州省聚鑫煤矿副平峒及运顺底抽巷施工。

(31)中铁装备研制国内首台矿用可变径敞开式TBM

2022年11月9日,中铁装备研制的国内首台矿用可变径敞开式TBM通过验收,顺利在洛阳基地下线(图1-70)。

图1-69 中铁装备研制世界首台矿用机动型TBM下线

图1-70 中铁装备研制国内首台矿用可变径敞开式TBM

◆ 思考题 ◆

1. 什么是TBM？
2. 简述TBM法的概念。
3. 简述TBM工法特点。
4. TBM与盾构的主要区别是什么？
5. 简述TBM的分类。
6. 简述敞开式TBM的构造与工作原理。
7. 简述单护盾TBM的构造与工作原理。
8. 简述双护盾TBM的构造与工作原理。
9. 简述各类TBM的适用范围。
10. 简述TBM的起源。
11. 简述詹姆斯·罗宾斯对TBM发展的主要贡献。
12. 国内TBM的发展主要划分为哪几个阶段？

单元二

TBM 选型

【单元描述】

本单元主要介绍 TBM 选型依据、选型原则及选型步骤,并结合具体工程介绍 TBM 选型有关案例。

【学习目标】

1. 知识目标
(1) 掌握 TBM 选型的依据;
(2) 掌握 TBM 选型的原则;
(3) 掌握 TBM 选型的步骤。

2. 能力目标
(1) 能够正确理解 TBM 选型的依据、原则与步骤;
(2) 能够针对具体工程正确进行 TBM 选型。

3. 素质目标
(1) 培养学生科学分析问题与解决问题的能力;
(2) 培养学生理论联系实际的良好工作作风;
(3) 培养学生安全责任意识和最大程度降低施工风险的能力。

任务一　TBM 选型理论

一　TBM 选型依据

隧道施工前，应对 TBM 进行选型，做到配套合理，充分发挥施工机械的综合效率，提高机械化施工水平。

TBM 选型的主要依据如下：

（1）隧道工程地质、水文地质条件，包括地层岩性、岩石强度、完整性、节理发育程度、石英含量、抗压强度、地下水发育程度、地下水位、隧道涌水量及不良地质等多项参数。

（2）隧道断面的形状、几何尺寸、隧洞长度、坡度、转弯半径、埋深等设计参数。

（3）线路周边环境条件、沿线场地条件、周边管线、建筑物及地下洞室的结构特性、基础形式、现状条件及可能承受的变形。

（4）隧洞进出口是否有足够的组装场地，是否具有大件运输、吊装条件，施工场地气候条件、水电供应、交通情况等地理位置环境因素。

（5）TBM 一次连续掘进隧道的长度以及单个区间的最大长度。

（6）隧洞施工总工期、准备工期、开挖工期等隧洞施工进度要求。

（7）同一区域类似钻爆法施工隧道的变形监控量测资料。

（8）处理不良地质的灵活性、经济性。

（9）TBM 制造商的业绩与技术服务能力。

（10）施工队伍的专业技术水平与管理水平等。

二　TBM 选型原则

TBM 的性能及其对地质条件和工程施工特点的适应性是 TBM 隧道施工成败的关键。TBM 选型应从地质条件出发，综合分析工程风险、质量、进度、成本等多种因素，并结合施工单位的具体情况，多角度抓住关键因素，进行 TBM 选型。TBM 选型主要应遵循地质适应原则、风险控制原则、工期成本原则、相容有利原则等四项基本原则，如图 2-1 所示。

图 2-1　TBM 选型四项基本原则

1. 地质适应原则

敞开式 TBM 比较适应岩体较完整、有较好自稳性的硬岩地层；单护盾 TBM 比较适应软弱围岩为主、岩石抗压强度较低的地层;双护盾TBM比较适应围岩较完整、具有一定自稳性的软岩~硬岩地层。根据地质适应原则选型时,符合TBM施工地质适应条件的,宜优先选择。

2. 风险控制原则

断层破碎带、软岩大变形、突泥突水较突出的隧道,使用护盾式TBM时,被困被卡的风险较大,宜优先选用敞开式TBM;强烈岩爆段占比较长的隧道,使用敞开式TBM时,人员及设备存在较大安全隐患,宜优先选用护盾式TBM。

3. 工期成本原则

软弱破碎段落所占整个隧道长度比例不大时,宜优先选用敞开式TBM,在施工工期和施工成本上有优势;软弱破碎段落所占比例较大时,如果采用敞开式TBM施工,则支护量大,综合施工速度慢,宜优先选用护盾式TBM。

4. 相容有利原则

对于某些TBM隧道工程,并非存在只能选某种类型TBM,而选另一种类型就不正确的问题。对于这种隧道工程,从地质适应原则来说,采用双护盾式TBM和敞开式TBM均可,且工期和成本综合优势不是十分明显的情况下,可发挥不同工程建设单位、设计单位和施工单位以往运用某类型TBM的设计施工经验和技术优势,做出不同的选型,即遵循相容有利原则进行TBM选型。

TBM选型考虑因素多,以上四项基本原则的优先考虑顺序为:地质适应原则→风险控制原则→工期成本原则→相容有利原则。

TBM选型时,不可本末倒置。如某些施工单位习惯采用敞开式TBM,则不顾地质适应原则、风险控制原则和工期成本原则,只一意孤行地采用敞开式,然后再针对敞开式TBM不适应的问题进行所谓的针对性设计,这就是某些TBM隧道工程施工进度不佳的主要原因。由于TBM选型错误,虽然施工单位在TBM设计时也会增加一些针对性设计措施,但总体来说,由于地质不适应、风险不可控、工期成本不可控,势必会造成工期的大量延误。施工单位习惯运用某类型TBM,在新工程上仍然会延续同样的错误,因为习惯一旦形成是不容易改变的,尤其是不良习惯!所以TBM选型时应杜绝此类问题的发生。TBM选型应始终将地质适应原则放在第一位。

TBM的性能及其对地质条件和工程特点的适应性是TBM隧道施工成功的关键。TBM选型时,还应按照安全可靠性、技术先进性、经济合理性相统一的原则;要依据招标文件提供的地质资料,满足隧道外径、长度、埋深和地质条件、沿线地形以及洞口条件等环境条件;并参考国内外已有的TBM隧道工程实例及国内外相关技术规范;满足安全、质量、工期、造价及环保要求;后配套设备与主机配套,满足生产能力与主机掘进速度相匹配,工作状态相适应,且能耗小、效率高的原则,同时应具有施工安全、结构简单、布置合理和易于维护保养的特点。进入隧道的机械,其动力宜优先选择电力机械。

TBM选型除遵循四项基本原则之外,还应遵循下列原则:

(1)安全可靠性、技术先进性、经济合理性相统一

TBM选型应首先遵循安全可靠性原则,并兼顾技术先进性和经济合理性的原则。在满足安全可靠的前提下,所选TBM技术水平应先进并适当超前,符合工程特性、满足隧道用途,做到安全可靠性、技术先进性、经济合理性相统一。

(2)满足地质与环境条件

TBM 选型应满足隧道外径、长度、埋深和地质条件、沿线地形以及洞口条件等环境条件。TBM 选型应根据隧道施工地质与环境综合分析,TBM 的地质针对性非常强,TBM 性能的发挥在很大程度上依赖于工程地质条件和水文地质条件,工程地质及水文地质是影响 TBM 隧洞施工质量的重要因素,也是 TBM 选型的重要依据。地质勘察资料要求全面、真实、准确,除有详细且尽可能准确的地质勘察资料外,还应包括隧道地形地貌条件和地质岩性,过沟地段、傍山浅埋段和进出口边坡的稳定条件等。TBM 对隧道通过的地层最为敏感,不同类型的 TBM 适用的地层不同。一般情况下,以 Ⅱ、Ⅲ 级围岩为主的硬岩隧道较适合采用敞开式 TBM 施工,以 Ⅲ、Ⅳ 围岩为主的隧道较适合采用双护盾 TBM 施工,以 Ⅳ、Ⅴ 级围岩为主且围岩完整性较好的隧道较适合采用单护盾 TBM 施工;当地层多变、存在软土地层、地表结构复杂且对沉降控制要求较高时,多采用盾构法施工。

(3)满足安全、质量、工期及造价要求

应依据工程项目的规模、难易程度、安全、质量、工期、造价、环保以及文明施工等要求,在充分调研的基础上进行 TBM 选型。

TBM 隧道工程的工期要求包括 TBM 前期准备、掘进、衬砌、拆卸转场等全过程;TBM 的前期准备工作包含招标采购、设计、制造、运输、场地、安装、调试、步进等;开挖总工期应满足预定的隧道开挖所需工期的要求;对边掘进、边衬砌的 TBM,TBM 成洞的总工期应满足预定的成洞工期的要求;TBM 的拆卸、转场应满足预定的后续工期的要求。

(4)TBM 后配套设备与主机配套

TBM 后配套设备与主机配套,满足生产能力与主机掘进速度相匹配,工作状态相适应,且能耗小、效率高的原则,同时应具有施工安全、结构简单、布置合理和易于维护保养的特点。进入隧道的机械,其动力宜优先选择电力机械。配套应合理,其生产能力首先应满足施工组织设计所要求的工期,确保进度目标的实现。后配套设备的选型应满足劳动保护和环境保护等职业健康安全的要求,满足文明施工的要求。后配套设备选型时,应满足操作者劳动强度和劳动条件的改善,应配备污染少、能耗小、效率高的施工机械,以减少作业场所环境污染,有利于环境保护。同时,施工管理者要有强烈的劳动保护和环境保护意识,应自始至终把环境保护工作列入现场管理的最重要内容,应强化环境管理,制定环境保护措施。

三 TBM 选型步骤

TBM 选型一般按下列步骤进行:

(1)根据地质条件、施工环境、工期要求、经济性等因素确定 TBM 的类型;进行敞开式 TBM 与护盾式 TBM 之间的选择。

(2)根据隧道设计参数及地质条件进行同类 TBM 之间结构、参数的比较选型,确定主机的主要技术参数。

(3)根据生产能力与主机掘进速度相匹配原则,确定后配套设备的技术参数与功能配置。

在确定了 TBM 类型后,要针对具体工程的隧道设计参数、地质条件、隧道的掘进长度、确定主机的主要技术参数,选择对地层的适应性强、整机功能可靠、可操作性及安全性较强的主机,敞开式 TBM 还要特别重视钢拱架安装器、喷锚等辅助支护设备的选型和配套,以适应隧道地质的变化。

TBM 设备由主机和后配套设备组成,形成一条移动的隧道机械化施工作业线,主机主要实现破岩和装渣,后配套设备的技术参数、功能、形式应与主机相匹配,应以主机能力、进度为标准进行核算,为了充分发挥出 TBM 的优势,保证工程顺利完成,还要适当扩大匹配设备的能力,按满足正常施工进度和可能扩大的施工进度需要,留有适当余地。后配套系统大致分为轨行型、连续带式输送机型、无轨轮胎型等三种类型,连续带式输送机型由于结构单一和运渣快捷逐渐得到推广。

常规的 TBM 主要分为敞开式、双护盾式、单护盾式三种类型,并分别适应于不同的地质。在选型时,主要应根据工程地质与水文地质条件、施工环境、工期要求、经济性等方面按表 2-1 综合分析后确定。

敞开式 TBM 与护盾式 TBM 对比表　　表 2-1

对比项目	敞开式 TBM	双护盾 TBM	单护盾 TBM
地质适应性	主要用于自稳性好的隧道。一般在良好地质中使用,硬岩掘进时适应性好,软弱围岩需对地层超前加固。较适合于Ⅱ、Ⅲ级围岩为主的隧道	主要适应于部分或反复出现软弱破碎地层的隧道。在硬岩掘进时的适应性同敞开式,软弱围岩采用单护盾模式掘进,比敞开式有更好的适应性。较适合于Ⅲ、Ⅳ级围岩为主的隧道	单护盾 TBM 由于受管片衬砌体强度的限制,不可能提供很大的推力,因此只能适用于破碎及以软弱围岩为主、岩石抗压强度较低的地层。较适合于Ⅳ、Ⅴ级围岩为主的隧道
掘进性能	在发挥掘进速度的前提下,主要适用于岩体较完整~完整,有较好自稳性的硬岩地层(50~150MPa)。当采取有效支护手段后,也可适用于软岩隧道,但掘进速度受限制	在发挥掘进速度的前提下,主要适用于岩体较完整,有一定自稳性的软岩~中硬岩地层(30~90MPa)	较适用于中等长度隧道有一定自稳性的软岩(5~60MPa)
施工速度	地质好时只需进行锚网喷,支护工作量小,施工速度快。地质差时需超前加固,支护工作量大,施工速度慢	在地质条件良好时,通过支撑靴支撑洞壁来提供推进反力,掘进和安装管片同时进行,施工进度较快。在软弱地层,采用单护盾模式掘进,掘进和安装管片不能同时进行,施工速度受较大限制	一般情况下,掘进与安装管片不能同时进行,施工速度受到一定限制。但当有效利用 TBM 液压缸的压力控制时,能实现 TBM 掘进与管片拼装同步施工
安全性	设备与人员暴露在围岩中,需加强防护,以确保人员及设备安全	处于护盾保护下,人员安全性好。在地应力较大的软弱地层施工时,被困被卡的风险较大	处于护盾保护下,人员安全性好。在地应力较大的软弱地层施工时,被困被卡的风险较大
主要优点	主梁式 TBM 主要适应于围岩坚硬且自稳性较好的隧道,其主要优点是结构简单紧凑、调向灵活、对顶拱围岩扰动小,支护方式灵活,适应硬岩变形能力较强。凯式 TBM 较适应于围岩软弱且自稳性好的隧道,其主要优点是与主梁式 TBM 相比,支护更靠近开挖面,撑靴在软弱围岩使用更灵活,在不良地质条件下的支护能力较主梁式 TBM 强	有护盾和管片保护,安全性较高,两种工作模式适应不同地层,在适用的地质条件下,其施工效率较高	适用于地质构造相对较软、地应力较小的石质隧道掘进;也能适用于不稳定及不良地段的软弱围岩掘进

续上表

对比项目	敞开式 TBM	双护盾 TBM	单护盾 TBM
主要缺点	暴露在围岩下,安全风险大,在不良地层的掘进效率低。凯式 TBM 与主梁式 TBM 相比,其结构较复杂,造价较高	盾体直径不能变化,处理围岩变形能力弱	由于其护盾不能径向伸缩、盾壳较长,仍有围岩收缩造成连续卡机的风险
掘进速度	受地质条件影响大	受地质条件影响比敞开式小	受地质条件影响比敞开式小
衬砌方式	根据情况可进行二次混凝土衬砌	采用管片衬砌	采用管片衬砌
施工地质描述	掘进过程可直接观测到洞壁岩性变化,便于地质图描绘。当地质勘察资料不详细时,选用敞开式 TBM 施工风险相对较小	不能系统地进行施工地质描述,也难以进行收敛变形量测。地质勘察资料不详细时,施工风险较大	不能系统地进行施工地质描述,也难以进行收敛变形量测。地质勘察资料不详细时,施工风险较大

任务二　TBM 选型案例

TBM 选型主要应遵循"地质适应原则、风险控制原则、工期成本原则、相容有利原则"等四项基本原则。根据地质适应原则,敞开式 TBM 比较适应岩体较完整、有较好自稳性的硬岩地层;单护盾 TBM 比较适应软弱围岩为主、岩石抗压强度较低的地层;双护盾 TBM 比较适应围岩较完整、具有一定自稳性的软岩~硬岩地层。根据风险控制原则,断层破碎带、软岩大变形、突泥突水较突出的隧道,使用护盾式 TBM 时,被困被卡的风险较大;强烈岩爆段占比较长的隧道,使用敞开式 TBM 时,人员及设备存在较大安全隐患。根据工期成本原则,软弱破碎段落所占整个隧道长度比例不大时,宜优先选用敞开式 TBM;软弱破碎段落所占比例较大时,宜优先选用护盾式 TBM。根据相容有利原则,应发挥不同建设单位、设计单位和施工单位以往习惯运用某类型 TBM 的经验和技术优势。TBM 的性能及其对地质条件和工程特点的适应性是 TBM 隧道施工成功的关键。TBM 选型在综合满足上述四项基本原则的同时,还应从安全可靠性、技术先进性、经济合理性等方面进行综合比选。

一　敞开式 TBM 选型案例

本小节以吉林引松供水工程 4 标为工程实例,介绍敞开式 TBM 选型案例。

1. 工程概况

吉林引松供水工程主要建设内容包括丰满水库取水口工程、冯家岭分水枢纽工程、输水总干线、长春干线、四平干线、辽源干线及沿线附属工程。线路总长度 263.45km,其中隧洞长 133.98km,管线(PCCP、SP、现浇涵管)长 129.47km。引松供水 4 标承担 23km 引水隧洞工程,采用 1 台 TBM 结合人工钻爆法施工,其中钻爆法采用装载机配合自卸汽车出渣,TBM 法采用连续皮带机出渣,运输采用无轨运输与有轨运输相结合。

2. 地质条件

吉林引松供水工程 4 标是吉林中部城市供水总干线地质条件最复杂、施工难度最大、作业环境最艰难的标段。地层岩性主要有凝灰岩,砂砾岩,石炭系灰岩,钠长斑岩、石英闪长岩及花岗岩。整个隧洞穿越多条沟谷,隧洞埋深38~150m,其中有7km灰岩岩溶段发育有溶蚀溶洞群及炭质板岩。全段共有49条断层,31条在灰岩段。灰岩段已探明的溶洞有12处,其中有3处为物探疑似溶洞。Fw24-1、F24-2、F28、F38、F41等断裂断层为阻水或导水断裂,且地处沟谷,有汇水条件,与地表水可能形成联系,存在断裂带坍塌、突泥问题。

隧洞穿越的大多数构造,埋深一般较大,围岩基本为微风化、新鲜岩石,一般含水贫乏,透水性弱,与地表水体没有联系或联系差,透水性与富水性不好,基本不会产生涌水问题。但在地表水体联系紧密且处于沟谷,有汇水条件的规模较大的构造,可能产生涌水问题。

纵观隧洞沿线,可能发生涌水、突泥问题的洞段最可能出现在如下一些部位:①河谷浅埋段,岔路河段;②构造发育的沟谷段,断层破碎带等;③灰岩岩溶较发育的沟谷浅埋段,小河沿(K66+498~K66+803)、碱草甸(K67+914~K68+280)等;④线路穿越、靠近水库段(黄榆水库)。

3. TBM 选型

吉林引松供水工程4标平均岩石强度属于中硬岩及硬岩,岩体较完整、具有较好的自稳性,根据地质适应原则,较适宜采用敞开式TBM施工。全隧穿越39处断层及物探异常带,隧洞沿线的灰岩地层小河沿沟最大涌水量高达1200m³/h,穿越七间房沟谷段时最大涌水量为1500m³/h,7号支洞主洞段过岔路河时涌水量达1100m³/h,根据风险控制原则,断层破碎带、突泥突水较突出的隧道,使用护盾式TBM时,被困被卡的风险较大,宜采用敞开式TBM施工。全隧Ⅳ~Ⅴ类围岩总计4648m,约占全隧长度的23%,根据工期成本原则,软弱破碎段落所占整个隧道长度比例不太大时,宜优先选用敞开式TBM。根据相容有利原则,应发挥不同建设单位、设计单位和施工单位以往习惯运用某类型TBM的经验和技术优势,中铁隧道局集团在使用敞开式TBM具有较丰富的经验和技术优势。经综合比选,并参考国内外TBM施工案例,本标段宜采用具有强大破岩能力并兼备足够软弱围岩通过能力的敞开式TBM。通过综合选型,确定采用1台直径7.93m的敞开式TBM,如图2-2所示。

图2-2 引松供水4标"永吉号"TBM

4. TBM 针对性设计

(1)刀具选型设计

TBM在极硬岩地层掘进,滚刀选型主要考虑滚刀直径、刀刃宽度以及刀圈材料等三个方面。极硬岩地层下,一般考虑直径较大的滚刀,如采用19in刀体,可安装19in、20in

规格的刀圈,刀体尺寸越大,滚刀轴承所能承受的承载力更大;刀圈尺寸越大,允许磨损量越大;但对于小直径 TBM,为了保证滚刀间距,也可以采用 17in 滚刀。极硬岩地层一般采用 3/4in 刃宽的刀圈;为了提高贯入度,可现场试验刃宽小于 3/4in 的窄刃刀圈,但要确保刀刃不崩刃,由于刀刃变窄,刀圈抗冲击能力降低。极硬岩地层下,刀圈材料建议选用硬度韧性协调型刀圈,刀圈材料硬度和韧性是一种此消彼长的关系,硬度过高导致韧性降低,刀圈容易崩刃;韧性过高导致硬度降低,刀圈容易卷刃。另外,极硬岩地层滚刀应采用小刀间距设计,正滚刀刀间距建议 70~80mm,中心滚刀建议 80~90mm,边滚刀刀间距随着滚刀安装半径的增加阶梯性减小。

(2)锻造厚板刀盘制造工艺

刀盘盘体材料采用 Q345D,具有较高的强度及良好的韧性;中心块及边块采用锻造 270mm 厚板,以减少中心块的焊缝,增加刀盘的刚度及强度,提高刀盘的疲劳寿命;法兰采用 300mm 锻件,强度高、刚度好,使法兰的受力较为均匀,从而使主轴承受力均匀,有效保证主轴承的寿命。典型的刀盘结构如图 2-3 所示。

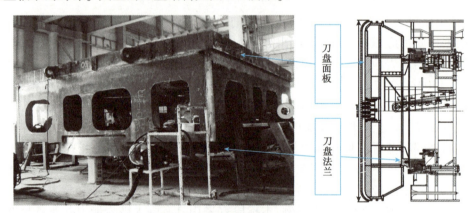

图 2-3　盘体高强度设计的刀盘

(3)刀座焊接后整体加工工艺

刀座采用 Q345D 锻件,且背部设计有异形支撑板,增加了刀座的刚度和强度,保证刀座具有较长的使用寿命。另外,滚刀的刀座也是经过特殊加工而成,刀座焊后整体加工,不存在焊接变形问题,滚刀安装精度更高、更加可靠。滚刀刀座加工如图 2-4 所示。

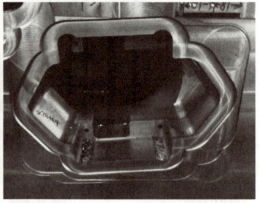

图 2-4　滚刀刀座整体加工

5. 施工效果

2017年11月份,中铁隧道局施工的引松供水4标TBM月掘进进尺达到1318.7m,刷新了敞开式TBM的中国掘进纪录。

二 单护盾TBM选型案例

本小节以甘肃省引洮供水一期工程7号隧洞为工程实例,介绍单护盾TBM选型案例。

1. 工程概况

甘肃省引洮供水一期工程总干渠长109.73km。其中隧洞工程18座,长达94.43km,占总干渠总长的86.1%。引洮工程7号隧洞总长17.286km,隧洞设计纵坡1/1500,输水流量设计32m³/s,隧洞开挖洞径为5.75m。隧洞进出口为TBM组装、进洞出发、停靠出洞的洞室段,也是洞身结构的加强段,依据TBM技术要求,确定隧洞进出口加强段长度均为50m,采用钻爆法开挖,一次喷锚加强支护,待TBM进洞或出洞之后,拆除TBM开进过程中所铺设底拱管片轨道床,然后二次整体现浇C20钢筋混凝土衬砌,TBM均从隧洞出口逆坡向上游进口方向施工。

2. 地质条件

引洮供水一期工程7号隧洞最大埋深368m,属越岭深埋长隧洞,洞身出露白垩系与上第三系两套地层。围岩以极软岩为主,Ⅳ级围岩段长2.50km,占14.5%,岩性主要为白垩系砂岩、泥质粉细砂岩、砂质泥岩,属软岩;Ⅴ级围岩段长14.74km,占85.5%,岩性以泥质粉(细)砂岩、砂质泥岩及疏松粉(细)砂岩为主。

单岩层产状平缓,受构造影响轻微,断裂裂隙不发育,仅发育舒缓短轴褶皱,总体上富水性较差。如图2-5所示,含水疏松粉(细)砂岩为隧洞新近系地层中的特殊岩层,为不良地质地层,间隔带状分布9段总长度3.14km,占新近系地层总长度的23.2%,占隧洞全长18.2%。

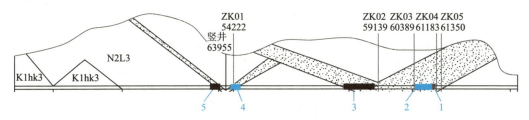

图2-5 含水疏松细砂岩不良地质断面图

注:2、4为已查明不良地质洞段位置;3、5为未查明不良地质洞段位置;4、5位于竖井两侧,每段长约270m,前后距离竖井约200m;2、3之间为细砂岩、含砾砂岩、泥质砂岩互层地质段,其中间隔分布有50~200m不等的含水疏松细砂岩段。

地下水主要由大气降水补给,降雨稀少,且年内分布不均,地层渗透性弱,地下水水量一般较小(实测泉水最大流量小于5L/min)。根据钻孔揭示、试验及水文地质调查,砂砾岩、砂岩孔隙率为20%左右,为含水透水层,钻孔一般有地下水,泉水均出露于砂岩、砂砾岩层部位。泥质粉砂岩和粉砂质泥岩为相对隔水层,地下水分布不均,一般呈层状分布且局部承压,所在山体为微弱层状含水山体。

3. TBM 选型

根据地质适应原则,敞开式 TBM 比较适应岩体较完整、有较好自稳性的硬岩地层;单护盾 TBM 比较适应软弱围岩为主、岩石抗压强度较低的地层;双护盾 TBM 比较适应围岩较完整、具有一定自稳性的软岩~硬岩地层。由于引洮 7 号隧洞工程以软弱砂岩、砂岩、砂砾岩为主,围岩岩石强度低,裂隙发育,存在基岩裂隙水,岩石遇水软化,围岩极不稳定,自稳能力较差,因此,宜采用单护盾 TBM 施工。根据工期成本原则,软弱破碎段落所占整个隧道长度比例不大时,宜优先选用敞开式 TBM;软弱破碎段落所占比例较大时,宜优先选用护盾式 TBM。本工程Ⅳ级围岩占 14.5%,Ⅴ级围岩 85.5%,全程软弱围岩,宜采用单护盾 TBM 施工。通过综合选型,确定采用 1 台直径 5.75m 单护盾 TBM,如图 2-6 所示。

图 2-6　引洮供水一期工程 7 号隧洞单护盾式 TBM

4. TBM 针对性改造

TBM 在进口端掘进至 K60+931 里程时,岩石为厚层状砂岩,粉粒结构,局部含钙质结核,强度约为 1MPa,遇水极易软化、崩解,围岩自稳性差,开挖面塌方比较严重,出渣量较正常掘进时大了很多,地层中含有地下水,在临空面以喷泉的形式涌出,形成夹带砂的涌砂现象,盾尾开口处较为严重,以致 TBM 推力增大,TBM 被迫停机,先后多次导致刀盘被卡、盾体被困,从而导致施工中断,严重影响工程工期。由于 TBM 不适应 7 号隧洞含水粉细疏松砂岩施工,将被困的 TBM 解体对该单护盾 TBM 进行了地质适应性改造,重新设计了制造了刀盘和盾体。

(1)TBM 刀盘改造

原有刀盘为单向旋转设计[图 2-7a)],原有防止盾体发生滚转的防扭液压缸在软弱地层中没有足够的反力来抵抗刀盘转动带来的盾体反向的滚转。在掘进过程中,盾体会受到反作用力产生滚动。原刀盘在掘进过程中只能顺时针旋转,盾体一直为逆时针滚动。为了抑制盾体滚动,须调整推进液压缸的角度。这样推进液压缸就会产生一个圆周方向的力作用在管片上,直接导致管片滚动。只有刀盘在掘进过程中采用双向旋转,才能妥善解决管片滚动问题。改进后的 TBM 在掘进过程中可双向旋转(图 2-7b),这样便不需要调节推进液压缸的角度,而是利用刀盘的双向旋转来调整盾体的滚动。

(2)TBM 护盾改造

前护盾改造后,上部比下部长 400mm,见图 2-8,改进后加大了刀盘圆周方向刮渣口的进渣能力,提高了 TBM 的掘进速度。在高贯入度情况下,前盾喇叭口处的渣堆积量较少,减少边刀弦磨;前盾上部 212°范围向前延伸,盖住刀盘 560mm。另外,在盾体周边开设注射孔,在围岩出现坍塌或收敛时,利用注射孔向盾体外壁注废油或膨润土,以减少盾体和围岩的摩擦阻力。

a) 单向旋转刀盘

b) 双向旋转刀盘

图 2-7 改造前后的刀盘

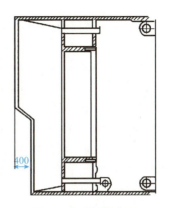
图 2-8 前盾改造示意图
（尺寸单位：mm）

由于底部管片底部 45°为支墩，由此尾盾设计为底部 60°开口，原盾尾底部 120°区域为 40mm 钢板，上部 240°为 50mm，如图 2-9a)所示；改造后的盾尾 60°~90°区域为 25mm 钢板，90°~120°区域为 40mm 钢板，其余为 50mm，如图 2-9b)所示，改造后的盾尾加大了盾尾间隙，有效提高了管片安装质量。

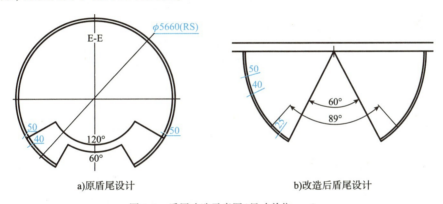

a) 原盾尾设计　　　　　　　　　　b) 改造后盾尾设计

图 2-9 盾尾改造示意图（尺寸单位：mm）

5. 施工效果

考虑 TBM 掘进方向和断层倾向的关系，通过重新改造刀盘和护盾后，将改造后的 TBM 从隧洞出口端运至进口端，从进口端组装掘进。经改造后的单护盾 TBM 于 2011 年 8 月 15 日开始掘进，2011 年 9 月份创月掘进 1515m 纪录；10 月份创月掘进 1718.6m 纪录；2011 年 11 月份，中铁隧道局施工的甘肃引洮供水一期工程 7 号隧洞 TBM 月掘进进尺达到 1868m，是当时单护盾 TBM 掘进的最高世界纪录。

三 双护盾 TBM 选型案例

本小节以甘肃引大入秦工程 30A 隧洞为工程实例，介绍双护盾 TBM 选型案例。

1. 工程概况

甘肃引大入秦工程位于兰州市以北永登县境内，是将大通河水引入兰州北面秦王川的一项大型跨流域调水灌溉工程，总干渠全长 86.9km，东一干渠长 49.56km，东二干渠长 54.12km。总干渠、东一干渠、东二干渠总长 190.58km，仅隧洞就有 71 座，总长 110km。

工程特点是跨流域调水,自流灌溉,地质条件复杂,施工难度大,技术要求高。东一干渠、总干渠和东二干渠已先后于1993年、1994年10月和1995年10月建成并通水,运行状况良好,正在发挥效益。在众多的隧洞群中,根据不同的地质特性、隧洞长度和外部施工条件,分别选用了钻爆法和TBM法。其中以30A隧洞和38号隧洞采用的双护盾TBM效果最为显著。30A隧洞位于甘肃省永登县水磨沟至大沙沟间,也称水磨沟隧洞,洞线长11.649km,设计流量32m³/s,加大流量36m³/s。由于地形复杂,地表沟谷交错,单洞长达10km以上,施工时的通风、运输、工期都难以解决。故在初设中曾考虑绕线方案,采取短隧洞多工作面开挖。即从水磨沟倒虹吸出口至大沙沟渡槽进口,渠线绕道而行,全长14.962km。在开工前,经专家反复论证,提出将水磨沟至大沙沟的渠线由绕道改为直线穿越,采用TBM施工。线路全长缩短至12.012km,其中隧洞一座(即30A隧洞),长11.649km;渡槽一座,长70m;明渠长293m。全部洞渠线比初设方案缩短2950m(图2-10)。

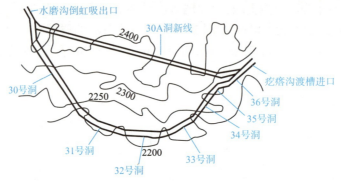

图2-10　30A隧洞改线方案示意图

2. 地质条件与工程特点

30A隧洞是一条软、硬岩性不均的长洞。工程特点之一:地质复杂。地层自进口至出口依次为前震旦系结晶灰岩、板岩夹千枚岩,该段长1680m,干密度2.59~2.84g/cm³,岩石单轴抗压强度26~133.7MPa,软化系数0.77~0.97;第三系含漂石砾岩、砂砾岩、泥质粉砂岩及砂岩,长9790m,干密度2.01~2.48g/cm³,断裂构造不发育,岩石单轴抗压强度(天然状态)为2.79~15.29MPa,岩质较软,遇水软化崩解,软化系数小于0.35,φ为35.2°~43.3°,c为0.18~0.21MPa,崩解时间为0.77~1.48h,是30A隧洞穿过的主要地层;出口为长约150m的第四系黄土状土,干密度1.31~1.44g/cm³,φ为22°~32°,c为0.01~0.04MPa,遇水软化崩解。前震旦系地层受构造影响较重,岩石较破碎,分布有较大的断层破碎带23条,沿该地层有地下水出露,其中以接触带的断层破碎带涌水量较大,掘进中沿隧洞曾出现最大涌水量约150L/s的情况,其余均为基岩裂隙水渗出,其水质对普通水泥混凝土无侵蚀性。此外,隧洞侧壁还穿过3处石灰岩岩层特有的溶洞,容积共约77m³。工程特点之二:30A隧洞长达11.649km,施工时洞内通风、运输均较困难。工程特点之三:沿洞轴线的地表是高山沟谷,没有开挖斜井或竖井实现分段施工的地形条件。工程特点之四:隧洞进口位置处在陡峭的硬岩半山坡上,难以布置洞口平台及施工场地设施,且有地下水。据此,只能采取从出口向进口方向单向掘进的施工部署。

3. TBM选型

TBM主要分为三种类型,分别适应于不同的地质条件。敞开式TBM主要用于自稳性好的隧道;双护盾TBM主要适应于部分或反复出现软弱破碎地层的隧道;单护盾TBM

主要适应于破碎及以软岩围岩为主的隧道。30A 隧洞是一条软、硬岩性不均的长洞，主要穿越前震旦系结晶灰岩、板岩夹千枚岩、含漂石砾岩、砂砾岩、泥质粉砂岩及砂岩，岩石单轴抗压强度为 2.79～133.7MPa，属于具有一定自稳性的软岩～硬岩地层，根据地质适应原则，较适宜采用双护盾 TBM 施工。通过综合选型，确定采用 1 台直径 5.53m 美国罗宾斯公司制造的双护盾 TBM 进行单工作面掘进施工。

4. TBM 结构特点

30A 隧洞使用的双护盾 TBM，盾壳由 40mm 厚钢板焊接而成，外径为 5530mm，前后护盾最大伸缩行程为 910mm，最大伸出时双护盾总长为 13610mm。

前盾装有刀盘、主轴承及刀盘驱动装置。刀盘采用 6 台 160kW 的电动机驱动，每台电机通过液力离合器与 1 台减速器相连，共同带动大齿圈使刀盘旋转。刀盘装有 37 把滚刀，滚刀直径为 394mm，刀盘顺时针旋转进行切削。前盾内装有 4 套径向千斤顶，通过此千斤顶操纵 2 套侧向支撑靴伸出护盾外面支撑地层，总支撑力为 3000kN。

管片安装机位于后护盾内，为环形盘式结构，全液压传动，采用电气遥控操作。在后护盾内，沿圆周轴向安装 8 个推进千斤顶。与前盾一样，后护盾内也装有 2 套侧向支撑靴，总支撑力为 12900kN。

在前后两节护盾之间，装有 12 台液压千斤顶，用以推动前盾前进。12 台推进千斤顶分成 6 组，每 2 台为一组，球形铰接，呈人字形布置，以保证前后盾不会产生相对旋转位移并精确控制前盾的前进方向。

后配套拖车长约 130m，由后盾牵引前进，后配套拖车的两侧安装有液压油泵、液压油箱、管线及控制阀、变压器、电气控制柜及电缆卷筒、注浆机等，顶部安装皮带机、吊机、碎石喷射机，TBM 操纵室位于车架正前端。

5. 施工效果

甘肃引大入秦工程 30A 隧洞通过国际竞争性招标由意大利 CMC 公司和中国华水公司联营体中标承建，采用美国罗宾斯公司制造的双护盾 TBM 施工。30A 隧洞的双护盾 TBM 于 1990 年 7 月运抵 30A 隧洞进口，11 月底组装完毕，然后进入已开挖好的长 18m 的预备洞，12 月 5 日开始试掘进，当月掘进 125m，1991 年 3 月开始，连续突破 1000m，最高日进度 65.6m，于 1992 年 1 月 20 日全线贯通。

该双护盾 TBM 于 1990 年 12 月 5 日开始试掘进，于 1992 年 1 月 20 日贯通，仅用了 13.5 个月。平均单工作面月成洞进尺 860m，最高月成洞进尺 1300m，创造了当时第一流的施工速度，取得了良好的施工效益，实现了长隧洞施工无伤亡的安全文明生产。

◆ 思考题 ◆

1. 简述 TBM 选型的依据。
2. 简述 TBM 选型的原则。
3. 简述 TBM 选型的步骤。
4. 简述敞开式 TBM、双护盾 TBM、单护盾 TBM 的优缺点。
5. 结合典型工程案例，论述如何进行 TBM 选型。

单元三

TBM 适应性设计

【单元描述】

　　本单元主要介绍 TBM 贯入度、纯掘进速度、设备完好率、刀具消耗量等有关掘进性能要求；介绍 TBM 刀盘直径、刀间距、刀盘转速、刀盘扭矩、刀盘驱动功率、主轴承寿命、推进系统及其推力、支撑系统及其支撑力等关键参数设计；介绍 TBM 刀盘刀具设计要点。

【学习目标】

　　1. 知识目标
　　(1) 掌握 TBM 掘进性能要求；
　　(2) 掌握 TBM 关键参数设计要点；
　　(3) 掌握 TBM 刀盘刀具设计要点。
　　2. 能力目标
　　(1) 能够针对具体工程正确进行 TBM 关键参数设计；
　　(2) 能够针对具体工程正确进行 TBM 刀盘刀具设计。
　　3. 素质目标
　　(1) 培养学生科学分析问题和解决问题的能力；
　　(2) 培养学生认识复杂问题和综合分析问题的能力；
　　(3) 培养学生适应艰苦环境的能力；
　　(4) 培养学生的创造力和创业精神。

任务一　TBM 掘进性能要求

TBM 适应性设计时,需要根据工期、工程地质、工程设计和施工工艺等多种因素,对掘进性能提出相应合理要求。衡量 TBM 掘进性能的主要指标有贯入度、纯掘进速度、设备完好率、掘进作业利用率、刀具消耗量等。一定岩石条件下,TBM 掘进性能除了取决于 TBM 和刀具本身性能外,还主要与 TBM 操作使用、维护保养和施工组织管理有关。

一　贯入度与纯掘进速度

贯入度为刀盘每转切入岩石的深度,单位为 mm/r。

纯掘进速度为贯入度乘以刀盘转速,单位为 mm/min 或 m/h。

这样,知道贯入度和刀盘转速,就可计算纯掘进速度,若进一步知道 TBM 掘进作业利用率,就可以预计日进尺、周进尺、月进尺等。

贯入度和纯掘进速度主要受 TBM 设计参数和地质参数的影响。因此,根据工程地质情况和工期要求,可以向 TBM 设计制造商提出合理的 TBM 特性要求,并评判其设计参数是否满足掘进速度要求,或进行掘进速度的预测。

TBM 设计参数和地质参数的不同,贯入度可能为 2~20mm/r,刀盘转速一般为 5~12r/min。TBM 设计时,可要求 TBM 制造商提供所设计 TBM 在不同岩石情况下的贯入度或纯掘进速度的参考值。

TBM 掘进技术水平大致为:20 世纪 80 年代,TBM 最高日进尺为 30~40m,平均月进尺 300~500m;20 世纪 90 年代后,最高日进尺为 45~60m,平均月进尺 500~700m。2005 年我国辽宁大伙房输水工程直径 8mTBM,最高日进尺达到 63.5m,最高月进尺达到 1208m。2011 年 11 月份,中铁隧道局施工的甘肃引洮供水一期工程 7 号隧洞 TBM 月掘进进尺达到 1868m,是当时单护盾 TBM 掘进的最高纪录;2017 年 11 月份,中铁隧道局施工的引松供水 4 标 TBM 月掘进进尺达到 1318.7m,刷新了敞开式 TBM 掘进纪录;2017 年 12 月份,北京振冲施工的吉林引松供水 3 标 TBM 月掘进进尺达到 1423.5m,再次刷新了敞开式 TBM 掘进的中国纪录。

二　设备完好率

TBM 设备完好率包括 TBM 系统可靠度和维修度两方面因素。可靠度越高,故障所占维修时间越短,则 TBM 系统完好率越高,投入纯掘进作业时间比例越大,说明 TBM 本身性能越好。因此,这是一个主要取决于 TBM 制造商的性能参数。当然,高的 TBM 设备完好率,需要承包商满足制造商使用要求和维护要求的前提之下才能取得。在 TBM 适应性设计中,承包商可向制造商对 TBM 完好率提出合理的要求,合同中通常要求达到 90%。但由于 TBM 是大量分系统和设备集成的庞大复杂系统,因此要获得很高的 TBM 设备系统完好率是很困难的。据统计,德国维尔特(Wirth)公司 TBM 在其 25 个工程应用中表明：TBM 设备系统完好率一般在 70%～90%，能够达到 90% 以上的项目极少。

TBM 完好率可按以下公式确定：

$$AV = \frac{ET + RT}{ET + RT + OUT} \tag{3-1}$$

式中：AV——完好率；
　　　ET——掘进时间；
　　　RT——换步时间；
　　　OUT——故障造成停机时间。

三 掘进作业利用率

掘进作业利用率是掘进时间占总施工时间的比例，其一方面取决于 TBM 设备完好率，另一方面主要取决于工程地质情况和现场施工组织管理水平。

掘进作业利用率越高，越可能获得高的进尺。但常常因为 TBM 设备故障，以及岩石支护作业、出渣作业、材料运输等其他原因延误造成停机，从而使掘进作业利用率降低。目前，TBM 平均掘进作业利用率技术水平在 40% 左右。设备故障率低、岩石好的月份可以较高，甚至达到 65% 以上；不良岩石条件时可能很低，甚至低于 20%。一般来说，整个 TBM 隧道工程掘进作业利用率超过 40% 是很困难的。

不同岩石条件下的 TBM 贯入度、纯掘进速度和掘进作业利用率，是 TBM 隧道工程计划工期的重要依据。对于承包商，一方面可以要求制造商提高 TBM 的完好率，一方面在 TBM 选型设计中要考虑好掘进、出渣、支护等各分系统间的协调关系，并提高施工组织管理水平和 TBM 的维护保养水平，以提高 TBM 掘进作业利用率。

四 刀具消耗量

除了 TBM 投资消耗以外，最重要的花费之一就是 TBM 刀具，刀具花费的预测比掘进速度的预测更为困难，而且刀具消耗的增加将带来 TBM 停机时间的增加，从而影响 TBM 隧道工程的工期，这些都或多或少取决于未知的要开挖的岩石情况。岩石的抗压强度、裂隙情况、石英含量是刀具消耗的主要影响因素，不同工程的岩石条件不同，刀具消耗量和消耗费用可能相差很大，有的工程在一公里掘进中几乎不用换刀，而有的工程在一公里掘进中可能需要几百万元的刀具消耗。

刀具的消耗除了正常刀圈磨损以外，还可能刀圈崩刃断裂、刀具轴承和密封损坏，甚至是由于刀圈偏磨未及时发现而造成刀体损坏。一定岩石情况下，刀具的消耗一方面取决于刀具的质量和刀具在刀盘上的总体布置，也与刀具的安装使用和维护技术水平有关。TBM 选型设计时可要求制造商提供开挖单位立方米岩石刀具消耗费用或数量的参考值，以便进行 TBM 刀具质量评判和刀具投资消耗预测。

任务二　TBM 关键参数设计

近年来 TBM 设计的总趋势是：开发大直径刀具，提高刀具承载能力；增大刀盘推力和扭矩；提高刀盘转速；增大掘进行程。

影响 TBM 的耐久性（寿命）和性能的主要关键零部件为刀盘、刀具、主轴承、刀盘驱动系统、TBM 主机、推进系统和支撑系统等。

一　刀盘直径

TBM 直径有向大直径和微型 TBM 两个方向发展的趋势，目前一般在 3～15m 之间。TBM 直径越大，TBM 设计、制造、运输、组装和施工的技术难度越大；直径太小，作业空间狭小，设备布置困难。具体刀盘的直径应根据开挖洞径来决定，并要求有一定的扩挖能力，需要考虑成洞直径、支护要求、围岩的变形等综合因素。直径扩挖主要是防止围岩变形卡住护盾，通过增加边刀调整垫块可实现一定程度的扩挖，一般在 60mm 左右；如果需要获得较大的扩挖能力，可在刀盘上布置带液压缸的伸缩刀具。

为了降低不良地质的影响，TBM 尽量设计为平面状刀盘和凹状的刀具安装座，这种设计降低了掌子面和刀盘结构间的距离，能更好地保持掌子面的稳定，并减少阻塞刀盘引起机械元件过载的危险。一般设计成可背装式换刀的刀盘，以防人员出现在掌子面和刀盘前端之间未保护的空间。

刀盘设计的强度、刚度、耐磨性和焊接强度是需要重点考察的性能指标。刀盘设计制造十分关键，特别是坚硬岩石条件下，刀盘的振动、磨损、焊缝开裂将会成为突出问题，设计时必须给予充分考虑。

二　刀具直径

硬岩 TBM 一般采用盘形滚刀，刀具的基本元件是刀圈、刀体、刀轴、轴承组合件、密封、端盖等。刀具设计制造水平及其在刀盘上的布置，对破岩效果、掘进速度和刀具消耗至关重要。

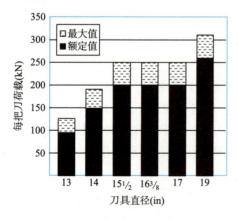

图 3-1　不同直径刀具的承载能力

为了增加 TBM 刀具的贯入度和纯掘进速度，刀具轴承和刀圈材料技术不断向前发展，以取得较高的承载能力和耐磨性，从而具有更高的刀具额定推力。目前，刀具生产厂家提供了一个较宽范围的刀具直径选择，尺寸从 300mm 到 480mm 直径系列，不同直径刀具承载能力如图 3-1 所示。

17in（432mm）直径刀具比较常用，19in（483mm）直径刀具也开始大量推广应用，国外 20in 刀具也已开发出来并在逐步推广应用。有些著名厂家还在致力于开发更大直径的刀具,大直径的刀具一般具有的优点是允许较大的磨损量、承载力和较低的滚动阻力系数。大伙房水库输水工程在国内首次选用19in(483mm)刀具,实践证明是成功的。

不同厂家刀具的最大差别在于其材料、热处理工艺以及刀圈剖面的几何形状,主要问题是需在耐磨性和韧性间找到平衡点。对于刀圈的几何来说,外廓形状已由原来的楔形刀圈向准等厚刀圈发展,这样可保持刀圈与岩石接触面积在较长的磨损期内是个常值,因此不需增加推力或减少掘进。

三 刀间距和刀具数

每把滚刀的推力和刀间距是提高切深(贯入度),进而提高掘进速度最重要的参数。

试验表明,在给定地质条件下,当减少刀间距时,获得一定掘进速度所需推力将下降,如图3-2所示。这意味着在非常硬的岩石情况下,维持每把刀推力不变,通过减少刀间距,可以增加掘进速度。但是,相应要求增加机器总推力,并产生更小的碎石屑,而碎石屑越小,切削岩石要求的比能越大,开挖过程的经济性就越小。

比较不同刀间距开挖岩石所消耗的能量表明,每种岩石有一个最佳的刀间距。这个最佳的刀间距主要是地质的函数。在硬岩情况下,它为10~20倍的切深,在65~90mm之间;软岩大约是100mm左右。在实际设计中,为了提高TBM的适应性,刀间距应尽可能取小,以便应对最硬岩石情况。

在给定地质条件和可比的刀间距下,刀具数与开挖直径成正比,图3-3表明了隧道开挖直径与要求刀具数的关系。

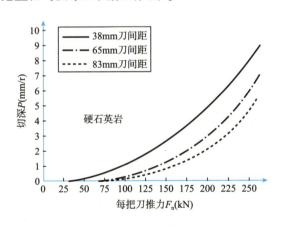

图3-2 刀间距对切深(贯入度)的影响

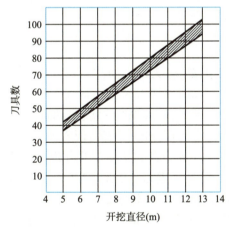

图3-3 刀具数与开挖直径关系

减小刀具数,不增加每把刀最大平均荷载,刀间距的增加将导致掘进速度的降低。对于一定岩石条件,刀间距太大,增加了刀圈的磨损,相应降低了刀圈的寿命,并增加了TBM停机时间。如果瞬间岩石物理特性太高,而用较大的刀间距的刀盘不能破掉岩石,在很短的时间内,如果TBM不仔细监控,单个刀就会损坏,也会损坏相邻的刀具。较多刀具与岩石接触,还可降低TBM的振动,并减小破碎岩层断面岩块洞穴的尺寸,从而可降低阻卡刀盘转动的危险。

四 刀盘转速

一般盘形滚刀的刀具轴承和密封允许的圆周速度为150m/min左右。因此,设计中刀盘转速与刀盘直径应成反比,即:

$$n = \frac{X}{D} \tag{3-2}$$

式中:n——刀盘转速;
D——开挖直径;
X——速度系数,通常为45或50。

图3-4表明了常掘进速度下相对切深及刀盘转速与开挖直径的关系。

该图是基于速度系数约为45时得出的。随着TBM技术水平的提高,刀盘转速有提高的趋势。采用大直径盘形刀具,理论上允许增加刀盘转速,但是速度系数不应太大,以便维持刀盘的排渣能力。

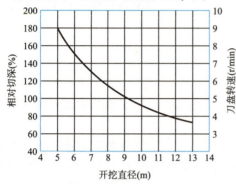

图3-4 刀盘转速与开挖直径关系

五 刀盘扭矩

刀盘上所有刀具总滚动阻力决定扭矩大小。计算滚动阻力系数,即滚动力与推力的关系主要由刀圈直径和切入深度来决定。

下列方程提供了一个简单而可靠的计算滚动阻力系数k的方法:

$$k = \frac{4}{5}\left(\frac{p}{d}\right)^{0.5} \tag{3-3}$$

式中:d——刀圈直径(mm);
p——切入深度(mm)。

因此,切入深度一定,滚动阻力系数随刀圈直径增加而降低。粗略估计,滚动阻力作为推力的百分比平均为:硬岩10%,易掘进岩石15%。

TBM刀盘的功率要求由转速和扭矩来决定,扭矩则受地质的影响。在可比的刀盘推力下,易掘进岩石允许较高的切深,并由于滚动阻力增加,要求较大的刀盘扭矩。可钻性良好的岩石,理论上可能的切深是不能采用的,是不经济的。需要的刀盘扭矩M_d一般按随刀盘直径D的二次方而增加的关系来考虑:

$$M_d = YD^2 \tag{3-4}$$

式中:Y——扭矩系数,以前TBM设计通常采用45。

由于更高的刀具荷载,目前使用系数达到60,图3-5表明了刀盘扭矩与刀盘直径的关系。

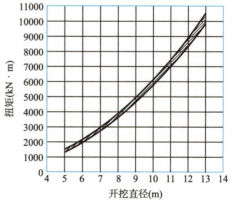

图3-5 刀盘扭矩与开挖直径关系

六 刀盘驱动功率

刀盘驱动系统的主要形式有液压驱动、双速电机驱动和变频电机驱动。由于变频控制技术的可靠性提高和成本降低,变频电机驱动对不同岩石有更好的适应性,变频电机驱动成为近年来 TBM 驱动的发展方向和首选。一般是电机驱动行星齿轮减速器,进而驱动小齿轮和大齿圈转动,从而带动刀盘旋转。

刀盘驱动功率取决于刀盘扭矩和刀盘转速,目前实际工程应用中直径 4.5~15m 的敞开式 TBM,刀盘驱动功率设计值如表 3-1 所列。

不同直径 TBM 刀盘驱动功率　　　　表 3-1

刀盘直径(m)	4.5	6.36	8.03	10.2	12.4	14.4
驱动功率(kW)	1400	2300	3000	3800	4500	4900

TBM 设计中,用户可要求厂家提供刀盘驱动曲线,从而判断驱动系统的特性。例如,云南那邦水电站工程直径 4.5m 敞开式 TBM 的驱动特性曲线如图 3-6 所示。刀盘驱动曲线分成恒扭矩段和恒功率段,一般岩石坚硬完整时利用恒功率段掘进;软弱破碎围岩段利用恒扭矩段掘进。

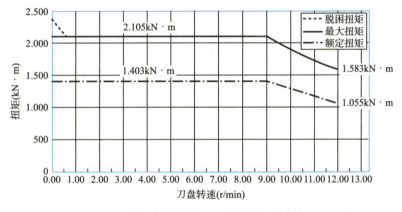

图 3-6 那邦水电站工程 TBM 刀盘驱动曲线

七 主轴承及其寿命

TBM 主轴承亦称刀盘主驱动轴承,是 TBM 最关键的部件,其发展方向是采用三轴式滚子轴承(两排推力,一排径向)替代圆锥滚子轴承的设计方案,以提高其承载力和延长寿命,特别是大直径 TBM 设计更是如此。目前,刀盘轴承寿命的技术水平在 15000~20000h,正常掘进 15~30km。当然 TBM 的操作使用和维护保养对 TBM 主轴承的寿命也至关重要。

由于刀盘轴承订购制造周期长(6 个月左右),成本高,且施工中洞内拆换困难,在 TBM 选型设计中刀盘轴承的使用寿命、设计尺寸、制造质量和润滑密封及其监控设施是非常重要的考核因素。

目前,国际上能够生产 TBM 主轴承的主要为 SKF、Hoesch Rothe Erde 等几家公司。一般 TBM 设计制造商向轴承厂家提供轴承的订购规格和荷载谱,由轴承厂家设计制造,并做轴承寿命计算。

例如，某 TBM 厂家对一引水隧洞工程直径 4.5m TBM 主轴承的荷载谱估计和寿命计算如表 3-2 所示。

TBM 主轴承的荷载谱及寿命　　　　　表 3-2

工况	工况 1 荷载	工况 2 荷载	工况 3 荷载
各工况时间比例(%)	80	15	5
轴向荷载(kN)	8010	8010	8010
径向荷载(kN)	1100	1350	1600
倾翻力矩(kN·m)	2880	4530	6680
转速(r/min)	12.00	6.00	3.00
轴承寿命(h)	23161（按 ISO281 计算轴承寿命 L10）		

主轴承一般采用压力油循环润滑系统确保其良好的润滑状态。除了外侧迷宫密封，主轴承在内、外密封各采取三道以上唇形密封设计，掘进中密封还有自动注脂系统，确保油脂向外排出，防止灰尘污物进入。主轴承润滑和密封的状态都设计有一定的监控系统，以确保主轴承的良好工作状态和使用寿命。

八　推进系统及其推力

推进系统主要由布置在主梁两侧的液压推进液压缸等构成，为刀盘提供推进力，同时需要克服护盾摩擦阻力及提供后配套所需拖拉力。应根据岩石情况、开挖直径、刀具直径和刀具数，提供足够的推力，以便在较硬岩石情况下获得一定的贯入度。一般根据总刀具额定推力、刀盘护盾摩擦阻力、后配套系统的牵引阻力等来综合考虑所需推进力。

下面以直径 4.5m 敞开式 TBM 为例进行设计计算。

1. 护盾摩擦力

按下面公式计算护盾摩擦力

$$F_\mu = \mu \cdot [2\pi \cdot r \cdot l \cdot (P_v + P_h) \cdot 0.5 + G] \tag{3-5}$$

式中：F_μ——护盾摩擦力(kN)；

　　　μ——摩擦系数，取 0.2；

　　　r——护盾半径(m)，本工程 2.25m；

　　　l——护盾长度(m)，本工程 3.5m；

　　　P_v——垂直荷载(kN/m^2)，按 134kN/m^2；

　　　P_h——水平荷载(kN/m^2)，按 0kN/m^2；

　　　G——TBM 自重，本工程按 3183kN。

则

$$\begin{aligned}F_\mu &= \mu \cdot [2\pi \cdot r \cdot l \cdot (P_v + P_h) \cdot 0.5 + G] \\ &= 0.2[2\pi \cdot 2.25 \cdot 3.5 \cdot (134 + 0) \cdot 0.5 + 3183] \\ &= 1299(\text{kN})\end{aligned}$$

2. 刀盘额定推力

刀盘额定推力计算如下：

$$F_c = n \cdot F_{sc} \tag{3-6}$$

式中：F_c——刀盘额定推力(kN)；
F_{sc}——单把刀额定推力(kN)，17in 刀为 267kN；
n——刀具数(把)，本工程 30 把。

则

$$F_c = n \cdot F_{sc} = 30 \cdot 267(kN) = 8010(kN)$$

3. 后配套系统拖动力

后配套系统拖动力 F_d，根据后配套系统的不同设计和重量根据经验估算，本工程取 500kN。

4. TBM 推进力

TBM 所需推进力 F_t 为上述三个力之和，则

$$F_t = F_\mu + F_c + F_d \tag{3-7}$$

式中：F_t——TBM 所需最大推进力(kN)。

则本工程 TBM 所需最大推进力为：

$$F_t = F_\mu + F_c + F_d = 1299 + 8010 + 500 = 9809(kN)$$

5. 推进液压缸尺寸

推进液压缸与 TBM 轴线成一定角度 α，开始掘进时成最大角度，本工程设计 TBM 为 22.6°。则所需推进液压缸的最大推力：

$$F_{tmax} = F_t/\cos\alpha = 9809/\cos 22.6° = 10624(kN) \tag{3-8}$$

按两侧共 4 个推进液压缸设计，液压缸活塞直径 360mm，最大油压 350bar。则所设计推进液压缸的最大推力：

$$F_{tcy} = 14250 kN$$

九 支撑系统及其支撑力

1. 支撑力

支撑系统由带有撑靴的水平支撑液压缸和垂直方向的扭矩液压缸组成，掘进时水平支撑液压缸使撑靴撑紧在洞壁上。支撑液压缸和扭矩液压缸应能抵抗刀盘传递过来的推力和扭矩。撑靴设计要考虑空间大小、岩石不易压溃、跨越钢拱架等要求，应有足够强度和面积，并需核算与洞壁的接地比压值大小。

根据工程实践经验，一般选取支撑力为推进力的 2.6 倍左右。则所需额定支撑力为：

$$F_g = 2.6 F_c = 2.6 \times 8010 = 20826(kN) \tag{3-9}$$

所需最大支撑力为：

$$F_{gmax} = 2.6 F_t = 2.6 \times 9809 = 25503(kN) \tag{3-10}$$

2. 撑靴液压缸

根据 TBM 的结构设计，主梁鞍架上安装有左右撑靴液压缸，对于直径 4.5m TBM，确定用活塞直径为 810mm 的液压缸，则液压缸的推力为：额定推力 25765kN@250bar，最大推力 36071kN@350bar。

任务三　TBM 刀盘刀具设计

一　滚刀破岩机理

TBM 盘形滚刀直接与掌子面岩石相互作用，是 TBM 破碎岩石的直接工具。在 TBM 掘进过程中，盘形滚刀在刀盘推力作用下，将刀刃贯入掌子面岩石，滚刀一方面随着刀盘旋转做公转运动，一方面绕自身刀轴做自转运动。掌子面岩石在滚刀刀刃的滚压作用下不断破碎、剥落，从而实现破岩开挖。滚刀在岩石掌子面会形成一系列同心圆轨迹（图 3-7）；当推力超过岩石的抗压强度时，盘形滚刀刀尖下的岩石直接破碎，刀刃贯入岩石，形成压碎区和放射状裂纹；进一步加压，当滚刀的刀间距 S 满足一定条件时，相邻滚刀间岩石内裂纹延伸并相互贯通而剥落，从而形成岩石碎片（图 3-8），岩渣在自重的作用下掉入隧道底部，由旋转刀盘的铲斗铲起岩渣，然后通过溜渣槽卸入运渣皮带机。

图 3-7　掌子面 TBM 滚刀破岩轨迹

图 3-8　TBM 破岩石渣

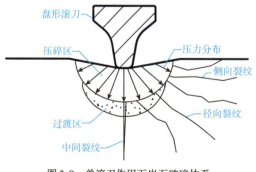

图 3-9　单滚刀作用下岩石破碎体系

岩石裂纹发育和破碎是在滚刀不断滚压岩石过程中，在岩石内部逐步发生的。在盘形滚刀侵入岩石的初始阶段，岩石内部开始产生大量微裂纹，局部产生变形，并逐渐向外释放能量。随着滚刀刀刃不断侵入岩石，刀刃下方岩石由于受压和空间的限制形成密实破碎区。紧邻该区域岩石在内部应力作用下产生大量裂纹，其中主要的几条长裂纹分别称为中间裂纹、径向裂纹和侧向裂纹，如图 3-9、图 3-10 所示。伴随着滚刀不断侵入岩石，侧向裂纹进一步生长并与相邻滚刀的侧向裂纹相互贯通,从而使刀间岩石以片状岩渣的形式破碎、剥落。因此,TBM 滚刀破碎岩石依靠的是多把滚刀相互协同作用,尤其是相邻滚刀的协同作用。

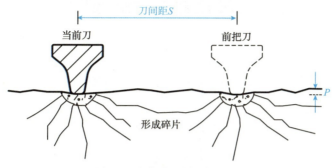

图 3-10　相邻滚刀之间碎片形成

TBM 滚刀破岩过程分为滚刀侵入岩体过程和相邻滚刀之间的岩石碎片形成过程两个阶段。

滚刀侵入岩体加载过程可分为建立应力场、形成压碎区、岩石碎片的形成以及出现侵入坑四个阶段。

在初始阶段,随着应力的增加,引起岩石中存在的微小裂隙闭合,然后岩石处于线弹性变形阶段,岩石发生很小的破坏。当荷载继续增加,在刀刃的边缘出现圆锥形裂纹,之后在侵入刀刃底部形成压碎区,在这一阶段,岩石碎片的错动及扩张被周围原岩所限制,为了破碎岩石,荷载继续增加,以造成岩石碎片的剧烈粉碎。之后,这些粉碎的岩石由于受到滚刀正压力及侧向压力的限制又被重新压实,岩石碎片向内及两侧运动及扩张的趋势造成岩石产生放射状、中部及侧向裂纹,在岩石裂隙形成过程中,滚刀逐渐侵入岩石。当侧边裂隙达到岩石表面时,刀刃底部的部分及周围的岩石迅速脱离形成岩石碎片。

对于 TBM 开挖而言,当 TBM 滚刀在开挖面上滚压时,不断扩大压碎区,裂纹开始出现并发展,一条或多条裂纹在滚刀作用下到达自由表面或是扩展至相邻滚刀产生的裂纹,并与之连接,从而产生岩片。

当两相邻滚刀的间距太大或者滚刀作用荷载较小时,裂纹向切割表面发展,到达自由面后产生三角形的小岩片,在两滚刀之间形成未切割的岩石隆起,即岩脊,如图 3-11a) 所示。当滚刀的刀间距太小或荷载太高时,滚刀下方无效的长裂纹向岩石或岩体内发展,裂纹区域大,损失的能量大,在两滚刀间形成凹槽,如图 3-11b) 所示。在滚刀最佳刀间距和滚刀推力作用下,滚刀侧向裂纹朝着相邻滚刀方向以大致直线的路径扩展,直线是裂隙扩展距离最短的路线,并且距离大约是滚刀间距的一半,并在两滚刀之间形成平直的岩片,如图 3-11c) 所示。

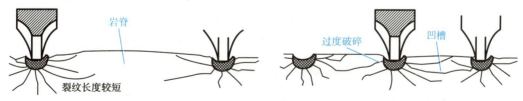

a)荷载较小或裂纹较短形成岩脊　　　　b)荷载过大或裂纹过长产生过度破碎

图　3-11

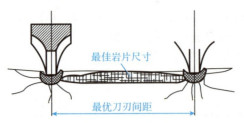

c)最佳裂纹长度和扩展方向

图 3-11　三种不同的岩石破坏方式

二　滚刀荷载计算

滚刀在破碎岩石过程中,刀刃与岩石之间存在三个方向的相互作用,包括:垂直力 F_V,又称法向力或径向力,指向开挖面,由刀盘推力提供;滚动力 F_R,又称切向力或切割力,指向滚刀切向,由刀盘扭矩提供;侧向力指向刀盘中心,由滚刀对岩石的挤压力和刀盘旋转的离心力产生,其数值较小,一般不考虑,如图 3-12 所示。

图 3-12　滚刀受力示意图

这些力对刀盘回转产生的阻力矩由刀盘扭矩平衡;沿刀盘回转轴线的分量,由刀盘推力平衡;沿刀盘径向分量及其对刀盘产生的径向效果,将由刀盘大轴承承受,这是造成机器振动、噪声和刀盘大轴承过早失效的原因之一。刀具和刀盘受力分析是刀具布置和刀盘主参数设计的依据。许多学者通过试验测试和施工现场测试数据分析建立了盘刀切削力的预测模型,主要包括伊万斯(Evans,1966)垂直推力预测公式、秋三藤三朗预测公式、澳大利亚罗克斯巴勒(Roxborough,1975)预测公式、美国 CSM 预测公式(1976,1993)、罗宾斯(Robbins)计算模型、东北工学院岩石破碎研究室预测公式、上海交通大学预测公式、华北水电学院北京研究生部预测公式等。其中,罗宾斯模型力学原理明确,但对刀具结构形状依赖性强;CSM 模型考虑因素比较全面,预测精度较高。两者应用较广,尤其是 CSM 模型被广泛采用。

CSM 模型是由科罗拉多矿业学院由线性切割试验得出滚刀受力预测公式。盘形滚刀首先将下方的岩石压碎,并假定楔形刃侧对岩石作用力的横向分量对岩脊(两相邻刀间距间的岩石)产生剪切破碎。CSM 模型公式如下:

$$F = C \frac{\varphi \cdot R_0 T}{1+\psi} \left(\frac{S\sigma_c^2 \sigma_t}{\varphi \sqrt{R_0 T}} \right)^{1/3} \qquad (3\text{-}11)$$

$$F_V = F\cos \frac{\varphi}{2} \qquad (3\text{-}12)$$

$$F_R = F\sin \frac{\varphi}{2} \qquad (3\text{-}13)$$

式中:R_0——滚刀半径;

ψ——刀圈顶刃压力分布系数,一般为 $-0.2 \sim 0.2$;

φ——滚刀接触角,$\varphi = \cos^{-1}\dfrac{R_0 - h}{R_0}$;

h——滚刀贯入度;

S——刀间距；

C——无量纲系数，取 2.12；

σ_c——岩石单轴抗压强度；

σ_t——岩石抗剪强度。

三 刀盘荷载计算

TBM 掘进时，刀盘受到推进阻力、旋转阻力矩以及不平衡力作用。

刀盘推进阻力由刀盘上每把滚刀垂直力沿 TBM 轴线的分力组成，由推进系统提供的推力平衡。

$$F_P = \sum_{i=1}^{n} F_{Vi} \times \cos\beta_i \tag{3-14}$$

式中：F_P——刀盘推进阻力；

F_{Vi}——第 i 把滚刀的垂直力；

β_i——第 i 把滚刀垂直力与 TBM 轴线的夹角；

n——刀盘上滚刀的数量。

刀盘旋转阻力矩由刀盘上每把滚刀滚动力产生的阻力矩组成，由驱动系统提供的扭矩平衡。

$$T_P = \sum_{i=1}^{n} F_{Ri} \times R_i \tag{3-15}$$

式中：T_P——刀盘旋转阻力矩；

F_{Ri}——第 i 把滚刀的滚刀力；

R_i——第 i 把滚刀的安装半径；

n——刀盘上滚刀的数量。

刀盘不平衡力是滚刀荷载在刀盘平面上形成的合力，容易引起刀盘旋转时产生偏心和震动，对主轴承寿命会产生不利影响，越小越好。

$$F_u = \sqrt{F_x^2 + F_y^2} \tag{3-16}$$

$$F_x = \sum_{i=1}^{n} (F_{Vi}\sin\beta_i\sin\theta_i - F_{Ri}\cos\theta_i) \tag{3-17}$$

$$F_y = \sum_{i=1}^{n} (F_{Vi}\sin\beta_i\cos\theta_i - F_{Ri}\sin\theta_i) \tag{3-18}$$

式中：F_u——刀盘的不平衡力；

F_x——x 轴方向的不平衡力；

F_y——y 轴方向的不平衡力。

四 滚刀布置

TBM 盘形滚刀的布置是 TBM 刀盘设计的关键环节。盘形滚刀的布置形式直接关系刀盘的整体受力，影响刀盘的整体性能和使用寿命。同时影响着滚刀的破岩效率和掘进速率，决定了刀盘掘进性能的优劣。滚刀布置设计主要分为滚刀径向布置设计和滚刀周向布置设计。滚刀径向布置设计主要是指刀刃间距的设计；而滚刀轴向布置设计是指在相邻滚刀刀刃间距确定之后，对滚刀的安装极角进行设计。

1. 滚刀布置区域

如图3-13所示,根据滚刀所处位置不同,滚刀布置可以分为:中心区域、正面区域、过渡区域和边缘区域几个典型区域。不同区域,滚刀的选择和布置各有特点。

图3-13 滚刀区域划分

(1)中心区域

该区域位于刀盘中心,滚刀布置受空间限制较大。中心滚刀布置主要有两种布置方式,"一"字形布置和"十"字形布置。刀刃数量一般六把或者八把,可采用单刃滚刀、双联滚刀或多联滚刀。

(2)正面区域

正面区域的滚刀数量最多,是TBM刀盘破岩的主体区域。不同的滚刀布置类型主要是反映在正滚刀布置上。

(3)过渡区域

在某些刀盘上,正面与边缘区域之间还存在过渡区域,过渡滚刀与正滚刀超出刀盘面板的高度也相等,但是为了减小磨损其刀间距小于正面滚刀。

(4)边缘区域

边缘区域的滚刀刀尖包络线为圆弧,由于边缘滚刀切削距离长,为减小磨损,该区域滚刀的刀间距小于或等于过渡区域滚刀的刀间距S,并逐渐减小。

2. 滚刀布置原则

滚刀的布置形式虽然多种多样,但是滚刀布置必须遵循一定的设计原则。滚刀布置的一个主要目的是平衡刀盘荷载,滚刀布置必须平衡刀盘荷载,使刀盘在掘进过程中径向荷载和倾覆力矩尽可能小。保证掘进过程中,刀盘荷载分布均匀,综合力学性能平衡、可靠。同时,刀盘的主要功能是破碎岩石,滚刀布置必须满足高效破岩这一重要指标。相邻滚刀要保证在一定贯入度范围内,能够实现连续顺次破岩的要求。

滚刀布置除满足上述主要性能指标外,滚刀布置还受刀盘结构的限制,需要考虑对滚刀磨损的影响。刀盘面板上需要布置一定数量的人孔、溜渣槽和喷水孔等,滚刀的布置必须与这些结构相互协调。同时,多数刀盘设计为分块组装形式,滚刀布置不得不避开各个连接块结合面。

滚刀布置设计主要考虑以下几方面:一是最小化的径向荷载;二是最小化倾覆力矩;三是相邻滚刀连续顺次破岩要求;四是最小化破岩量差异;五是不干涉要求;六是质量分布均匀,质心接近回转中心;七是刀盘装配工艺性要求。

盘形滚刀的布置,首先要根据选定滚刀类型结合工程地质设计合理的刀间距;刀间距选定之后,确定滚刀的周向布置角度。在选定第一把滚刀位置后,依次根据设计刀间距和布置角度确定下一把滚刀位置。刀间距的选择,主要根据破岩要求进行设计。滚刀布置角度的确定原则是,在满足破岩需求基础上,必须保证刀盘的综合力学性能。

刀盘的滚刀布置设计主要考虑以下6项原则:

(1)刀间距合理原则

刀间距设置过大,会造成相邻滚刀间的岩石不能完全剥离,进而形成"岩脊",使得TBM掘进困难,刀具易损坏;刀间距设置过小,会使得岩石破碎成过小的碎块,浪费机身能量,破岩效率低下;因此刀间距应根据地质情况合理设置。理的滚刀间距布置应使相邻滚刀之间的岩石能完全被滚刀破碎,即相邻滚刀的破碎槽能够相交。由于破碎槽大小与滚刀尺寸、岩石性质、推力或切深有关,故刀间距也与以上因素相关。根据滚刀破岩试验结果,一般岩石强度越高,刀间距应越小。

(2)刀盘受力平衡原则

刀盘上每把盘形滚刀的破岩负荷应尽可能相等。即每把盘形滚刀在破岩时所受负荷尽量相等,每把刀的破岩量尽可能相同,刀刃两侧的侧向反力尽可能相互抵消,使作用在大轴承上的径向荷载尽可能接近零。刀盘受力平衡,即最小化径向荷载和倾覆力矩。

(3)刀具等寿命原则

刀具等寿命原则即最小化破岩量差异,尽量使每把滚刀的破岩量相同,也称为等磨损量原则。理想的刀具布置是在满足破岩条件下(刀具破岩圈应覆盖开挖面,不留凸起岩脊圈),尽可能使各刀位刀具的磨损量处于均衡状态,即"等磨损布刀"原则。但由于受最大刀间距的限制,越靠近刀盘中心,旋转半径越小,刀具磨损也越小。故只有旋转半径大于一定值以外的刀盘区域才能实现"等磨损布刀"。

(4)顺次破岩原则

顺次破岩原则即前一把滚刀为后一把滚刀提供破岩临空面,同时也便于顺畅排渣。

(5)质心分布原则

质心分布原则即尽量使分散滚刀的整体重心与刀盘中心重合。

(6)安装不干涉原则

安装不干涉原则即滚刀安装位置不能干涉刀盘上的其他构形,并且不同滚刀在几何上不能相互穿透。

3. 滚刀刀间距确定

刀间距是指相邻滚刀刀刃相对于刀盘中心的距离之差,即在TBM掘进过程中盘形滚刀刀刃在岩石断面上留下的相邻环形轨迹之间的距离。刀间距的大小直接影响作用于盘形滚刀上的推力和破岩功耗的大小,是刀具布置的重要指标。

刀间距是滚刀破碎岩石的重要工作参数。盘形滚刀刀刃间距的选择既要保证两刀刃刃口间的岩石完全破碎,又要保证不出现重复破岩。在岩石条件和盘形滚刀额定推力确定的情况下,存在着临界刀间距和最优刀间距。临界刀间距是指两相邻刀刃切槽间存在影响时的最大间距,即相邻布置的盘形滚刀在岩石断面上滚动,两盘形滚刀切槽之间不产生累积岩脊时的最小间距。当刀间距大于临界刀间距时,各切槽间互不影响,即在两相邻滚刀作用下,岩石产生的裂纹不能相遇连通,这时就会在两切槽间产生累积岩脊。

如果要破碎两切槽间的累积岩脊则需要盘形滚刀的多次滚压,迫使切槽不断加深,才能使相邻切槽间的累积岩脊破碎,这种状态破岩效率低,盘形滚刀刃口磨损大。如果刀间距逐渐减小,当刀间距与盘形滚刀的推力相匹配时,破裂的较大岩块增多,破碎单位体积的岩石能耗最小,破岩效率也达到最高,此时的刀间距就是最优刀间距。最优刀间距 S 的确定与岩石的物理性质和滚刀的切割深度 h 有关。

TBM 滚刀在对岩石进行破岩过程中,根据滚刀破岩体积相交程度,可分为破岩区域不相交、破岩区域刚好相交和破岩区域相交。

图 3-14 所示的是临界刀间距布置情况,记作临界刀间距 S_0。

$$S_0 = B + 2h\tan\beta \tag{3-19}$$

式中:B——滚刀刀刃顶部宽度;
　　　h——滚刀切割深度;
　　　β——岩石破碎角,取值如表 3-3 所示。

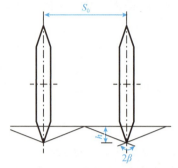

图 3-14　盘形滚刀临界刀间距的确定

岩石自然破碎角　　　　　　　　　　表 3-3

岩石类型	软砂岩	硬砂岩	玄武岩	细粒花岗岩	硬石英岩
破碎角(°)	130	144	146	140	150

从式(3-19)可知临界刀刃间距与滚刀切割深度和岩石的性质(破碎角)有关,在实际应用中,同一台 TBM 的刀间距不变,主要通过改变刀盘的推力来适应不同的地质条件。在两盘形滚刀之间不应存在累积岩脊,即刀盘转动多周(两周及以上)而不存在未被连通的岩脊,TBM 滚刀刀刃间距设计应满足 $S < S_0$。

4. 滚刀平面布置设计

滚刀在刀盘平面上的布置包括多螺旋线布置、动态星形布置和随机布置三种方式,如图 3-15 所示;多螺旋线布置和动态星形布置均属于相对于刀盘旋转轴线的对称布置方式,多螺旋线布置中,若每条螺旋线的螺旋角为 0°,则该螺旋线布置即为星形布置。

　　a)多螺旋线布置　　　　　　　　b)动态星形布置　　　　　　　　c)随机布置

图 3-15　TBM 刀盘上滚刀的布置方式

对于随机布置,盘形滚刀在刀盘上的布置看似随机,其实是考虑了刀盘分块的影响,滚刀相对于刀盘旋转轴线基本为中心对称布置。

一般来说,多螺旋线布置模式适合极硬和完整性好的地层;星条式布置模式适合软岩或破碎岩地层;随机布置模式适合两者之间的地层。

盘形滚刀在刀盘上布置理论的建立最主要的就是确保刀盘的受力平衡。TBM 工作时,盘形滚刀破岩力的均衡是针对 TBM 的具体作业对象,沿刀盘半径方向不同程度缩小盘形滚刀刀间距来实现的。

滚刀受力示意图如图 3-16 所示。采用极坐标来描述滚刀在刀盘上的平面位置,则滚刀的位置可表示为 (ρ_i, θ_i),其中 $\rho_i \in (0, R_t)$ 为滚刀的安装极径,$\theta_i \in [0, 2\pi]$ 为滚刀的安装极角。引入 $\alpha_i \in [0, \pi/2]$ 来描述滚刀的安装倾斜角度,R_S 和 R_f 分别为边缘滚刀刀尖包络圆弧半径和该圆弧中心到刀盘中心的距离,F_{ei} 为第 i 把滚刀惯性力,$F_{ei} = m\omega^2\rho_i$。

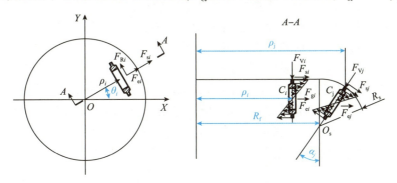

图 3-16 滚刀受力示意图

(1) 最小化径向荷载

理想的刀具布置能使刀盘产生的径向不平衡力最小,设刀盘受到的滚刀径向荷载合力为目标函数 $f_1(x)$,其表达式为:

$$\begin{cases} F_X = \sum_{i=1}^{n}(F_{si}\cos\alpha_i\cos\theta_i + F_{Ri}\sin\theta_i - F_{Vi}\sin\alpha_i\cos\theta_i + m\omega^2\rho_i\cos\theta_i) \\ F_Y = \sum_{i=1}^{n}(F_{si}\cos\alpha_i\sin\theta_i - F_{Ri}\cos\theta_i - F_{Vi}\sin\alpha_i\sin\theta_i + m\omega^2\rho_i\sin\theta_i) \\ F = \sqrt{F_X^2 + F_Y^2} \end{cases} \quad (3-20)$$

式中: F_{Ri}——第 i 把滚刀滚动力;

F_{si}——第 i 把滚刀侧向力,$F_{si} = (\tau/2)(r\varphi^2)\sin(r\varphi/2\rho_i)$;

r——滚刀半径;

φ——滚刀接触角,若贯入量为 h,则 $\varphi = \arccos[(r-h)/r]$;

n——滚刀数量;

F_X——刀盘面 X 轴方向的径向力合力;

F_Y——刀盘 Y 轴方向的径向力合力;

F——刀盘受到的径向力总合力。

(2) 最小化倾覆力矩

滚刀破碎硬岩产生的倾覆力矩对刀盘整体性能影响较大,为避免振动损坏主轴承等刀盘部件,应尽量减小倾覆力矩,设刀盘受到的倾覆力矩为目标函数 $f_2(x)$,其表达式为:

$$\begin{cases} M_X = \sum_{i=1}^{n}(F_{Vi}\rho_i\cos\alpha_i\sin\theta_i + F_{si}\rho_i\sin\alpha_i\sin\theta_i + M_i\sin\theta_i) \\ M_Y = \sum_{i=1}^{n}(F_{Vi}\rho_i\cos\alpha_i\cos\theta_i + F_{si}\rho_i\sin\alpha_i\cos\theta_i + M_i\cos\theta_i) \\ M = \sqrt{M_X^2 + M_Y^2} \end{cases} \quad (3-21)$$

式中：F_{Vi}、F_{si}——分别为第i把滚刀的垂直力和侧向力；

M_i——滚刀运动的哥氏惯性力产生的力偶矩；

M_X——滚刀垂直荷载对刀盘面X轴的力矩；

M_Y——滚刀垂直荷载对刀盘面Y轴的力矩；

M——刀盘受到的总倾覆力矩。

TBM刀盘的滚刀布置，既要满足工程设计需求，又要符合刀盘结构特点。当前，对滚刀布置虽然未形成统一、完整的设计理论，但是必须遵循基本的设计原则和理念。刀具布置的最终目标，是保证TBM刀盘可靠、高效地完成掘进作业。要综合考虑各个因素，选择合理的滚刀布置参数，保证刀盘具备稳定的力学性能、掘进性能。

五 刀盘构造

TBM刀盘是钢结构焊接件，主要由刀座、耐磨板、前面板、后面板、筋板、溜渣板、锥板、法兰焊接而成（图3-17）。

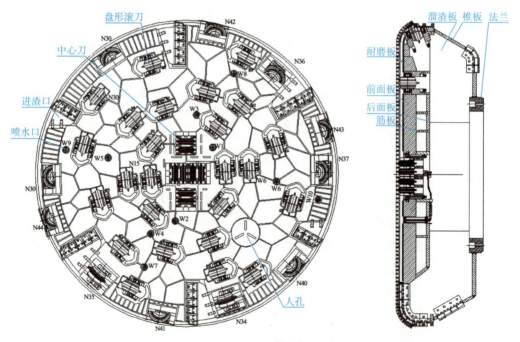

图3-17 刀盘结构图

1. 刀盘主体结构

刀盘主体结构采用钢板分块焊接而成，刀盘钢板厚度大，刀盘前后面板纵向连接隔板很多，结构复杂，背面连接法兰需要经过机加工，并用特制螺栓连接。刀座焊接需要精确定位并机加工。刀盘厚度和焊缝尺寸要考虑动荷载的影响,需要采用加热、保温、气体保护焊接,焊接工艺要求高。刀盘总体结构需要考虑强度、刚度、耐磨性和振动稳定性,焊缝也需要足够的强度,且在振动工况下不易开裂。隧道的开挖直径由刀盘最外缘的边滚刀控制,而通常刀盘结构的最大直径设计在铲斗唇口处,一般铲斗唇口最外缘离洞壁留有25mm左右间隙,此间隙过大不利于岩渣清除,间隙过小容易造成铲斗直接刮削洞壁而损坏。因此,刀盘本体结构的最大直径一般比理论开挖直径小50mm左右。

2. 刀座和刀具

刀盘主体结构上焊接有刀座,用于安装盘形滚刀,如图 3-18 所示。刀座在刀盘上焊接前必须经过严格定位,刀座上用于刀具的定位面和安装结合面都需机加工。盘形滚刀按在刀盘上安装的位置分为中心滚刀、正滚刀和边滚刀,中心滚刀一般为双联滚刀,而正滚刀和边滚刀则为单刃滚刀。滚刀在刀盘上可拆卸更换,一般用楔块螺栓结构在刀盘刀座上安装和固定刀具。刀盘上刀具安装设计结构一般要求既能前装刀具,又能背装刀具。背装刀具有利于保证作业人员的安全。

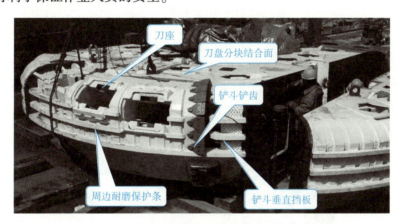

图 3-18　刀盘分块现场拼装和焊接

3. 铲斗和铲齿

铲斗开口一侧装有铲齿,另一侧装有若干垂直挡板,如图 3-18 所示。铲斗上的铲齿用螺栓固定在铲齿座上,用于掘进时铲起石渣,磨损或损坏后可更换。铲齿对面的垂直挡板一方面防止大块石渣从铲斗开口进入刀盘内到达主机皮带机,另一方面还起到破碎大块岩石和保护铲齿的作用。刀盘的背面也设计有铲斗(图 3-19),以便铲起掉落或遗留在隧洞底部刀盘背部与下支承之间的石渣。刀盘掘进时单向旋转,只有维护刀盘和刀具时可点动双向旋转。

4. 喷嘴和旋转接头

刀盘的喷水装置主要用于掌子面的降尘和刀具的冷却,由 TBM 供水系统通过水管将水供到刀盘背部中心安装的旋转接头处,再通过刀盘内部管路通到刀盘前面的若干喷水嘴。喷水系统需要具有一定的水量和水压,在操作室可根据隧洞涌水情况及出渣情况进行调整。由于喷水嘴容易堵塞,需要到达刀盘前面进行定期检查和维护。

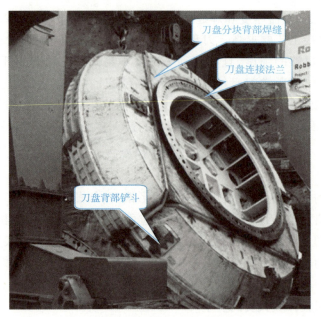

图 3-19　焊接完成后的刀盘背部结构

5. 进人孔

刀盘上一般还设计有若干进人孔,方便作业人员在必要时进入掌子面进行刀盘的检查和维护,如图 3-20 所示。进人孔一般采取封闭或半封闭结构,以防止大块岩石进入刀盘,开口能够固定或打开。

图 3-20　拼装焊接完成后的刀盘前面结构

6. 耐磨保护

为了保护刀盘主体结构和刀具,刀盘考虑了耐磨保护。如刀盘前面的耐磨板、周边的耐磨条和耐磨柱等,如图 3-21～图 3-23 所示。这些耐磨结构磨损后可以更换或修复。值得注意的是,对于岩石坚硬的隧道,刀盘更容易出现焊缝开裂及加剧磨损,在刀盘设计制造及维护时都应给予充分的考虑。

图 3-21　刀盘表面耐磨保护板

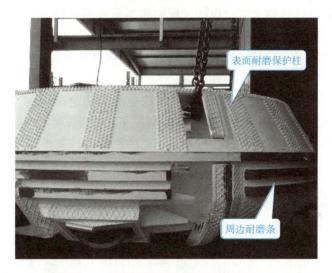

图 3-22　刀盘周边耐磨条及表面耐磨柱

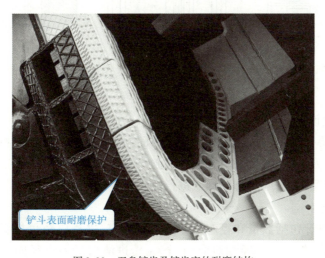

图 3-23　刀盘铲齿及铲齿座的耐磨结构

7. 扩挖设计

刀盘一般需要考虑扩挖设计,即必要时能够开挖出更大的洞径,特别是对于围岩变形较大的隧道更需详细考虑扩挖设计,以防止 TBM 被卡。目前扩挖设计主要采用垫片方式或安装带伸缩液压缸的扩挖刀两种结构。垫片方式是通过边滚刀刀座调整垫片,使边滚刀向外伸出来实现扩挖,此种方式结构简单,但扩挖量有限,一般能扩挖直径 70mm 左右。伸缩液压缸扩挖刀,可获得较大的扩挖量,但结构较复杂,对刀盘也有一定削弱,目前应用较少。

六 刀盘设计

刀盘的设计是一个很长的过程,分为前期方案设计、细化设计两个阶段。

1. 刀盘前期设计

刀盘前期方案设计是整个刀盘设计过程中相当重要的阶段,主要是确定刀盘的主要设计参数,包括刀盘直径、刀盘扩挖、刀盘分块布置、进渣口、中心滚刀结构形式、正滚刀数量、刀具直径、刀间距、边滚刀数量、喷水口数量、人孔数量等参数的确定。

(1) 刀盘直径与扩挖设计

刀盘直径应根据工程成洞直径、TBM 机型综合考虑确定;刀盘扩挖应根据地质条件和业主施工要求确定,一般隧道在有小转弯的情况下,为了顺利实现转弯,需要刀盘具备扩挖功能。扩挖形式的选择应根据扩挖掘进距离的长短进行选择。如图 3-24 所示,扩挖形式分液压机构扩挖式、垫块式、更换楔块式三种。

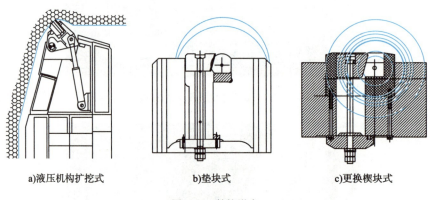

a) 液压机构扩挖式　　b) 垫块式　　c) 更换楔块式

图 3-24　扩挖形式

(2) 刀盘分块设计

刀盘分块主要受施工、运输、加工工艺三方面的影响。施工因素包括工地吊机起重能力;运输主要考虑刀盘尺寸、重量两方面的限制。刀盘分块有 1+1、1+2、1+4、1+8 四种形式,根据刀具布置情况,可对分块形式进行适当调整。

(3) 进渣口设计

刀盘进渣口设计包括数量和径向尺寸两方面内容,进渣口数量根据开挖直径大小确定,一般进渣口数量与刀盘直径相对应(1 个/m),进渣口沿刀盘径向尺寸应根据渣石在隧道底部的堆积高度确定。从进渣口布置位置区分,有正面进渣口和锥板进渣口,正面进渣口起主要出渣作用,锥板进渣口起到辅助出渣的作用。从结构形式方面,进渣口座分为一体式和组合式,一体式进渣口座从结构强度上明显高于组合式,更耐冲击。进渣口处焊接有格栅(图3-25),可限制进入刀盘的渣石的尺寸并能起到对大石块再次破碎的作用,防止较大石块进入刀盘卡死或砸伤皮带。

(4)中心滚刀结构形式

如图3-26所示,中心滚刀结构形式的大概可分成一字形中心滚刀形式、十字形中心滚刀形式两种。

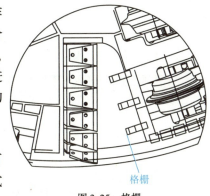

图3-25 格栅

a)一字形

b)十字形

图3-26 中心滚刀结构形式

一字形中心滚刀形式和十字形中心滚刀形式各有利弊。一字形中心滚刀刀圈通常为17in,可实现更小的中心滚刀刀间距,当刀盘结构采用1+1分块形式时,对中心滚刀刀座加工精度要求高,刀座质量不容易保证。受滚刀结构和安装形式的影响,十字形中心滚刀结构形式,中心滚刀刀间距较大,十字形中心滚刀刀圈直径有17in、19in两种,根据使用情况来看,两种尺寸的中心滚刀都能满足实际工程施工的要求。另外,一字形中心滚刀形式较十字形中心滚刀形式安装更加复杂,对安装时的工艺要求高,滚刀一旦损坏,更换较麻烦。

(5)刀间距、刀具直径的确定

刀间距和刀具直径是刀盘设计的关键参数,合理的刀间距对刀盘的破岩能力起着至关重要的作用。刀盘中心区域刀间距的变化一般受到刀盘结构的限制,因此刀盘中心区域刀间距可选范围较小,对于不同刀盘变化很小。刀盘正滚刀区域刀间距的选择应根据工程地质情况进行论证选择。刀间距的选择受到很多地质参数的影响,目前设计主要参考的地质参数是岩石单轴抗压强度、岩石完整系数两个参数。当然,刀间距的选择还应和以往类似工程的刀间距进行对比,并根据以往类似工程的使用情况对刀间距做出适当调整。刀盘边滚刀受力情况复杂,因此在刀盘空间布置满足的条件下应尽量增加边滚刀数目,以降低单把边滚刀的破岩量。刀间距如图3-27所示。

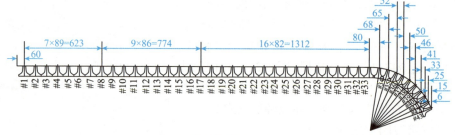

图 3-27 刀间距图(尺寸单位:mm)

(6)喷水口、人孔

刀盘上安装了带有旋转接头的喷水系统用来冲刷掌子面的灰尘和冷却刀具。后配套供水经刀盘喷水系统回转接头进入刀盘,并经分水阀块分配到沿刀盘径向分布的各个喷口。刀盘喷水口的布置应均匀覆盖刀盘的整个开挖面,以达到降尘和冷却刀具的效果。回转接头和刀盘喷水口之间的管路布置应考虑检修的便捷性,并应配备足够的耐磨保护结构。刀盘上设计有人孔,施工过程中可停机从人孔进入刀盘前面,观察掌子面情况。

2. 刀盘细化设计

刀盘细化设计也是整个刀盘设计过程中相当重要的阶段,主要包括确定刀盘的结构形式、装刀形式、刀座形式等问题,确定刀盘装刀形式和刀座形式后,对刀盘前面板和后面板之间的筋板进行布置,并对详细设计进行优化。

(1)刀盘的结构形式

刀盘的结构形式分为曲面刀盘和平面刀盘,顾名思义,曲面刀盘的前面板面呈曲面形状,平面刀盘的前面板面为平面。曲面刀盘结构增大了刀具布置的空间,可以布置更多的刀具,在与 TBM 推力垂直的平面实现更小的刀间距,但是曲面刀盘刀具所受侧向力会增大,从而影响刀具的使用寿命。

平面式刀盘是目前常用的刀盘结构形式,平面刀盘在隧道轴线方向尺寸较小,暴露出盾体的尺寸相应减小,减小了对洞壁围岩的扰动,降低了刀盘被卡的风险。因此在地质条件不是特别好,可能有塌方出现的地质条件下优先选择平面刀盘。

(2)刀盘装刀形式

刀具的安装形式分为前装式和背装式,前装式刀具安装时需要人员进入刀盘与掌子面之间进行作业,为了保证施工人员的安全,前装刀形式只有在地质条件极好的情况下使用。背装式刀盘结构式较为常见的刀盘结构形式,换刀作业在刀盘内部进行,能够很好地保证作业人员的安全,如图 3-28 所示。

(3)刀座形式

刀座是刀盘上受力最为复杂的结构,也是使用过程中刀盘出现问题最多的结构。刀座的强度和硬度指标、刀座的结构形式直接影响其使用效果。各厂家都有各自的刀座结构风格,主要有三种结构形式,包括内外焊装式、C 型块式和 L 型块式,如图 3-29 所示。

内外焊装式刀座由内刀座和外刀座焊接组成,内外刀座制造完成后整体焊接到刀盘主结构上,内刀座材料为特殊合金钢,外刀座为普通钢材,内外刀座通过焊缝连接。C 型块式刀座由 C 型块和刀座基体组成,C 型块材料为特殊合金钢,C 型块和刀座基体通过一颗螺栓连接。L 型块式刀座由 L 型块和刀座基体组成,L 型块材料为特殊合金钢,L 型块和刀座基体通过左右两颗螺栓连接。

a)前装式　　　　　　　　　　b)背装式

图3-28　装刀形式

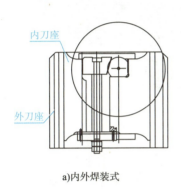

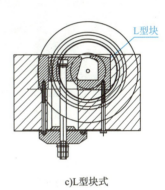

a)内外焊装式　　　　　b)C型块式　　　　　c)L型块式

图3-29　刀座结构形式

以上三种刀座形式各有特点，内外焊装式刀座在制造过程中工艺要求严格，热处理工序复杂，生产周期长；刀座整体刚度较高，焊缝质量有保障的条件下，耐冲击性好，刀具螺栓不易松动，使用效果好。C型块和L型块式刀座结构形式相对复杂，但生产制造工艺简单；从刀座的刚度和对刀具的稳定效果看，C型块式刀座结构存在缺陷，C型块与刀座基体接触面容易发生冲击变形；最初L型块式刀座在使用过程中也会发生L型块与刀座基体接触面冲击变形现象，调整组装工艺后，刀座整体刚度和稳定性都得到提高，接触面冲击变形现象减轻。

(4) 耐磨设计

刀盘耐磨对刀盘的使用寿命的影响至关重要，刀盘面板、圆环、进渣口位置均需进行耐磨保护设计。刀盘面板表面焊接耐磨复合钢板，刀盘圆环周向焊接Hardox耐磨钢板条，进渣口是耐磨设计的关键位置，进渣口处需要焊接耐磨钉或耐磨网格，刀盘边滚刀刀座凸出刀盘本体部分也需要对焊耐磨焊层，保护刀座不被磨损。

(5) 刀盘筋板和溜渣板布置

为了保证刀盘的整体强度和刚度，刀盘前面板与后面板之间需要根据刀座的布置情况，布置适当的筋板，筋板有支撑刀座的作用；并在刀盘后面板和后锥环之间合理地布置溜渣板，溜渣板除了具有导渣溜渣的作用，还具有支撑刀盘体，保证其结构刚度的重要作用。筋板的布置与刀具的布置均应考虑刀盘整体质量分布均匀，保证刀盘回转过程中偏载值小。溜渣板的布置要考虑周向均匀分布、进渣口位置和与刀孔之间的干涉(针对刀具背装式刀盘)。刀盘主结构的设计过程中,焊缝的布置应考虑焊接探伤的操作空间,合理布置焊缝,在保证刀盘质量的条件下,刀盘焊缝数量尽量少,以减小刀盘焊接变形。

七　刀具结构

图 3-30 所示为直径 19in 正滚刀或边滚刀,图 3-31 所示为直径 19in 的中心滚刀。图 3-32 和图 3-33 分别为正滚刀和中心滚刀的结构剖面图。

图 3-30　正滚刀或边滚刀

图 3-31　中心滚刀

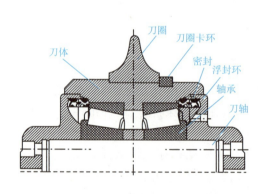

图 3-32　正滚刀或边滚刀结构剖面图

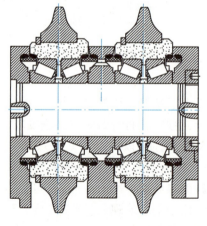

图 3-33　中心双联滚刀结构图

滚刀主要由刀圈、刀体、刀轴、轴承、浮动金属环密封、端盖、刀圈轴向挡圈、轴承调整螺母等组成。中心滚刀与正滚刀不同的是,正滚刀有一个刀圈、一个刀体、一对轴承、两组密封、两个端盖,而中心滚刀有两个刀圈、两个刀体、两对轴承、四组密封、三个端盖(含中间端盖),另外,正滚刀和边滚刀在刀盘上安装时通过楔块螺栓定位和固定刀轴,而中心滚刀则是定位和固定端盖。

盘形滚刀技术是 TBM 的核心技术之一,要求刀具承载力高、耐磨性和红硬性好,并具有很好的冲击韧性,因此研制出高性能刀具并非易事。目前常用直径 17in 和 19in 的盘形滚刀,更大直径的滚刀也在开发试用中。大直径滚刀的优点是,允许较大的磨损量,可降低滚动阻力系数,允许使用较大的轴承从而具有更大的承载力。盘形滚刀的刀具零件中,刀圈、刀具轴承、金属浮动环密封是关键零件。刀圈的材料成分和热处理工艺是刀圈的核心技术,难以掌控。刀具轴承则通常选用 TIMKEN 和 SKF 牌的圆锥滚子轴承,轴承腔内必须注入专用耐高温润滑脂或润滑油。金属浮动环密封是确保刀具轴承正常运转的关键,经常出现因为密封失效而使刀具发生偏磨,因此金属浮动环密封的材料和加工工艺也有很高的特殊要求。刀轴、刀体、端盖一般不容易损坏,轻微损伤经修复后可重复使用,但刀具发生偏磨不能及时停机时可能会使刀体偏磨而报废。刀圈、轴承、密封则为消耗件,消耗量较大,刀圈正常磨损后需更换新刀圈,刀圈发生偏磨或较大崩裂都需更换,轴承经刀具拆开后判断是否可重复使用,密封则一般一次性使用或检查修磨后重复使用。

除了上述刀具的三个关键零件以外,要确保刀具的高性能,以下三项设计和装配技术也十分关键。第一,刀圈与刀体的配合应采用过盈配合,安装时刀圈必须加热;第二,刀具圆锥滚子轴承采用预紧装配设计,安装时需要通过刀轴上的调整螺母使其预紧,消除轴承游隙并产生一定的弹性变形,预紧程度的大小通过装配时测量刀具转动扭矩来衡量;第三,刀具装配完毕后必须进行密封试验,可向刀具轴承腔内打压空气,然后保压一定时间,观察压力是否稳定,从而判定密封是否有泄漏。

刀具检查工作分成两部分,一部分为洞内在刀盘上的检查、安装和拆卸,另一部分则是洞外刀具维修车间进行刀具的拆解、修复和组装。洞外刀具车间组装好的新刀或经修复的刀具运进洞内,由洞内刀具检查作业人员将其安装在刀座上。刀具备件消耗的预测和预订是 TBM 施工的一项重要任务,应确保刀具备件的及时供应,以免延误掘进作业。

◆ **思考题** ◆

1. 简述 TBM 滚刀破岩机理。
2. 简述 TBM 滚刀破岩的主要影响因素。
3. 简述 TBM 滚刀布置的区域和特点。
4. 简述 TBM 滚刀布置设计的原则。
5. 简述 TBM 刀盘的构造。
6. 简述 TBM 刀盘设计要点。
7. 简述 TBM 刀具结构要点。

单元四

地质勘察

【单元描述】

本单元主要介绍 TBM 法施工的地质勘察技术。主要内容包括 TBM 法施工应开展的隧道地质基本调查项目及地质勘察阶段划分、地质勘察要点、地质参数测试项目及技术要求、地质参数评价标准及隧道围岩分级。

【学习目标】

1. 知识目标

(1) 掌握 TBM 法隧道地质调查应开展的基本调查项目;
(2) 掌握 TBM 法施工的地质勘察要点;
(3) 掌握地质参数测试主要技术要求与评价标准;
(4) 掌握隧道围岩分级的基本知识。

2. 能力目标

(1) 能够针对具体工程开展地质勘察工作;
(2) 能够针对具体工程准确进行隧道围岩分级。

3. 素质目标

(1) 培养学生吃苦耐劳的精神;
(2) 培养学生理论联系实际的能力;
(3) 培养学生认知事物和提升专业技能的能力;
(4) 培养学生热爱岩土工程的兴趣。

任务一　地质调查与勘察

一　地质调查内容

采用 TBM 进行施工的隧道应按表 4-1 所列项目开展隧道地质调查工作，若调查结果发现存在问题，则应针对这些问题进行深入的调查研究。

TBM 隧道应开展的基本调查项目　　　　　　　表 4-1

调查项目		综合勘测						根据需要采样进行的岩石室内试验								
地质条件		地质调绘	弹性波测试	电阻率测试	钻探	孔内试验		密度	吸水率	颗粒密度	抗压强度	抗拉强度	硬度试验	膨胀率	弹性波速度	磨片鉴定
						抽提水试验	综合物探测井									
岩体强度	硬质岩隧道	■	■	■			■	○	■	■	■				■	■
	软质岩～未固结岩隧道	■	■	■	■		■	■	■	■	■	○	○	○	■	
破碎带、溶洞、地下水	位置、性质、规模、富水程度及分区	■	■	■	■	■	■								○	
膨胀性地层	隧道内有挤出可能性时	■		○	■			■	■		○	○		○	■	
有害气体、岩温、放射性	可能存在对隧道施工运营产生影响时	■		■			■									

注：■必须进行的调查；○可选择实施的调查。

TBM 隧道的地质勘察除符合现行有关标准规定外，应采用综合勘探方法查明主要的地质界线和工程地质问题，并采用钻探进行验证。钻孔位置和数量应根据地质复杂程度确定，深钻孔应综合利用。洞门附近覆土较厚时，应布置勘探孔；洞身应按不同地貌单元、岩性构造分布等布置勘探孔，查明地质情况，主要的地质界线以及重要的不良地质、特殊岩土地段和主要的岩性段落内应有钻孔控制；洞身埋深小于 100m 的长大地段，钻孔的间距不宜大于 500m。洞身埋深的隧道，钻孔间距应做专门研究。

二　勘察阶段划分

TBM 隧道的地质工作，应根据 TBM 法施工的特点和技术要求，结合勘测阶段的工作特点和深度要求按以下阶段实施。

1. 初测阶段

初步查明隧道区的工程地质和水文地质条件，确定影响采用 TBM 法施工的地质因素、分布段落、长度及所占比例，评价其影响程度，为判定隧道工程能否采用 TBM 法施工提供必要的地质依据。

2. 定测阶段

对于经初测地质工作判明能够使用 TBM 法施工的隧道工程，在定测阶段首先应查明工程涉及的主要地层岩性和断裂构造发育特征,为 TBM 选型提供地质参数;其次通过详细的调查测试试验,确定主要岩性段的岩石强度、硬度、岩体完整性及地下水发育程度定量评价指标,为 TBM 的设计及配套设备的选择提供各类定量地质参数。最后,应对定测地质资料进行认真分析整理,详细划分隧道围岩 TBM 工作条件等级,明确需要采用钻爆法提前处理的具体段落及长度,为隧道 TBM 法施工设计、辅助处理方案设计提供详细的地质资料。

3. TBM 法实施阶段

(1)应充分利用超前探测技术、超前地质钻探或超前导坑开展地质调查测试工作,详细查明隧道洞身围岩的各项地质参数,为 TBM 法施工组织管理、掘进参数选择以及防治地质灾害等提供依据,指导 TBM 施工。

(2)在 TBM 施工过程中,及时分析 TBM 掘进效率与地质参数的相关关系,确定各种围岩条件下 TBM 施工的最优方案和合理的 TBM 推力、扭矩等掘进参数。

三 地质勘察要点

采用 TBM 法施工时,其地质勘察要点如下:

(1)应查明隧道通过的主要断层及软弱破碎带的性质、规模、产状、分布范围、主要破碎物质、破碎程度、富水程度。

(2)应查明隧道围岩的种类、分布范围,查明有无高地压塑性软弱围岩,软弱围岩及中等及以上膨胀性的围岩存在,并查清其所占的比例。

(3)应掌握隧道的水文地质条件,判明地下水类型及补给来源,预测洞身分段涌水量和可能最大涌水量。预测可能出现的严重突、涌水点(段)。

(4)在可溶岩地区,应查明隧道区岩溶发育的范围、深度、规模,分析有无溶岩水或充填物突然涌出的危险,以确定 TBM 能否通过。

(5)应查明影响 TBM 选型、设计及施工效率的隧道岩石的强度、硬度、岩体的完整程度和地下水发育状况等地质参数指标。

任务二　地质参数测试与评价

一 地质参数测试

1. 地质参数测试项目

地质参数测试项目主要包括以下内容:

(1)岩石强度:包括岩石的单轴抗压、抗拉强度、弹性模量。

(2)岩石硬度:包括岩石的耐磨性或可钻性指标,岩石的构成及石英含量。

(3)围岩完整性:包括岩体的结构面发育程度(可用岩体完整性系数 K_v 或节理体积数 J_v 表示),优势结构面对隧道稳定性和 TBM 掘进的影响程度。

(4)其他地质参数:主要包括隧道围岩地应力状态、围岩地下水水质及涌水量。

2. 地质参数测试技术要求

地质参数测试主要技术要求如下：

（1）对隧道工程涉及的主要岩性，应在地表及钻孔中取一定数量的代表性岩样进行岩石强度和硬度指标的测试，测试要考虑岩石各向异性的影响，每一主要岩性段的取样试验不应少于3组。

（2）沿隧道轴线围岩完整性的调查测试，应根据地形地貌条件和岩石出露状况，采用物探地震波速测试、岩石露头体积节理数量测和钻孔取芯 RQD 测量等多种方法，相互补充，以查明隧道围岩的完整性程度，提供其定量评价指标。

（3）对隧道区岩体主要结构面（包括断层、节理、层理、片理、片麻理等）的产状应进行认真的调查测量和统计分析，并采用分期配套、节理玫瑰花图、等密图等手段找出优势结构面方位，建立其与隧道轴向的关系，评估其对隧道施工开挖的影响。

（4）通过综合多种勘测，确定隧道工程通过的主要岩性的特征和岩体完整程度，为 TBM 选型、刀具及动力系统设计提供地质参数。

（5）水文地质调查的深度，应能满足进行隧道富水性区段划分，预报产生突、涌水地段及最大涌水量的要求。

（6）对长大深埋隧道或有可能存在高地应力、高岩温、有害物质等问题的隧道，还应开展有针对性的专项地质调查和测试工作，分析预测因上述问题而产生硬岩岩爆、软岩塑性大变形、热害、有害气体等地质灾害的可能性及危害程度。并通过上述调查和分析，为 TBM 法的支护、通风、排水等辅助设备的设计配套提供地质依据。

二、地质参数评价标准

采用 TBM 法修建隧道，其地质勘察的要求与钻爆法是一致的，不同点在于 TBM 法对地质参数的定量化要求更高，因此在勘探孔布设时特别指出了对于主要的岩性段落应有钻孔控制的要求；在综合勘探方面强调了隧道洞身的岩体弹性波速测试；在岩石试验方面，根据 TBM 法的需要，增加了"岩块的弹性波速测试"和"岩石硬度试验"等试验、测试内容。

隧道埋深较大地段的深钻孔钻探的辅助工作量大，工期长，实施困难，因此应大力采用综合勘探手段，充分应用地面调绘和综合物探技术，查明主要地质问题及界线，在此基础上进行钻探验证工作，通过取样试验提出必要的地质参数指标，同时在 TBM 施工过程中也应加大地质超前预报的工作力度，对埋深地段的钻孔间距应做专门研究。

岩石坚硬程度的定量指标，按岩石单轴饱和抗压强度（R_c）进行评价，其对应关系按表4-2确定。

R_c 与定性划分的岩石坚硬程度的对应关系　　　　表4-2

R_c (MPa)	>60	60~30	30~15	15~5	<5
坚硬程度	极硬岩	硬岩	较软岩	软岩	极软岩

岩体完整程度的定量指标，应按岩体完整性指标（K_v）或岩体体积节理数（J_v）、岩石质量指标（RQD）进行评价，其对应关系一般按表4-3确定。因采用岩石质量指标（RQD）评价岩体完整程度，目前国内尚无统一的标准，表4-3 关于 RQD 与定性划分的岩体完整

程度的对应关系,是根据西康铁路秦岭隧道科研成果,并参考中铁西南院和水电昆明勘测设计院的研究成果提出的。

K_v、J_v、RQD 与定性划分的岩体完整程度的对应关系　　　　表 4-3

岩体完整程度	完整	较完整	较破碎	破碎	极破碎
K_v	>0.85	0.85~0.65	0.65~0.45	0.45~0.25	<0.25
J_v(条/m³)	<3	3~10	10~20	20~35	>35
RQD(%)	>80	80~60	60~40	40~25	<25

岩石耐磨性的定量指标,一般采用与岩石的单轴抗压强度相关性较好的专用钢针(CAI)针头的磨损值 A_b 的大小来表征,其对应关系按表 4-4 确定。岩石耐磨性试验设备为塞卡耐磨性试验仪。它是用一根特制钢针,在 3.15kg 的荷载作用下,在未处理的岩石表面拖动 1cm 的距离,针尖由此而磨钝,这个磨钝面的直径(d)就是研磨指数(A_b),即耐磨性指数,以 1/10mm 计。一般岩石强度越高、石英含量越大,其研磨指数越大,岩石耐磨性越高。

A_b 与定性划分的岩石耐磨性的对应关系　　　　表 4-4

岩石耐磨性等级	极低耐磨性	低耐磨性	中等耐磨性	强耐磨性	特强耐磨性
A_b(1/10mm)	<3	3~4	4~5	5~6	>6

岩石坚硬度的定量指标,一般采用由凿击试验测定的凿碎比功 a 来评价,其对应关系按表 4-5 确定。岩石可钻性凿击试验使用规定标准的便携式岩石凿测器,是用 4kg 重的落锤从 1.0m 高处沿导杆自由落下,以恒定冲击功冲击钎头凿击岩石,并采用 480 次凿击下测量计算获取的凿碎比功和钎刃磨钝宽两项指标来表示岩石的可钻性。比功是指凿碎单位岩石所消耗的功,反映了岩石的坚硬程度。

a 与定性划分的岩石坚硬度的对应关系　　　　表 4-5

岩石的坚硬程度	软	中等	中硬	硬	很硬
a(kg·m/cm³)	<30	30~40	40~50	50~60	>60

任务三　隧道围岩分级

根据现行《铁路工程地质勘察规范》(TB 10012)及《铁路隧道全断面岩石掘进机法技术指南》,将隧道围岩分成六个级别,详见表 4-6。

隧道围岩基本分级　　　　表 4-6

级别	岩体基本质量的定性特征	围岩弹性波纵波速度(km/s)
Ⅰ	极硬岩,岩体完整	>4.5
Ⅱ	极硬岩,岩体较完整; 硬岩,岩体完整	3.5~4.5

续上表

级别	岩体基本质量的定性特征	围岩弹性波纵波速度（km/s）
Ⅲ	极硬岩,岩体较破碎; 硬岩或软硬岩互层,岩体较完整; 较软岩,岩体完整	2.5～4.0
Ⅳ	极硬岩,岩体破碎; 硬岩,岩体较破碎或破碎; 较软岩或软硬岩互层,且以软岩为主,岩体较完整或较破碎; 软岩,岩体完整或较完整	1.5～3.0
Ⅴ	软岩,岩体破碎至极破碎; 全部极软岩及全部极破碎岩(包括受构造影响严重的破碎带)	1.0～2.0
Ⅵ	受构造影响很严重呈碎石、角砾及粉末、泥土状断层带	＜1.0

微课:围岩分级方法

根据岩石单轴饱和抗压强度、岩体的完整程度(裂隙化程度)、岩石的耐磨性和岩石凿碎比功这四个影响 TBM 工作条件(工作效率)的主要地质参数指标,将隧道 TBM 工作条件由好到差分成 A(工作条件好)、B(工作条件一般)、C(工作条件差)三级(表4-7)。

隧道围岩 TBM 工作条件分级表　　表4-7

围岩分级	分级评判主要因素				TBM 工作条件等级
	岩石单轴抗压强度 R_c（MPa）	岩体完整性系数 K_v	岩石耐磨性 A_b（1/10mm）	岩石凿碎比功 a（kg·m/cm³）	
Ⅰ	80～150	＞0.85	＜6	＜70	ⅠB
	80～150	0.85～0.75	＞6	≥70	ⅠC
	≥150	＞0.75	—	—	
Ⅱ	80～150	0.75～0.65	＜5	＜60	ⅡA
			5～6	60～70	ⅡB
			≥6	≥70	
	≥150		—	—	ⅡC
Ⅲ	60～120	0.65～0.45	＜5	＜60	ⅢA
			5～6	60～70	ⅢB
			≥6	≥70	
	≥80	＜0.45			ⅢC
Ⅳ	30～60	0.45～0.30	＜6	＜70	ⅣB
	15～60	0.30～0.25	—	—	ⅣC
Ⅴ和Ⅵ	＜15	＜0.25	—	—	不宜使用

注:K_v 值也可用 J_v 值代替。

国内外隧道 TBM 工作条件等级划分资料很少,表4-7是西康铁路秦岭隧道科研成果。

◆ 思考题 ◆

1. TBM 地质勘察分为哪几个阶段？
2. TBM 法施工隧道地质调查应开展的基本调查项目主要有哪些？
3. 采用 TBM 法施工时，其地质勘察要点有哪些？
4. 地质参数测试主要技术要求有哪些？
5. 简述隧道围岩分级。

单元五

施工准备

【单元描述】

本单元主要介绍 TBM 施工的有关施工准备工作。主要内容包括施工准备要点、技术准备、设备设施准备、材料准备、临时工程、安全环保与防灾要求。

【学习目标】

1. 知识目标

(1) 掌握 TBM 法施工准备要点;

(2) 掌握实施性施工组织设计编制应遵循的原则;

(3) 掌握实施性施工组织设计的主要内容;

(4) 掌握设备设施准备的要点;

(5) 掌握材料准备的具体要求;

(6) 掌握施工场地临时工程布置的主要内容;

(7) 掌握安全环保与防灾要求。

2. 能力目标

(1) 能够针对具体工程开展有关施工准备工作;

(2) 能够针对具体工程编制实施性施工组织设计。

3. 素质目标

(1) 培养学生的施工组织能力;

(2) 培养学生的计划与规划能力;

(3) 培养学生的团结协作精神;

(4) 培养学生的安全意识、责任意识和成本意识。

任务一 施工准备要点

一 TBM法隧道施工前必须掌握的资料

TBM法是目前世界上最先进的隧道机械化施工方法之一,它在施工进度、安全、环境、质量等方面达到了较高水平,是一种工厂化作业模式。但施工场地范围、周边环境、邻近工程的衔接,也对施工影响较大,必须通过调查和改进来满足合适的作业条件。

隧道施工前,应针对TBM法施工的工程特点和内容进行现场调查,详细了解TBM法施工条件、施工范围和当地交通、通信、材料供应情况。

工程地质条件对TBM掘进速度和施工质量影响较大,施工前要仔细核对相关图纸、文件和地质资料,全面掌握和领会技术要求、支护方式、质量验收要求和相关技术规程。

在TBM法隧道施工前,必须掌握以下资料:

(1)工程地质和水文地质勘查报告;
(2)当地的气象、水文、水质情况;
(3)工程施工合同文件、分包合同文件、监理合同文件;
(4)施工所需的设计图纸资料和工程技术要求文件;
(5)TBM从制造工厂到施工场地运输道路的地形、设施调查资料。

微课:施工准备

二 TBM法隧道施工前应完成的主要工作

TBM施工前,应完成以下主要工作:
(1)核对洞口位置和进洞坐标;
(2)确定洞门放样精度和就位后高程、坐标;
(3)TBM的组装、调试与验收;
(4)预制管片、仰拱块的准备;
(5)TBM施工的各类报表;
(6)配套工程的衔接工作;
(7)TBM部件运输的施工组织方案。

TBM法施工作业人员应经过专业培训、持证上岗。针对TBM法施工中各种不良地质情况,技术人员要制定出详细的作业程序、质量控制要求,以作业文件下发到每个作业人员,使其明确施工的质量和安全标准。培训工作要以理论培训、现场操作培训、外单位调研学习等多种形式进行,要求每个员工要岗前培训,考核合格后,持证上岗,以提高TBM作业水平。

任务二　技术准备

TBM 掘进施工前,应熟悉和复核设计文件和施工图,熟悉有关技术标准、技术条件、设计原则和设计规范,掌握 TBM 及附属设备的基本原理、组装顺序、操作规程、维保规程。

掘进施工时,应根据工程概况、工程水文地质情况、质量工期要求、资源配备情况,编制实施性施工组织设计,对施工方案进行论证和优化,并按相关程序进行审批。

实施性施工组织设计是直接指导 TBM 施工的技术性文件,在充分调研工程现场情况、熟悉工程设计图纸和进一步了解地质资料的情况下,组织编制实施性施工组织设计。实施性施工组织设计不同于投标时期的编制内容,除了满足工期要求外,还要满足投资计划、符合环保安全要求,使隧道施工做到均衡有序。

一　实施性施工组织设计编制原则

实施性施工组织设计的编制,应遵循下列原则:
(1)满足合同要求;
(2)应在详细调研的基础上,进行技术方案的比选,选择最优的方案进行编制;
(3)应完善施工工艺,积极采用新技术、新工艺;
(4)因地制宜,就地取材,以满足环境保护的要求;
(5)满足 TBM 法施工的技术特点。

编制实施性施工组织设计的原则,除了要具有先进性、经济性、可行性外,还要强调环境保护、安全生产及职业健康的重要性,并应详细列出环境保护、安全生产的详细措施依据。

二　实施性施工组织设计的主要内容

实施性施工组织设计主要包括以下内容:
(1)工程概况及技术标准;
(2)工程地质条件及重难点分析;
(3)TBM 组装、调试、掘进、拆机施工组织;
(4)施工场地平面布置、临时设施布置;
(5)施工进度指标及进度计划;
(6)组织机构与资源配置;
(7)质量保证措施和环保措施;
(8)复杂地质条件 TBM 施工处理措施和应急预案;
(9)工程重点技术和攻关研究内容。

实施性施工组织设计比指导性施工组织设计更具体、准确,更能切合施工实际,其关键点在于做好施工调查和设计文件的核对。

在核对了设计采用的技术标准后,施工单位根据工程施工涉及的专业,研究施工中将要执行的有关施工规范、规程等,同时制定切合实际的现场施工工艺实施细则,编制作业指导书,完成关键工艺技术交底。

任务三　设备设施与材料准备

一　设备设施准备

隧道施工是一个动态的变化过程,施工过程中需要随地质条件的变化,随时调整施工参数,这就需要增加相关的监控量测措施,配备相应的测试仪器,以保障施工的安全,应按工程特点和环境条件配备好试验、测量、监测仪器及配套施工设备。

长大隧道应配置合理的通风设备和出渣方式,选择合理的洞内供料方式和运输设备,并达到环境保护的要求。特长隧道采用 TBM 法施工时,对于远距离出渣方式的选择,管片、材料的运输方式,通风设备的配置,要有一个较好的规划,以保证隧道作业的良好环境。

高原隧道施工时,隧道通风环境是突出难题,温度、粉尘等问题需要重点解决。应加强对通风供氧的研究,施工通风选用国际品牌高原风机,加大隧道进风通风风量;在 TBM 设备上应配置医疗仓和避险仓,提高有害气体预警标准,提高供风量、回风风速。

供电设备必须满足 TBM 施工的要求,TBM 施工用电应与生活、办公用电分开,并保证两路电源正常供应;TBM 施工期间其电力供应为 10kV 或 20kV 的高压电源,并与生活和办公用电分开布置。

管片、仰拱块预制厂应建在洞口附近,保证管片、仰拱块制作、养护空间,并预留好管片、仰拱块存放场地。设计管片、仰拱块预制厂的规模,要充分考虑到管片、仰拱块的供应量和库存的需求。

洞内 TBM 与洞外生产区用水分开供应,自成系统。

TBM 的配套设备应能满足掘进法施工的进度、安全、环保、效率及经济合理的要求。

二　材料准备

TBM 施工速度快,对地质条件依赖性大,各种不确定因素多,对材料的组织供应要求非常严格,不能因为材料供应不及时、不充分而造成停机。应当结合工程进度、地质情况,制订合理的材料供应计划,并预见可能出现的问题,尽量备齐各种施工材料。TBM 法施工材料供应多在 TBM 保养维修时进行,每个作业班应补充充分,不能在出现问题时再去材料库联系。

应做好钢材、木材、水泥、砂石料和混凝土等材料的试验工作。所有原材料必须有产品合格证,且经过检验合格后方能使用。

应根据进度安排,备足 TBM 及附属设备所用的油、脂、刀具及常用易损件。

任务四　临时工程

TBM 是一个多环节紧密联系的联合作业系统,包括破岩、装渣、管片及仰拱块制作、材料供应、调车机构以及部分辅助措施,为满足庞大系统的组装和初始运行条件,需要有较大的场地。

临时设置要具有防灾能力,施工场地布置按下列要求进行平面设计:
(1)有利于生产、文明施工,节约用地和保护环境;
(2)实现统筹规划,分期安排,便于各项施工活动有序进行,避免相互干扰;
(3)保证掘进、出渣、衬砌、转运、调车等需要,满足设备的组装和初始条件。

施工场地临时工程布置主要包括以下内容:
(1)确定弃渣场的位置和范围;
(2)有轨运输时,洞外出渣线、备料线、编组线和其他作业线的布置;
(3)汽车运输道路和其他运输设施的布置;
(4)确定 TBM 的组装和配件储存场地;
(5)确定风、水、电设施的位置;
(6)确定管片/仰拱块预制厂的位置;
(7)确定砂、石、水泥等材料、机械设备配件等机料存放或堆放场地;
(8)确定各种生产、生活等房屋的位置;
(9)场内供、排水系统的布置。

管片/仰拱块加工车间应配置吊装运输线,模具车间,拌和站、钢筋加工车间、蒸汽养生及养护池,室外存放管片/仰拱块场地,应满足管片/仰拱块生产进度和储存数量要求。

弃渣场地要符合环境保护的要求,弃渣不得堵塞沟槽和挤压河道,弃渣场的渣堆坡脚采用重力式挡土墙挡护。

TBM 体积庞大,只能以散件集装箱的形式装运,从制造厂转运至工地,其部(构)件种类、数量多,因此洞口必须设置足够大的临时停放(组装)场地,散件的组装须在洞口附近,待 TBM 组装调试完成后,沿轨道步进进入正洞施工。组装场地分主机组装和后配套组装两部分。组装场地布置需要考虑这些大件的尺寸和摆放,场地应用混凝土硬化,强度满足承载力要求,并尽可能避免不良地质,做好支挡和排水措施,确保 TBM 法的安全。

组装场地应位于洞口附近,场地应按要求进行混凝土硬化,其强度应满足承载力要求。根据设备主要大件运输要求,必要时加固和加宽 TBM 设备的运输便道。

任务五　安全环保与防灾

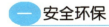

一　安全环保

安全与环保方面,应满足下列要求:
(1)应制定 TBM 安全技术操作规程;

(2)应选用适用的通风方式、通风设备及洞内温控措施,以满足国家工业卫生标准要求;

(3)应设置照明、消防设施;

(4)准备足够的排水设备,并应有应急预案措施;

(5)作业位置与场所必须留有安全通道并保证畅通;

(6)采取相应预防措施,减少施工噪声、振动、水质和土壤污染,控制地表下沉,减小施工可能对周边环境的影响;

(7)隧道中存在可燃性或有害气体时,应配备相关检测仪器,并加强通风,使可燃性或有害气体浓度控制在安全允许值以内。配置废水处理设施,施工中排出的废水应经过处理达到标准后排放。

二 防灾

在防灾方面,应满足下列要求:

(1)编制相关的紧急抢险施工预案。成立专门的组织机构,配备必要的报警、救援、逃生设施,开工前应进行紧急抢险施工预案培训与演练;

(2)必须准备足够的沙袋、水泵等防灾物资与设备;

(3)洞内、洞外联系方式保持畅通;

(4)TBM上必须配备足够的手提干式灭火器,关键部位必须有专用的消防设施;

(5)后配套系统配备有超前预报、警告装置、防尘、防废气瓦斯、防爆、防噪声、防火等防灾装置。

◆ 思考题 ◆

1. 在TBM法隧道施工前必须掌握哪些资料?
2. 实施性施工组织设计的编制应遵循哪些原则?
3. 实施性施工组织设计主要包括哪些内容?
4. 施工准备时,对材料准备有哪些要求?
5. 施工场地布置按哪些要求进行平面设计?
6. TBM施工对安全与环保有什么要求?
7. 在防灾方面应满足哪些要求?

单元六

TBM 现场组装调试

【单元描述】

本单元主要介绍 TBM 现场组装调试技术。主要内容包括 TBM 组装前准备工作、TBM 现场组装及 TBM 调试前准备、TBM 空载调试、连续皮带机与 TBM 联动调试、负载调试等。

【学习目标】

1. 知识目标

(1) 掌握 TBM 现场组装前的准备工作要求；

(2) 掌握 TBM 组装前的资料准备与技术准备要点；

(3) 掌握 TBM 现场组装工作流程；

(4) 掌握 TBM 空载调试要点；

(5) 掌握连续皮带机与 TBM 联动调试要点；

(6) 掌握 TBM 负载调试要点。

2. 能力目标

(1) 能够组织与开展 TBM 现场组装工作；

(2) 能够组织与开展 TBM 现场调试工作。

3. 素质目标

(1) 培养学生事前准备的良好工作习惯；

(2) 培养学生认真细致的工作态度；

(3) 培养学生判断问题和解决问题的能力。

任务一　TBM 组装

　　TBM 集机械、电子、液压、技术于一体,技术复杂、结构庞大,汇开挖、支护、出渣、通风、排水于一身,是工厂化的隧道生产线。保证装配工艺的质量和精度对 TBM 以后的使用性能、使用寿命乃至维修周期影响重大。组装时应严格遵守装配工艺规程要求。TBM 成套设备以裸件形式及集装箱形式运抵工地现场。主机部分以大总成裸件抵达,主机附属设备大部分装箱到达,后配套系统大多以裸件运到工地,而其上关键液压、电气均装箱到达,将这些不同形式、不同类型的部件按照 TBM 设计文件精度要求用专用机具组装起来,分别完成主机、连接桥、后配套及附属设备的组装并用相关部件连接成一体。

　　根据施工现场组装场地的总体规划和施工进度等条件限定,确定 TBM 组装的总体相关流程。分系统、分部位、分时段地进行 TBM 组装的管理、技术组织和安排。做好安全保障措施,确保 TBM 组装安全顺利完工。

　　TBM 现场组装工作分两个主要阶段:组装前准备工作阶段和 TBM 现场组装阶段。

一 TBM 组装前准备工作

1. 基本要求

　　将组装任务分解,并确定专业人员分别负责各部件的 TBM 组装与调试;研究装配图及技术要求,了解装配结构、特点和调整方法;制定装配工艺规程、选择装配方法;保障装配现场秩序,确定装配现场布置及合理的装配顺序;准备合适的装配工器具;对装配进行外观检验、修毛刺、倒角、清理、润滑等工作。

2. TBM 组装前的资料准备

（1）隧洞现场组装场地条件和气候条件。

（2）TBM 构件尺寸、重量、位置等技术数据。

（3）TBM 构件到场进展情况,根据组装顺序决定大件运输进场顺序,卸车时应按地面图示吊放。

（4）随机技术资料及以往其他项目成功的 TBM 组装方案和经验。

（5）根据随机资料编制组装施工组织设计,落实组装人员、组装设备、机具、材料等各种资源准备情况。

（6）隧道实施性施工组织设计。

（7）国家、交通运输部及本企业的安全施工相关规定。

3. TBM 组装前的技术准备

（1）根据 TBM 直径的大小,制订详细的、可行的 TBM 运输、组装、调配方案。针对每个大件的组装,做出相应的安全组装方案,详细制订出每个大件组装要求,人员分工及职责,安全保障措施,相应预案,并将组装方案上报上级主管部门审批。

（2）根据 TBM 直径的大小,确定组装场地的大小,并对组装场地碾压平整,达到设计要求。铺设厚度不小于 20cm 的混凝土,大型龙门式起重机走行轨道应为钢筋混凝土,场地内应有水、电。

(3) 做好技术培训和技术交底,特殊工种进行技术检测和考核。

(4) 制定合理的组装材料、工机具计划。

(5) 组装零部件标识清楚、堆放整齐,并做好清洁工作。

(6) 设专职安全员,全程监控 TBM 组装作业工作。

(7) 对组装场地、大型起吊设备、辅助组装设备等进行一次全面的检查和维修保养,并应有书面的检查保养报告;组装用的大型龙门式起重机,在启用前必须通过当地安监部门检验,合格后换发使用/启动操作证。

(8) 组装场地应做围护并设专人看守。

(9) 大型组装设备及吊具在大件组装前要进行模拟重量试吊,做出试吊方案,达到要求后,方可进行组装作业。

(10) 成立组装领导小组,内分若干专业小组分工负责,使组装工作有序进行。

(11) 组装场地硬化达到设备组装要求,临时存放场地、预备洞室、步进洞室、大型龙门式起重机走行轨道的铺设等的施工。

4. TBM 组装人员配备及工具准备

人员配备:根据施工组织设计和 TBM 结构特点,通常实行三班制作业,按专业分工,每班由工班长、专业工程师带领电工、吊车司机等 30 余人进行组装作业,保证组装进度。每次作业前由技术人员进行技术交底,保证每名工作人员了解工作内容及危险部分,确保在安全的条件下施工。

工具准备:设备的组装包括各种钢结构件、油管、电线连接等,要完成这些工作必须依靠相关工具、材料才能完成,主要工具包括:各型扳手、钳子、倒链及电动工具等。工具、材料、液压管接头、专用工具等就近放置,面向洞口依次摆放以下的集装箱:工具间、螺旋螺母存放间、液压间、电气间及存放各类液压、水管接头的集装箱。

吊装工具应提前进入施工现场,按要求摆放。龙门式起重机等大型设备请有相关资质的公司进行吊装工具现场安装并进行安全检验。吊装设备及吊具见表6-1。

吊装设备及吊具表 表6-1

序号	名称	数量	规格
1	龙门式起重机	2 台	20t、150t
2	汽车起重机	2 台	8t、16t、75t
3	链吊具	1 套	32t×4
4	钢丝绳	各16根	5t、10t、20t、40t
5	吊带	12 套	1t - 6t
6	驱动组件专用吊具	1 台	
7	刀盘吊具	1 套	
8	各类吊具	4 套	
9	各型吊耳	2 套	M12、M16

组装期间由于液压张紧、照明、焊接及其他特殊工具需要用风、水、电，TBM 组装场地应提前进行准备，其中用电要提前编写专项施工方案，并由电气工程师负责规范用电制度，加强组织及技术保障，确保用电安全。（风：风的准备主要包括打气泵、风炮以及风炮用套筒的准备，用于设备组装时连接螺栓的快速紧固作用；水：根据需要使用；电：提供小型电动机具的动力，如：打气泵、电钻、手砂轮等。）

为了进行电焊作业，氧气、氩气、乙炔缺一不可，开工前按施工组织、设计、防火措施的需要，配置相应种类数量的消防器材设备设施。焊割作业与氧气瓶、电石桶和乙炔发生器存放使用等危险品距离均应符合规定的安全距离。用火要严格执行用火审批制度，并由专人进行用火看管，确保用火安全。

同时还应进行组装材料的准备，主要包括：钢丝绳、卸扣、型钢、方木、木板和一些应急物资。

二 TBM 现场组装

TBM 现场组装是 TBM 施工组织中极为重要的工作，承包商项目部应在 TBM 运抵现场前一个月编制施工现场组装方案报监理单位审批后实施。TBM 主要工作部分可分为主机部分、后配套部分及连续皮带机部分，因为这三个部分的工作位置不同，所以 TBM 主机和后配套组装在组装洞内完成，连续皮带机组装在其安装位置（即组装洞到出渣口之间）进行。

TBM 整机组装必须按照其各部件的安装顺序依次进行，避免出现顺序错乱导致返工，影响施工进度和组装质量。分析大型部件、关键部件的组装方式，分析对比刀盘的焊接采用平铺拼装焊接及竖立拼装焊接两种方式，对后续工序及焊接精度的影响；后配套分段组装方式分析等，从而制定一整套组装顺序。

按确定的组装顺序，对各环节组装进度制订详细的进度计划，包括主机组装、后配套组装、皮带机组装、整机调试、始发等一系列工序的进度安排。

根据 TBM 各部件的组装说明及技术要求，制定各环节组装作业施工方法。对关键环节所采取的技术措施、资源供应提出明确要求。

建立质量控制目标，并分解落实到各个职能部门和现场操作人员，执行措施的实施、检查、评价、验收。在组装现场的质量控制主要有焊接、质量检验、理化及无损检测、材料设备、工艺等方面内容，确保 TBM 组装不改变任何设计功能，不减弱任何性能指标。

大型设备装配作业涉及多工种的特种作业，所有参与人员必须经过安全教育培训，并在考试合格后上岗。按照组装过程中所涉及的作业种类、设备操作规程、冬季室外作业防寒防滑要求等，结合组装顺序、工艺及进度要求，开展组装作业全体人员安全培训课程，依据《高空作业安全技术培训》《起重机吊装作业安全培训》《焊接作业安全培训》《特种设备安全操作规程培训》《隧道安全作业培训》《项目安全制度培训》《临时用电安全技术交底培训》作为学习指导资料。特种作业人员必须具备特种作业资格证，根据各个不同的工种编制相应的安全技术交底，并落实至每一个现场作业人员，编制相应的安全生产事故应急预案，以确保整个组装作业过程中无任何安全事故发生。

TBM 整体组装按照从前到后，从大件到小件，从结构到管线的顺序安装。先进行 TBM 护盾、主机和刀盘的安装，其中刀盘的分块组装，先装中心块，再依次组装 4 个边块，同时将后配套拖车整体组装和部件组装同步进行。TBM 组装工作流程如图 6-1 所示。

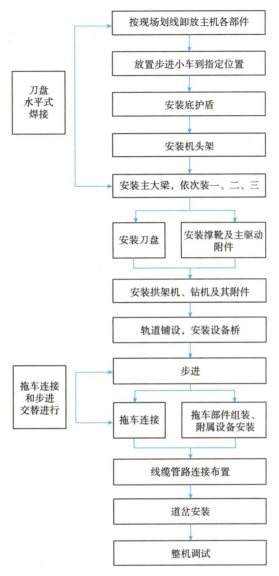

图 6-1　TBM 组装顺序安排表

1. 主机组装

TBM 主机组装往往在组装洞内进行，组装洞一般空间狭小，而 TBM 主机零部件众多，为了现场组装顺利，不重复搬运作业，各个零部件应该按照组装部位和先后顺序提前安排，进行场地布置。主机零部件分布如图 6-2 所示。

2. TBM 主机安装步骤

主机安装顺序如图 6-3 所示。合理的安装步骤可以减轻工作量，避免重复劳动和大量的返工。对于 TBM 主机的安装，首先应以主机的大构件拼装为主，然后根据先主机部件、后辅机部件，先主要结构件、后零碎构件，先零件、后部件，先内部、后外部，先下层、后上层的安装顺序进行组装；最后再考虑走台、盖踏板、扶梯、护栏、传感器元件、控制元件以及信号线路、强电线路、液压、气、水压管路的布设。为便于安装并提高安装工效，在不发生冲突的原则下，上述顺序也可以穿插进行。

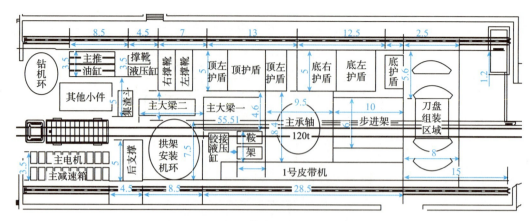

图 6-2 TBM 主机零部件分布图(尺寸单位:m)

图 6-3 TBM 主机安装流程示意图

3. 安装方法及注意事项

步进机构安装:步进机构是安放固定主机的重要部件,对场地的平整度要求较高,组装前应提前做好测量工作,确保步进小车中心线与安装轴线相重合,并处理好场地平整度,否则将影响主机的稳定性。同时考虑放置位置应留有足够的空间,避免与刀盘焊接发生位置干涉。步进机构底板放置完成后需要对内表面的焊接部位进行打磨,以保证在

TBM步进过程中与底护盾的摩擦减至最小,并对与底护盾相结合的位置涂刷润滑油脂。

底护盾安装:步进机构放置完成后,即可进行底护盾的放置(放置的时候需要注意预留刀盘位置,以保证在吊装后前部主机重量与刀盘的重量集中受力点位于步进架上面),放置完成后应保证水平度、垂直度,并及时清理各螺栓孔、底护盾销孔,对其与主机接触面进行防腐防锈处理。其方法如下:

(1)安装需将底护盾平整的安放在步进机构上,需要2~3人将底护盾连接面用清洗剂进行完清洗后,再彻底地清理所有的加工面和孔并去毛刺。

(2)确认润滑回油管安装孔都已经清理干净并且完好。将管滑入孔内并保证配合完好。

(3)在下底支撑的底部安装人员出入孔盖。

(4)安装底护盾的销子。将孔做必要的清理后,安装连接销子,紧固压盖的螺栓。

(5)安装底护盾销防脱键,并涂抹防自锁剂。用水平尺对底护盾进行纵向及横向放平,有不平的地方可以用钢板进行垫平,垫平后对底护盾边缘进行检查,确保与机头架进行连接时不会发生滚动。底护盾安装如图6-4所示。

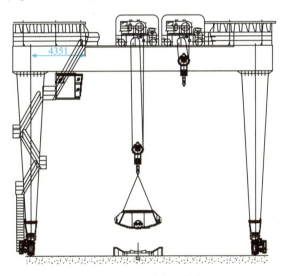

图6-4 TBM底护盾安装

刀头架组装方法:将刀头架水平放置在木墩上,安装前,清洗刀头架与下支撑的结合面。缓慢将刀头架吊起至竖直状态,稳定后,慢慢吊起刀头架至下支撑的正上方,缓慢落座,要精确对准螺栓孔,不能盲目拧紧螺栓,螺栓需涂抹防松胶,参照图纸说明用液压扭矩扳手按一定顺序将其拧紧到规定数值。

大梁的组装方法:在组装前,应将大梁与刀头架之间以及大梁与大梁之间的法兰结合面清洗干净,此外,螺栓及螺栓孔也要彻底清洗。为保持起吊时大梁的水平状态,反复调整吊链的封闭环节数并进行试吊,找到比较理想的节数;吊钩中心与大梁上表面的高度应至少保持3m。准确对位后,及时安装螺栓,根据图纸说明拧紧螺栓。

尾端支撑木架与大梁下底面之间用千斤顶保持大梁水平。支撑稳定后,进行大梁中段的吊装,见大梁的吊装方法。螺栓拧紧后,在尾端支撑木架与大梁下底面之间用千斤顶保持大梁水平。同样进行大梁尾段的安装。

皮带桥的组装方法:由于皮带机前部和接渣斗与后部主机的安装不冲突,所以可以在主机安装期间同时进行,但必须在挂刀盘之前安装完毕。皮带桥的吊装见大梁的吊装方法,装完每段也需要在其尾端用支撑木架和千斤顶来保持其水平。最后一段安装完成后,将一号台车牵引至皮带桥尾部下方,将皮带桥落座。接渣斗也需要用钢丝绳和倒链配合吊4个角才能顺利安装,吊起后用倒链进行调平,缓慢移向安装位置,用倒链进行调整使四个销孔对齐后,销子上涂防自锁剂,穿进销孔,安装盖板,卸载吊机。

主驱动组件安装顺序与技巧:十个主驱动组件位于大梁与刀头架连接处的两侧,由TBM向洞内看,左侧由下向上编号依次为五、六、七、八、九号,右侧同样依序为四、三、二、一、十号。起吊时要求捆绑牢靠、两端吊带距离合适、重心平稳,主驱动水平横卧,而且不同主驱动的凸缘方向有别,三号、四号、五号、六号凸缘竖直向上,一号、二号、七号、八号凸缘则竖直向下,九号凸缘水平向左、十号凸缘则水平向右。由于空间窄小,缓慢将把主驱动往里吊到位,然后逐个对准连接螺栓孔并逐个拧入螺栓。吊装时要十分小心,注意保护驱动小齿轮,不要发生碰撞。

风管对接方法:对于薄铁皮加筋的方形风管,对接时需在其中一个法兰面上粘贴好密封压条,如果表面潮湿或下雨,可用压缩空气吹去水分再粘贴;法兰对接孔略有错位时,先戴上几个螺钉,不要上紧,再用手锤轻轻敲打,变形严重时,可在风管内部用手摇千斤顶在相应部位轻点几下,或将风管翻转过来,靠自重的作用对准孔眼,所有螺钉都戴入后再均匀对称上紧。对于圆形硬风管上镶套软风管,轻微失圆时,可用手锤圆整;若硬风管口径略大不便镶套时,可在圆风管的圆周方向用剪刀铰几个锥形口,然后用手锤轻敲收口后即可套入;还可把软管卡口衬里的金属套环锯短一小截,镶套时更为方便,套入后直接装上卡箍即可。

钢拱架安装:三段钢拱架拼装后组成完整的圆形拱圈,应在轴承主件安装之前先套入前内机架前部暂时固定(前后均用手拉葫芦拉线固定)待主轴承组装之后的护盾总成安装完毕,即可装配钢拱架引导滑轮和钢拱架回转电动机,在钢拱架就位之前,钢拱架移动操纵平台暂时只能组装一个,利用专用门形吊具,缓慢钩住钢拱架顶部正上方吊起,前移至刀盘顶护盾里边的钢拱架引导滑轮槽内就位,然后才能安装剩余的钢拱架移动操纵平台。

刀盘拼装与吊装:刀盘焊接对环境是有要求的,在组装场地上需搭建保温棚,保温棚既要结构稳定,又要便于拆卸。刀盘与转接环的对接无论是吊装还是装配的要求较高,刀盘拼装时,刀盘拼装面必须清洗干净,螺栓孔对位时需保持精确,对接后连接螺栓需要拧紧到规定扭矩,刀盘吊装按刀盘吊装专项方案执行。刀盘法兰与转接环连接时,提前固定好O形圈。装配螺栓时,连接螺柱必须用液压张紧工具分两次紧固,应先对称装配4个(上下左右各一)。拧紧四个螺栓(预紧扭矩为最终扭矩的1/2)后,再以同样的扭矩对称装配其他螺栓,最后依次对称循环完成所有的螺栓最终扭矩预紧。刀盘吊装图如图6-5所示。

刀具安装:刀具安装关系重大,安装质量直接影响刀具寿命和掘进速度;刀体就位时对安装接合面的精度要求、配合间隙要求较高,否则产生变形;因此,不能磕碰、带毛刺,表面的油漆、螺杆内孔的污垢和锈蚀必须清除干净,不留死角,表面清理不能用粗砂布,应该用金相砂纸和清洗液擦洗,为提高清理效率,可用高速旋转的铜丝抛光轮,对接合表面进行抛光。此外,安装时刀具的挡环朝向也有讲究,为了刀圈切岩时受力更为合理,特此规定:中心刀的挡环一律向外,而其余正滚刀、边刀的挡环则一律朝内。

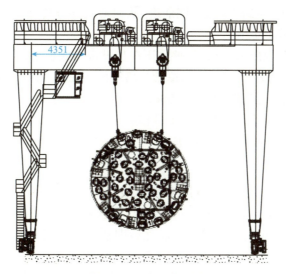

图 6-5 TBM 刀盘吊装图

密集型液压管路安装方法：主机各液压操纵台底面、各类液压阀组、连接桥与主机软管连接处、连接桥拼接面等多处均有密集液压管路法兰或圆管连接，不仅有上下、里外层次之分，而且粗细管路有别安装时既要注意组装顺序和接管方向，又要利用巧劲，不可使蛮力；组装顺序应由下到上、从里而外；阀体两端有足够空隙时，管接头可从一端开始组装，否则需从阀体接口的中心处往两边逐个连接，同一平面的多个弯接头，方向尽量排列得错落有致、美观大方；扳手空间不够时，可适当将需紧固的管路用杠子撬起再拧紧；对于月牙形法兰接口，可以先装半个月牙并留有一定间隙，将油管圆头卡入月牙凹口，对准位置后再装上另一个月牙，然后均匀地拧紧紧固螺钉。

粗长软管对接方法：由于管子粗长，连接布管时很容易扭曲，而且螺纹丝扣不好对扣，因此，拧入接头时，一定要正确把握接头方向，管子轴线始终保持与接头平面垂直位置，尽量用手旋转接头；不要同时拧紧两端接头，而应先拧紧一头，再把扭曲的管路捋平直顺，然后紧固剩余端接头。

4. 主机步进

TBM 主机全部安装完毕后，进行主机步进工序。将主机向洞内方向进行步进，按照下列流程进行步进：

（1）确认步进前工作准备完毕，将主推液压缸、步进千斤顶、步进液压缸、步进连杆、后支撑各状态恢复至初始状态。

（2）启动步进泵站，按下推进按钮，开始步进。需遵循以下注意事项。

步进指挥员时刻观察底护盾与步进机构连接面的滑动情况，出现问题及时发出指令信号；步进操作员与指挥员时刻保持通信畅通，并时刻注意观察主推液压缸行程是否完毕；步进完成 1.8m 行程，按下停止按钮。

（3）操作步进千斤顶，使底护盾抬离步进机构底板约 20mm，并锁定千斤顶；再通过步进泵站阀组放下后支撑，使后支撑底部撑靴撑紧在步进平面上，并达到设定压力后锁定。操作员应时刻关注后支撑液压系统压力变化，及时补充压力，直至将鞍架临时支撑抬离地面 20mm 以上。

（4）操作主推推进液压缸回收手柄，使主推液压缸收回一个行程长度，主推液压缸回收过程中将拉动鞍架连同临时支持一同前进,从而通过连杆传递作用力使步进推进液压缸缩回,实现步进循环复位。

(5)释放步进千斤顶压力,放下底护盾压在步进机构底板上,并提升千斤顶使之脱离地面20mm;慢慢回收后支撑,直至底部撑靴脱离地面20mm。步进状态复位,延伸步进钢轨,轨距2000mm及机车运行轨道,轨距900mm。

(6)按照以上流程开始下一循环的步进作业。

(7)刀盘步进至截止线后,停止步进。

5. 后配套组装

根据生产厂家及施工设计的不同,各TBM设计的后配套拖车数量不同,我们将后配套拖车按照从连接桥到尾部的顺序从1号开始,从小往大进行编号,其中喷浆桥的安装部位在1号车与2号车之间。主机步进完成之后即进行1号拖车及喷浆桥的安装连接作业,同时将剩下的拖车结构架及附属设备运至组装区域内,按照1号拖车、喷浆桥、2号拖车、3号拖车的顺序从前往后依次连接至设备桥,当组装空间过小时,可以按照组装完一节拖车进行一次步进作业的流程,直到拖车全部连接完毕。后配套组装过程中,需将所有附件的安装完毕后,方可进行后续工序。

6. 皮带机组装

主机皮带安装:所有后配套台车安装连接完成后,需进行主机、设备桥、转接皮带的安装。首先安装主机皮带,调整各段皮带机支架位置后固定,然后安装皮带,硫化连接皮带;再进行设备桥皮带硫化连接;最后进行转接皮带的硫化连接。

TBM皮带机连接完成后,即可进行整机步进,到达始发洞室。

连续皮带机安装:连续皮带机的安装可在TBM后配套完全步进至洞内后进行,分为两个作业面进行:洞外作业面和洞内作业面。

洞内部分的安装,主要由驱动、支架及转接皮带构成,安装轴线测绘结果,根据图纸进行安装;洞外部分的安装,主要有驱动塔、转接皮带、卸料塔及相应的皮带机支架及驱动,按照场地布置设计的基础,根据图纸进行安装。

7. 电气、液体系统的管线连接

TBM整机步进到位后,即可进行电气系统长大线缆的铺设。各供电系统按照设计的电缆通道要求,分清系统进行铺设,遵循以下原则:

(1)高压电缆、动力电缆、照明电缆和控制电缆分开铺设,并按照设计的电缆桥架布置进行。

(2)拖车连接处的管线布置必须预留弧度,以满足曲率半径要求。

(3)出现容易松动和活动的位置,应在管线下面垫设胶皮,以防止管线长时间磨损失效。

(4)在电气线缆铺设过程中,应时刻注意防止电缆的异常划裂,所有接线箱应设置防水罩。

(5)液压系统液压油加注,润滑系统润滑油加注,油脂系统安装,主驱动减速箱齿轮油加注等,均应按照设计加油量进行添加。作业过程中,必须保证加油机、管路、接头等清洁,尽量保持环境整洁,避免在粉尘飘浮的环境中加注。

8. 结构件和部件安装遵循的原则

(1)现场作业人员必须遵守安全规程。

必须佩戴规定的安全帽,高空作业必须系安全带,人员站立的表面油污必须及时清理并擦干,以免滑倒造成损伤,不能存在侥幸心理。

(2)吊装时应严格使用完好无缺、与构件吨位匹配的专用吊具和索具。

刀头架、刀盘下支撑、刀盘、左右护盾、顶护盾、前大梁、后大梁、后支撑、皮带桥等大型结构件均有固定的吊耳和孔眼可供起吊,此类部件不得用钢丝绳栓绑,以免钢绳剪切受损后断裂,起吊时造成恶性事件。

使用钢绳起吊时,尽量套用相应吊重的吊耳(环)。当两根钢绳相距很近时,设法用枕木将其隔开,以免起吊过程中产生滑移造成失稳。

严禁使用明显破损的钢丝绳和布吊带,不得将其打结后再次使用。

(3)吊装指挥应严格履行职责。

除了指挥的手势和命令准确、明了、简洁外,在起吊前,应仔细检查部件的捆绑是否合理,吊具的悬挂是否稳固;起吊时应眼观六路、耳听八方,注意观察部件的周围是否有阻碍,尤其应提醒无关人员离开现场,确认无误后缓慢起吊;起吊过程中,随时注意部件的行走路线和吊运速度,尤其是人员和精密部件的安全,一旦有异常迹象,立即妥善处理。

(4)起吊部件时,绝对服从指挥者命令。

避免多重指挥,既影响吊装效率,也容易出事故。尤其是大件吊装,事前需仔细筹划,事后可以就合理性进行探讨,但是吊装时不得再行争论。

(5)所有部件的安装接合面,在安装前必须经过处理和清洗。

在制造、存放和运输过程中,构件表面不免会出现不同程度的加工刀痕、焊渣、锈蚀和碰撞凸起,尤其对于精密配合的表面,甚至不能出现油漆、棉丝和油污。因此,相对粗糙的接合面一般应用细砂布或角磨机除去表面的锈斑和油漆,局部凸起的焊渣和碰撞痕迹应打磨平整,对于精密表面、齿面和螺纹孔,应使用专用清洗液反复擦洗,彻底清除污垢和积液。对于原有较厚的油膜保护层平面的清理,为提高工效,可使用油灰刮铲刀或锯条迅速刮除,直到露出光洁表面(有油漆时应用带有铜丝刷的抛光机去除漆斑),最后用清洗液擦净。相对运动表面,应涂抹润滑脂。清洗和抹黄油工作最好在安装开始前进行,以免配合面外露太久发生进一步锈蚀或黏附脏污,增加重复清洗作业量。

(6)正确选择安装工具,严禁超量程使用。

对于螺纹紧固,优先选用梅花扳手或套筒扳手,其次才是开口扳手和活动扳手。依照紧固力矩量程由小到大排列,可以使用的工具分别为公斤扳手、可调式小扭矩扳手、套管式可调扭矩扳手、比例放大扳手、冲击式电动扳手、冲击式气动扳手、气推油式液压扳手和气推油式液压张紧成套工具。

对于结构件略有错位的螺栓孔,可在部分螺栓套入孔内后,利用带有锥度的相应销子,将销子轻轻打入错位的螺栓孔,待其余孔眼对正后,顺利套入其余螺栓,然后拨出销子,装入最后的螺栓。

对于错位较严重的结构件,依照构件和受力的大小,可借助相应级别的手拉葫芦、手摇千斤顶或导链,在合适的方位进行张拉或顶推,即可顺利组装。

镶套各种销子时,必须精确对准孔位后才能用手锤轻轻打入,尽量使用小铜锤,其次才是铁锤和大锤。敲击时应用力适度,并在部件的对称方向击打。

(7)所有螺栓均按规定的方法和规定的力矩紧固并及时做好标记。

对于接合面多个连接螺栓,安装前均应涂抹少量润滑脂,紧固时由中心向两侧对称地均匀紧固,尽可能分几次上到规定扭矩。对于涂抹了二硫化钼的螺纹副,拧紧力矩相应减少,应注意核对规定数据。大梁连接螺栓、刀头架与大梁连接螺栓、刀盘拼接螺栓、刀盘连接螺栓以及连接桥等处的许多重要部件螺栓,都有相应规定,安装时切记。为避免遗漏,螺栓拧紧后应及时做好标记;分几次上紧的螺栓,涂注的标记应有所区别。

(8)对于重要部件的回转类接插件,应注意与其配合件之间是否打有记号,例如驱动轴与主轴承内齿圈配合处、驱动轴与变速箱接合处,都有标记;应仔细对正,尽量使运转部件回转平稳,达到静态、动态的平衡。

9. 液压系统安装遵循的原则

液压系统的各类元件和管路众多,安装和调试是否正确,直接影响其工作性能。液压装置与连接机械安装不当,会造成偏磨、拉伤或折断;液压管路连接的紧度、中心重合度、曲率半径、管路长短及固定连接方式对管路的振动、扭动、漏油和进气等都有影响,高压时还可能发生管子破裂。因此,安装时应遵循如下原则:

(1)必须确保安装环境的清洁,严禁使用棉纱擦洗管接头和外露的阀平面,一旦纤维进入系统,往往堵塞阀类阻尼孔,后患无穷。

(2)地面泵站上的操纵阀手柄,应由指定专业人员使用。未经许可,严禁他人动用,以免造成事故。

(3)确保所有的堵头、管密封、塑料帽随着安装的进程逐步拆除。

(4)系统安装之前,必须对各元件逐个进行检查和试验,未经试验的元件不得投入装配。对于首次使用的液压阀件、泵类、各种液压回转电动机,包括皮带输送机的胶辊等执行元件,安装前应注入适量的液压油,尤其是各轴承部位,应加入适量的润滑油,以免缺油运转造成元件烧损。

(5)液压系统在总装前,必须对所有液压元件、辅助件及管路进行清洗,并加以检验,尤其注意各接口是否遗漏密封件(圈)。

(6)重要接头与堵头的连接螺纹,如有明显损伤或拧松堵头时,连接螺纹纹丝不动,接头却随之转动,说明螺纹副密封已受损伤,再次使用肯定泄漏,此时应将接头拧下废弃后换新。为此,在装配液压管接头时,最好用手轻轻试配,基本拧到位后,再用开口扳手拧紧,注意扭紧力矩不可过大,手感略紧即可,严禁猛力敲打。

(7)由于液压管路众多,为便于将来拆卸或故障查找,软管布置应井然有序、分出层次。粗细油管分开;左右执行元件油路分开;主回路和控制油路分开;液压油路和润滑油路分开。

(8)液压管路的装配质量将直接影响到系统的压力损失、振动、噪声、渗油和漏气。因此管路过长时应增设管卡子或绑带,将其牢固地固定于刚性支架上,管与管之间应平行布置尽量保持平顺,不得扭曲、拐急弯,不应使液压元件产生附加应力,以免运转时受力不均产生振动和噪声,甚至松脱。同时应注意远离设备的尖锐棱边,弯曲时应有足够的弯曲半径。

(9)被安装系统中的测量仪表必须经过检验校对,以保证其准确性和可靠性。

(10)系统安装完毕,往系统内加注液压油时,应进行多次过滤。油在进入地面泵站油箱前,要经过滤油车过滤,随后在进入大油箱前,还需经过地面泵站滤油器过滤,有条件时,可利用滤油车对液压系统某个回路进行自循环过滤,主轴承润滑油路的注油也采取此种方式。

任务二　TBM 调试

TBM 组装完成之后即进入调试阶段,整机调试分为调试前准备、空载调试、TBM 与连续皮带机联动调试和负载调试等 4 个阶段。

一　调试前准备

TBM 步进至始发洞段,开始调试作业前需检查确认以下事项:
(1)检查底护盾、刀盘与步进机构底板的干涉程度,确保刀盘旋转时不发生任何干涉。
(2)确认撑靴与始发洞壁的距离满足撑靴液压缸行程要求。
(3)确认电气系统电缆连接正常,尤其是高压系统各开关的状态确认。
(4)确认液压系统各闸阀的状态是否正确。
(5)检查确认冷却水位、液压油位、齿轮油位等是否满足 TBM 运行要求。
(6)参与调试及巡检人员必须了解各急停按钮的位置,配置手持式对讲机。

二　TBM 空载调试

空载调试应遵循先局部,后整体;先主动力系统,后各功能系统的顺序。先后进行电气系统、液压系统、联动调试及各功能系统的调试。

1. 电气系统调试

电气系统采用先高压、再动力、后控制的顺序进行调试,依次检查各高压柜带电指示是否正常,确认供电电压是否正常。送电顺序按照各级电压等级从上到下,依次合闸,且送断电操作必须由持证电工作业。调试步骤为:

(1)检查主供电线路,复查连接是否正确、是否有不安全因素,确认无误后,进行 10kV 高压试送电至高压电缆卷筒及开关柜,确认正常后,然后再送至变压器和主开关柜。
(2)送电后,调试电气控制系统,然后全面检查电机运行情况,注意电机运转方向。
(3)进入各个分系统参数设置与试运行阶段,此阶段最关键也最复杂,可能会持续很长时间。这个阶段最关键的是各种控制器的参数设置与调整(例如:泡沫系统的变频器、流量计,管片安装机的旋转角度控制器等);显示仪表校正;控制电路板校准;甚至 PLC 程序的部分变动等。TBM 各分系统一般包括:管片安装、管片运输、泡沫系统、油脂系统、注浆系统、刀盘驱动系统、推进系统等。当然,除了管片运输外,其他系统都是相互联系的,如油脂系统调试没有完成,是不能调试刀盘驱动系统的。另外,调试前要注意系统调试的条件是否具备,如:一般情况下,刀盘在始发架上是不可以调试刀盘驱动系统的。
(4)完成各分系统调试后,就可整机试运行。

2. 液压动力系统调试

电气系统确认无误后,进行液压管路、阀组的检查,确保无误。依次启动各泵站,观察运行情况,启动各附属设备,检查空载运行情况。液压部分的调试步骤为:
(1)检查油箱油位传感器和液位显示透明胶管,看液压油位是否充足。
(2)检查所有油泵进油口处是否处于开启状态。

(3) 检查所有控制阀门是否处于正常状态。
(4) 检查液压泵驱动电机转向是否正确。
(5) 逐个检查液压泵运转是否正常。
(6) 检查各个液压阀组开关动作是否灵敏正常。
(7) 检查液压管路接口处是否有油液泄漏情况。
(8) 检查冷却系统是否正常工作。

3. 联动调试

电气液压调试完成后,进行各系统联动调试,根据程序设计的相互联动、联锁功能依次进行实验检测,确认各项联锁、安全系统是否满足设计要求。

4. 功能调试

安全确认完毕后,可对各分系统机构的功能进行功能调试。对拱架安装器、锚杆钻机、运输小车、主推液压缸、撑靴、后支撑、喷浆系统等所有活动部件依次进行功能调试,按照完全满足设计功能要求及施工需要,确认无误。

三 连续皮带机与 TBM 联动调试

皮带机经过确认,确定按照图纸安装且安全无误之后,先进行通信控制线路的铺设与通信实验。通信成功之后,即可进行联机调试,调试步骤如下:

(1) 所有系统全部上电,检查各系统供电是否正常。
(2) 采用人工操作点动模式,依次启动皮带机洞口驱动系统、TBM 尾部连续皮带机驱动系统,确认驱动电机转向符合驱动要求。
(3) 所有驱动的转向确认后,采用远程控制模式,在主控室启动、停止整机皮带机出渣系统。过程中检测各种紧急拉线、防偏开关的功能是否正常。
(4) 逐步提高连续皮带机的运行速度,检查各驱动滚筒是否出现皮带跑偏现象,若存在,应及时调整。
(5) 调整连续皮带机张紧装置的张紧力大小,以适用于短距离掘进需要为准。

四 负载调试

空载调试 TBM 各系统后即可进行负载调试。负载调试的主要目的是检查各种管线及密封的负载能力,使 TBM 的各个工作系统和辅助系统达到满足正常生产要求的工作状态。通常设备负载调试在试掘进期间进行。调试在工作压力作用下各个部件的使用情况。负载调试时将采取严格的技术和管理措施保证工程安全、工程质量和工作精度。

◆ **思考题** ◆

1. TBM 组装前的技术准备有哪些?
2. 简述 TBM 的现场组装顺序。
3. 简述 TBM 主机的安装步骤。
4. 简述 TBM 空载调试的技术要点。
5. 简述连续皮带机与 TBM 联动调试步骤。

单元七 地质超前预报

【单元描述】

本单元主要介绍 TBM 法隧道地质超前预报的重要性、地质超前预报的主要内容及地质超前预报的方式方法。

【学习目标】

1. 知识目标

(1) 掌握 TBM 法隧道地质超前预报的主要内容;

(2) 掌握 TBM 法隧道地质超前预报的方式方法。

2. 能力目标

(1) 能够指导和实施 TBM 法施工的地质超前预报工作;

(2) 能够针对具体 TBM 隧道工程采用合适的预报方式方法有效开展地质超前预报工作。

3. 素质目标

(1) 培养学生的安全意识;

(2) 培养学生协同创新的精神。

任务一　地质超前预报内容

一　地质超前预报的重要性

相对于钻爆法施工而言,TBM法施工的隧道对工作条件要求更高,对围岩工程地质、水文地质条件的适应性差,特别是在可能出现地质灾害的特殊地质地段,容易发生掘进速度低、卡机、埋机等重大问题,所以,TBM法施工必须开展地质超前预报,通过地质超前预报工作达到快速补充和检验地质资料的目的,使TBM安全通过复杂地质地段,避免漏报重大地质灾害点(段)。

微课:隧道地质超前预报及其质量验收基本知识

开展隧道地表地质补充调查工作,是确定施工地质超前预报的重点地段(特殊地质地段)及确保洞内地质超前预报的针对性的需要。

开展洞内地质调查工作,是常规地质法预报的重要补充手段。洞内地质调查工作不占用TBM工作时间,可操作性强。该工作是隧道工程全过程地质工作重要的一环,它不仅是对隧道设计地质资料的补充和完善,更是提高地球物理探测预报准确率的需要,也可为隧道运营阶段隧道病害整治提供完整的隧道地质资料。

根据洞内地质调查结果,结合补充地质调查结果进行的地表地下构造相关分析,可对开挖工作面前方地质状况进行推测、判断和预报。预报方法的选择应以不占或少占用TBM工作时间为原则。特殊地质地段隧道施工地质超前预报工作,以利用TBM前方配备的地质钻机进行超前水平钻探为主,辅以地球物理等方法探测,目的是避免占用或尽可能少占用TBM工作时间。

二　地质超前预报的内容

TBM法施工的隧道,地质超前预报可以为TBM掘进参数调整提供依据;对与TBM施工安全有关的地质因素的预报,目的是为TBM通过不良地质地段施工预案提供决策依据,避免卡机、埋机等灾害的发生,确保TBM施工的安全。

1. 地质超前预报的主要内容

(1)与TBM参数选用有关的地质因素

①地层、岩性、岩石硬度、岩石强度的确定;

②地质构造、断层、节理裂隙发育带位置、规模及性质的确定;

③软、硬地层分界面位置的确定。

(2)对TBM施工安全有影响的地质因素

①岩溶发育的位置、规模、充填情况等的确定;

②瓦斯及有害气体的规模;

③特殊地层如岩爆、膨胀岩地层的分布;

④危及安全的地层或人工建筑物(如矿巷、书库)的分布及其与隧道在空间上的相关关系;

⑤涌水、涌泥位置的确定。

2. 补充地表地质调查的主要内容

(1)隧道穿越地区地层分布确定,岩层产状测定;
(2)构造分布、性质确定及构造产状测定;
(3)必要的岩体节理裂隙统计(产状测定、间距或称密度统计)。

3. 隧道洞内地质调查的主要内容

(1)洞周地质测绘
①地层岩性描述,含岩层产状测定,岩石风化程度确定;
②断层位置、产状、宽度及断层带岩、土体物理力学性质确定;
③节理裂隙的组数确定,产状、闭合度测定,充填情况、密集程度确定;
④出水点的位置确定,水量估算;
⑤不同岩性分界面位置确定;
⑥不良地质现象描述:如岩溶洞穴、采空区的位置、形态、充填情况;塌方塌落位置、方量;岩爆出现地点、爆裂程度;软岩大变形或膨胀岩鼓胀变形位置等;涌泥涌沙位置、规模等。

(2)施工掌子面地质素描
①地层、岩性分布,岩石风化程度描述;
②构造发育位置、规模、性质确定及产状测定,节理裂隙产状测定、间距统计及分布位置确定;
③软、硬地层分界面位置;
④不良地质现象描述:如岩溶洞穴、采空区的位置、形态、充填情况;塌方塌落位置、方位;岩爆出现地点、爆裂程度;软岩大变形或膨胀岩鼓胀变形位置等;涌泥涌沙位置、规模等;
⑤煤层出露位置、产状、规模;
⑥涌漏水、涌泥位置,涌水水量估算;
⑦特殊地层如岩爆、膨胀岩地层的分布等。

微课:地质素描

任务二　地质超前预报方式方法

地质超前预报采用的方法主要包括地质法、超前水平钻探法及地球物理探测等。TBM法施工的隧道应动态监测掘进前方的地质情况,地质复杂的隧道段应辅以超前水平钻探或其他物探方法进行探测、验证。敞开式TBM法施工的隧道,有开展地质法预报的条件。

微课:超前水平　　微课:地震波法　　微课:地质雷达法　　讲座:TBM及盾构施工隧道
　钻孔预报　　　　超前预报　　　　超前地质预报　　　　超前地质预报技术

超前水平钻探法地质超前预报是隧道施工地质超前预报方法中最直接的方法。它通过钻孔钻进速度测试和对钻孔岩芯的观察,以及相关试验获取隧道开挖工作面前方岩石(体)的强度指标、可钻性指标、地层岩性资料、岩体完整程度指标及地下水状况等诸多方面的直接资料。可以探测和了解隧道开挖前方几十米甚至上百米范围内岩体的工程地质、水文地质情况；通过岩芯观察和分析对隧道开挖前方的不稳定岩层、断层破碎带和洞穴进行准确定位；利用采集岩芯样进行试验，获取岩石的物理力学特征参数；通过钻孔可确定开挖工作面前方地下水的分布，及时释放隧道施工开挖工作面前方煤系地层中积聚的瓦斯和地下水。

对设有超前平行导坑隧道的TBM法施工，可利用超前平行导坑了解地质情况，预测后进的TBM作业隧道将遇到的地质条件。

对双洞隧道，若一洞为TBM作业，另一洞为钻爆法施工，可采用钻爆法先行施工一隧道，根据其遇到的地质情况，进行TBM作业隧道的地质超前预报。

地球物理探测法中，除反射成像法外，所有反射法预报得到的均为隧道开挖工作面前方界面的位置，界面间介质性质的判定需结合洞内外地质调查结果和预报人员的地质工作经验以及对隧道所在地区地质背景的掌握分析确定。

由于成像畸变的原因，反射成像法仅可大致确定开挖工作面前方不良地质体(带)的位置和形状，其性质仍需结合洞内外地质调查结果和预报人员的地质工作经验及对隧道所在地区地质背景的掌握分析确定，目前国内尚无应用的报道。

声波层析成像法，尽管有成功探测小型岩溶管道的实例，但由于需在开挖工作面施作成对微倾斜探测钻孔进行孔间探测，且探测换能器入孔困难，探测深度有限，在TBM法施工隧道的地质超前预报中很难实现。

预报为施工服务，及时提出对预测地段的地质超前预报简报，是体现预报时效性和指导施工的需要。施工地质预报总报告不仅是对预报工作的总结，更是提高预报准确率的需要。预报采用预报简报和预报总报告的方式实施，预报简报应在实施洞内钻探或探测后次日提交。

地质超前预报简报主要包括：隧道工程概况、地质预报采用的方法原理、钻探或探测布置图、钻探或探测结果分析、预报结论及下一步施工措施建议(预报长度，是否需改变掘进参数，是否需要改变支护措施，预警可能出现的灾害地质问题及处理措施建议等)。

地质预报总报告主要包括：隧道工程概况、采用的技术方法原理、隧道地质展示图、隧道实际地质纵剖面图、典型预报实例、预报与施工验证的对比分析及预报准确率的统计分析、结论等。

隧道地表补充地质调查，按国家或行业有关规程(规范)或标准执行，应用专项野外地质记录本用铅笔记录，其结果应反映在隧道地质平、剖面图上；洞内地质调查应按地质点调查的统一格式填写，以 1/500～1/2000 比例尺反映在地质展示图和剖面、断面图上；掌子面素描图应在现场进行并作相应文字记录，不得作回忆编录；所有地质图件、文字叙述，应按国家或行业规程(规范)统一的格式(图示、图例、术语等)提交。

◆ 思考题 ◆

1. 简述地质超前预报的重要性。
2. 地质超前预报主要包括哪些内容？
3. 简述地质超前预报的方式方法。
4. 查阅有关资料，简述隧道SAP地震波超前探测系统原理。
5. 查阅有关资料，简述水岩一体超前地质预报系统原理。
6. 查阅有关资料，简述ISP集成式地震探测系统原理。

单元八

施工测量

【单元描述】
　　本单元主要介绍施工测量的要点、地面控制测量、地下控制测量、掘进施工测量、贯通测量和竣工测量。

【学习目标】
　　1. 知识目标
　　(1) 掌握 TBM 法施工地面控制测量要点；
　　(2) 掌握 TBM 法施工地下控制测量要点；
　　(3) 掌握 TBM 法施工掘进施工测量要点；
　　(4) 掌握 TBM 法施工贯通测量要点；
　　(5) 掌握 TBM 法施工竣工测量要点。
　　2. 能力目标
　　(1) 能够针对具体工程正确开展施工测量；
　　(2) 能够指导和实施具体 TBM 工程的施工测量。
　　3. 素质目标
　　(1) 培养学生精益求精的工匠精神；
　　(2) 培养学生的质量意识和工作责任心。

任务一　施工测量要点

为了指导TBM掘进,使隧道符合设计要求,在TBM施工的全过程,施工测量应提供TBM掘进所需的施工测量控制点与TBM姿态。TBM自身具有导向测量系统,其TBM姿态状况、由该导向测量系统以施工测量控制点为起算点,实时测量和计算出来,但施工测量控制点数据和稳定状况需要依靠人工测量方法确定。因此,对此类TBM,应以人工测量方法确定施工测量控制点,用导向测量系统测定TBM姿态状况,而且应在一定的距离内用人工测量方法进行TBM姿态状况的检核测量并提供修正参数。

TBM法施工测量应参照现行《高速铁路工程测量规范》(TB 10601)、《铁路工程卫星定位测量规范》(TB 10054)与《铁路工程测量规范》(TB 10101)等有关技术规定设计、作业和检测。控制测量完成后,应向监理工程师提交测量成果报告。

TBM法施工测量主要包括地面控制测量、地下控制测量、掘进施工测量、贯通测量和竣工测量。

测量工作开始前,应对施工现场进行踏勘,收集相关测量资料,办理测量资料交接手续,并对既有测量控制点进行复测和保护。

应全面了解TBM结构和其自身配置的导向系统的特点、精度,以及人工测量仪器精度等,制订科学、适用的TBM施工测量方案。各厂家和各种型号的TBM结构和导向系统的特点、精度不完全一样,而且有些差距很大,因此只有在充分了解TBM结构和导向系统特点、精度以及人工使用的大地测量仪器精度后,才能切合实际制订出科学、适用的TBM施工测量方案。

应根据贯通距离、限界要求、测量技术水平、施工误差以及TBM本身的技术指标等进行贯通测量误差设计,确定合理的贯通测量误差指标,并满足设计要求及符合现行《铁路工程测量规范》(TB 10101)规定的贯通误差指标要求。

一、控制测量基本规定

控制测量应符合下列规定:
(1)根据隧道长度及贯通精度要求进行隧道平面和高程控制测量设计。
(2)控制测量必须在确认桩点稳固、可靠后进行。
(3)测量工作中的各项计算,均应由两组独立进行;计算过程中应及时校核,发现问题应及时检查并找出原因。
(4)利用原控制点(含中线控制点)作第二次设站观测或根据原控制点增设新点时,必须对原控制点的相邻边和水平角进行复核。
(5)利用原水准点进行引伸测量时,必须对其相邻已测段高差或相邻水准点间高差进行复核。
(6)隧道洞外控制测量应在隧道进洞施工前完成。

二、控制测量基本要求

控制测量工作按下列基本内容和要求进行:

（1）用于测量的设计图资料应认真核对，确认无误后方可使用，引用数据资料必须核对。

（2）隧道施工前，应根据设计单位交付的测量资料，进行控制桩点核对和交接。

（3）平面控制测量布网形式应结合隧道长度、平面形状、线路通过地区的地形和环境等条件综合考虑。长隧道及隧道群的洞外平面控制测量宜采用 GPS 测量、GPS 测量和导线测量综合使用的方法，洞内平面控制测量宜使用全站仪、经纬仪及光电测距仪进行测量。

（4）长隧道平面控制宜建立独立坐标系统，三角锁或导线应沿隧道两洞口连线方向布设。

（5）每个洞口应测设不少于 3 个平面控制点（包括洞口投点及其相联系的三角点或导线点）和 2 个高程控制点。

地面施工测量控制点必须埋设在施工影响的变形区以外。由于施工现场条件限制，埋设在变形区内的施工测量控制点必须经常检核。

测量外业数据采集和内业数据处理应符合国家相关技术标准，使用规范的表格和软件，并有复核手续。经纬仪、水准仪及标尺、光电测距仪、全站仪、GPS（全球定位系统）都应按规定周期进行检定和校正。各类测量仪器设备在使用过程中应按规定定期进行自检。

任务二　施工测量主要内容

一　地面控制测量

不管是隧道全程还是局部采用 TBM 施工，都应了解施工地区的坐标和高程系统，以及已有控制网布设的方法、层次和精度等情况，在此基础上，根据施工方案布设 TBM 施工加密控制网。如果原有的控制网精度不能满足要求，则应布设独立的专用控制网，但该网应与该地区坐标和高程系统一致，且宜以该地区一个点的坐标和一条边的方位角为起算数据。因施工现场条件限制没有可利用的控制点时，则可建立完全独立的施工坐标系统，但施工完成后该网应与当地控制网及时联测，并纳入地方统一的控制系统中。

应了解全线已有控制网的现状、坐标和高程系统、布网方法、布网层次和精度等状况，并通过踏勘和检测对本施工段测量控制点分布的合理性、可靠性等做出评价，选择适宜的坐标、高程起算控制点，制订合理的 TBM 施工控制测量方案。

TBM 施工平面控制网宜分两级布设，首级为 GPS 控制网或精密导线网，二级为施工加密导线网，在满足精度要求的情况下可采用其他方法布网。施工路线长度较短时，可一次布网，TBM 施工高程控制网可采用精密水准或光电三角高程等测量方法一次布设全面网。

TBM 施工控制网测量应满足 GPS 静态测量的技术要求。精密导线测量、精密水准测量、光电三角高程测量的主要作业要求应符合《高速铁路工程测量规范》（TB 10601）。

在隧道洞口必须建立统一的施工控制测量系统，控制点在保证贯通精度的前提下应尽量分布在便于使用的地方，每个洞口应布设不少于 3 个控制点。

二 地下控制测量

地下控制测量主要包括地下施工导线测量、施工控制导线测量和地下施工水准测量、施工控制水准测量。

地下控制测量起算点必须采用直接从地面传递到洞内的平面和高程控制点,一般地下平面起算点不应少于 3 个,起算方位边不应少于 2 条,起算高程点不应少于 2 个。规定地下控制测量起算点数量主要为了使地下具有足够的检核测量条件。

控制点应埋设在稳定的隧道结构上,一般位于隧道两侧或顶、底板便于观测的位置,并应埋设强制对中装置。根据测量实践,一般 TBM 施工 100m 以后,隧道衬砌结构基本趋于稳定,故在此(稳定处)设置地下控制点。导线点的稳定情况,通过重复测量确定,一般不少于 3 次。导线点宜采用强制对中装置,控制点点位可在隧道两侧交叉设置,在曲线隧道,特别是在连续同向曲线的隧道,要注意旁折光的影响。直接用于 TBM 施工测量的控制点,可设置在隧道两侧或顶、底板便于观测的位置。

地下控制网一般为支导线和支水准路线,隧道较长时或对于双线隧道必须形成闭合路线或构成导线网和水准网。隧道掘进初期,根据施工现场条件一般先布设精度较低的施工导线和施工水准,当具备条件后及时选择部分施工导线和施工水准组成施工控制导线。特殊情况下,可不受曲线要素点的限制,可选择较长的导线边。

直线隧道掘进大于 200m 或到达曲线段时,应布设施工导线和施工水准,同时宜选择稳固的施工导线点组成施工控制导线。

角度、距离测量和水准测量精度不低于测量设计所要求的精度。施工控制导线点横向中误差 $m_{横} \leq m_{中} \times 4\sqrt{l}/5\sqrt{L}(mm)$,即 $m_{横} \leq m_{中} \times \sqrt{l/L} \times 4/5(mm)$ 是依据平均导线边长 l 与贯通距离 L 之比例并乘以 4/5 计算的。施工控制导线最远点横向中误差应该小于或等于贯通中误差,但为提高施工控制导线点精度,并考虑下一级施工导线的误差,因此取 4/5 作为限差标准。

当隧道衬砌结构不稳定时,埋设的地下控制导线点和控制水准点易变动,故每次控制测量必须对施工控制点进行检测。每次延伸地下控制导线和水准,应对已有施工控制点进行检测,检测点如有变动应剔除,并选择其他稳定点进行延伸测量。

在隧道贯通前,地下导线控制和水准控制测量应不少于 3 次。重合点坐标较差应小于点位中误差的 $2\sqrt{2}$ 倍,且应采用各次的加权平均值作为测量结果。

三 掘进施工测量

TBM 始发前,应将平面和高程测量数据传入隧道内的控制点上,并应满足 TBM 组装、基座、反力架和导轨等安装以及 TBM 始发对测量的要求。

TBM 上所设置的测量标志应牢固、可靠;有条件时宜设置两套,以便于检核,并提高测量精度。TBM 上所设置的测量标志应满足下列要求:

(1)TBM 测量标志应牢固设置在 TBM 纵向或横向截面上,标志点间距离尽量大,前标志点应靠近切口位置,标志点处可粘贴反射片或安置棱镜。

(2)测量标志点间三维坐标系统应和 TBM 几何坐标系统一致或建立明确的换算关系。

TBM 就位后应利用人工测量方法准确测定 TBM 的初始位置和姿态，TBM 自身导向系统测得的成果应与人工测量结果一致。根据 TBM 自身导向装置的精度，按误差传播理论计算出产生 1/3 贯通测量误差的距离，当在此距离内时都应进行一次人工测量，以控制施工误差在设计允许范围内。TBM 姿态测量应满足下列要求：

（1）TBM 姿态测量内容包括平面偏差、高程偏差、俯仰角、方位角、滚转角及切口里程。

（2）TBM 姿态计算数据精度要求见表 8-1。

TBM 姿态计算数据 表 8-1

名称	单位	精度
平面偏差	mm	1
高程偏差	mm	1
俯仰角	′	1
方位角	′	1
滚转角	′	1
切口里程	m	0.01

（3）TBM 配置的导向系统应具有实时测量功能，人工辅助测量时，测量频率应根据其导向系统精度确定。TBM 始发 20m 内和到达前 50m 内应增加人工测量频率。

（4）TBM 测量系统测量误差应在 ±3mm 以内。

双护盾 TBM 的衬砌环测量要求一般应满足下列规定，每次测量完成后，应及时提供 TBM 和衬砌环测量结果，供修正运行轨迹使用。

（1）衬砌环测量应在盾尾内完成管片拼装和衬砌环完成壁后注浆两个阶段进行。

（2）在盾尾内管片拼装成环后应测量盾尾间隙，并结合 TBM 姿态测量数据，为管片安装提供依据。

（3）衬砌环完成壁后注浆后，宜在后配套车架通过该管片环后进行测量，内容宜包括衬砌环中心坐标、底部高程、水平直径、垂直直径和前端面里程。测量误差应在 ±10mm 以内。

四 贯通测量

隧道贯通后应进行贯通测量，贯通测量包括隧道的纵向、横向、高程贯通误差和方位角贯通误差。

测定贯通误差时，应在贯通面设置贯通相遇点。

贯通误差分解至线路纵、横向上，可直观反映出贯通结果与线路、限界的关系。隧道的纵、横向贯通误差，可利用隧道贯通面两侧平面控制点测定贯通相遇点的坐标闭合差确定，也可利用隧道贯通面两侧中线在贯通相遇点的间距测定。方位角贯通误差可利用两侧平面控制点测定邻近贯通面同一导线边方位角较差确定。隧道的纵、横向贯通误差应投影到线路的切线和法线方向上。

隧道高程贯通误差，可利用隧道贯通面两侧高程控制点测定与贯通面邻近的（或贯通面上）同一水准点的高程较差确定。

隧道贯通测量限差应符合国家相关的技术标准，或根据工程具体情况做专门的技术设计以确定贯通限差。

隧道贯通后应分别以隧道进出口的控制点为起算数据,采用附合路线形式重新布设和施测地下控制网,应计算分析并确立合理的调线地段进行贯通误差的调整分配。平差后的成果(导线坐标、水准高程)作为测设永久中线、铺设整体道床及轨道放样的依据。隧道贯通后,中线和高程的实际贯通误差,原则上应在未施作衬砌地段(调线地段)调整。采用 TBM 进行全断面施工,隧道贯通时的未施作衬砌长度往往很短,贯通误差和净空断面尺寸在满足设计要求时,其贯通误差的分配及中线、高程调整段(调线地段)不再局限于未开挖和未施作衬砌的地段。

五 竣工测量

竣工测量采用的坐标系统、高程系统等应与原施工测量或勘测设计系统相一致(有特殊要求的除外)。

隧道贯通后进行贯通导线的附合路线测量,并重新进行平差后,可为断面测量、限界测量、铺轨测量和设备安装测量等提供较高精度的测量控制点。隧道贯通后应以隧道洞口的控制点为起算点,将隧道内的导线点和水准点分别重新组成附合路线或附合网进行施测,平差计算后的成果作为以后建设工作的测量依据。

隧道竣工测量主要包括隧道平面偏差值、高程偏差值以及纵、横断面测量等。竣工测量工作内容可根据设计要求选择,平面偏差、高程偏差指相对于衬砌设计轴线的偏差。

断面测量一般直线段每 12m、曲线段每 5m 测量一个净空断面,断面上的测点位置、数量应按铁路隧道相关规范要求确定。断面上的测点位置、数量应按设计人员根据隧道衬砌形状、设备、行车条件等对断面的要求确定。

断面测量可采用断面仪或全站仪极坐标等测量方法,断面点测量误差在 ±10mm 以内。竣工测量成果应按要求整理归档,并作为隧道验收依据。

◆ 思考题 ◆

1. 控制测量应符合哪些规定?
2. TBM 上所设置的测量标志应满足哪些要求?
3. 简述 TBM 法施工地面控制测量要点。
4. 简述 TBM 法施工地下控制测量要点。
5. 简述 TBM 法掘进施工测量要点。
6. 简述 TBM 法施工贯通测量要点。
7. 简述 TBM 法施工竣工测量要点。

单元九

TBM 掘进与支护

【单元描述】

本单元主要介绍 TBM 掘进与支护技术。主要内容包括预备洞施工要求、始发洞与始发导台基本要求、TBM 步进、TBM 始发与试掘进、TBM 掘进、姿态控制、到达掘进、支护与衬砌等 TBM 施工技术。

【学习目标】

1. 知识目标

(1) 掌握 TBM 预备洞施工的基本要求；
(2) 掌握始发洞与始发导台的基本要求；
(3) 掌握 TBM 步进的基本要求；
(4) 掌握 TBM 始发与试掘进的基本要求；
(5) 掌握 TBM 正常掘进的技术要点；
(6) 掌握 TBM 姿态控制的技术要点；
(7) 掌握 TBM 到达掘进的技术要点；
(8) 掌握 TBM 支护与衬砌施工技术要点。

2. 能力目标

(1) 能够组织与指导 TBM 预备洞施工；
(2) 能够组织与指导始发洞与始发导台施工；
(3) 能够指导 TBM 步进；
(4) 能够指导 TBM 始发与试掘进；
(5) 能够指导 TBM 掘进作业；
(6) 能够指导与实施 TBM 姿态控制；
(7) 能够指导 TBM 到达掘进；
(8) 能够指导与实施 TBM 支护与衬砌施工。

3. 素质目标

(1) 培养学生规范作业的安全意识;

(2) 培养学生科学分析问题的良好作风;

(3) 培养学生精准控制、精准作业的职业精神。

任务一　掘进与支护的基本要求

一　预备洞施工基本要求

在组装场地不能满足整机组装要求时,应设置TBM组装预备洞。

TBM组装预备洞的施工一般应符合以下要求:

(1)基底必须清理干净,以混凝土铺底,强度符合TBM步进要求。隧道底板强度应满足TBM步进时的承载力要求。

(2)预备洞施工完成后,应对所有净空进行检查,预备洞的底板平整度不得大于3mm。

二　始发洞与始发导台基本要求

敞开式TBM施工应设置始发洞,护盾式TBM施工应设置始发导台。

始发洞和始发导台一般应符合下列规定:

(1)始发洞的长度按TBM主机长度确定,保证TBM始发时有足够的支撑反力,断面按支撑结构确定。

(2)在始发导台施工或安装时,应确保导台位置误差在±10mm以内,从而保证始发位置正确。

(3)始发洞必须使用钢筋混凝土衬砌,衬砌施工完成后应对所有错台进行处理,错台不得大于3mm。衬砌背后不得有空洞。

(4)始发洞的直径应大于TBM开挖直径,具体尺寸由支撑靴可伸出的尺寸数值确定,一般不大于50mm,始发洞的中心位置与设计轴线的偏差,水平为±25mm,竖直为±50mm。需要考虑的尺寸有:刀盘厚度、盾体厚度、水平支撑在机架上紧靠前端到连接处的长度、安装时构件的距离等。

三　TBM掘进与支护技术要点

TBM施工主要技术要点如下:

(1)TBM施工应做好掘进方向的控制,应确保隧道轴线符合设计要求。

(2)TBM施工必须根据隧道的地质条件,合理选择掘进参数。

(3)TBM掘进速度与岩石的类别、抗压强度、单位体积节理数、节理发育程度有关。地质条件是影响掘进速度的关键;除考虑岩石的抗压强度外,还要注意岩石的石英含量、岩石的塑性(或脆性)和节理发育程度。

讲座:TBM关键施工工艺

(4)TBM刀具在切削岩石时所承受的荷载是变化的。在切削完整的岩体时,当刀具所施加于岩石的力量达到岩石强度极限后,岩石裂纹迅速扩展并在极短时间内破碎,此时刀具便急速卸载,在这过程中,加重了其他未卸载刀具承受的推力,正常的刀具应有能力承受这种突然加载。当节理发育时,由于产生岩石的裂纹更容易一些,急剧卸载的刀具数量可能增多,这时对那些处于施压状态的刀具而言,额外的附加荷载就有可能超过它的承受能力,特别是这种变化频繁的动荷载,会使轴承失去工作能力,或内、外圈与滚动体之间磨损加剧,使轴承产生过大的间隙,或使轴承产生塑性变形以及产生过热现象,润滑油漏出。

(5)掘进中应注意掘进参数的选择,减少刀具过大的冲击荷载。要密切关注刀盘扭矩的变化、整个设备振动的变化。当变化幅度较大时,应减少刀盘推力,保持合适的贯入度,并时刻观察石渣的变化,尽最大可能减少刀具漏油及轴承的损坏。在掘进过程中发现贯入度和扭矩增加时,应适当降低推力,对贯入度有所控制,这样才能保持均衡的生产效率,以减少刀具的消耗。

(6)应根据围岩条件选择合理的支护体系。选择支护体系的原则:一是既要保护设备免遭破坏,还要保证 TBM 的掘进速度。二是及时进行喷射混凝土作业。施工过程通过提高锚杆作业效率、正确进行临时支护、及时喷射混凝土等,保证掘进施工安全与连续。

(7)应加强对刀具的检测与检查。对刀具消耗量进行统计和分析,加强对各项材料消耗的统计分析。

(8)必须坚持设备强制保养和状态检测制度。

(9)主司机及各附属设备的操作人员应通过培训后上岗,非操作人员严禁操作设备。

(10)在掘进施工中,作业人员分工明确,并加强值班巡视;对特殊地段及特殊地质条件下的 TBM 法施工,应有应急预案和详细的专项施工方案。

任务二　TBM 掘 进

一 TBM 步进

讲座:硬岩 TBM 掘进关键技术

TBM 步进之前应使用断面仪对钻爆段净空进行测量,严禁侵限。底部平整度及强度应满足步进要求。TBM 步进的方式大致有两种,一种是通过液压缸支撑在支座、马凳、管片等,使 TBM 前移;另一种是通过 TBM 的步进机构在地面直接向前移动。在预备洞铺底顶面测出隧道设计中线,以便于 TBM 底部导向施工。步进时应将超前钻机、锚杆钻机以及钢拱架安装器的支撑液压缸锁定在最小状态。TBM 主机步进后,后配套跟紧主机同步前进。步进时,操作司机要密切注意操作室各相关仪表的显示,加强步进监控,作业人员要加强巡视工作并做好施工轨道延伸。步进完成,TBM 在支撑状态下,拆除步进装置,准备始发。

二 始发与试掘进

护盾式 TBM 始发时始发台必须固定牢靠,位置正确。敞开式 TBM 应确保撑靴撑紧始发洞壁。始发台主要作用是用于稳妥、准确地放置 TBM,并在基座上进行 TBM 安装与试掘进,所以基座必须有足够的强度、刚度和安装精度,并且考虑 TBM 安装调试作业方便。

TBM 空载调试运转正常后开始始发施工,在开始进行负环管片后移时,应通过控制推进液压缸行程的方法控制负环管片后移,所有推进液压缸行程应尽量保持一致。

TBM 在始发基座上向前推进时,由于始发基座条件的限制,一般 TBM 的上部千斤顶在一定时段不能使用,为此要精心调整 TBM 正面岩体反力以少用或不用底部范围千斤顶,防止 TBM 上浮以及反力架因受力不均而遭破坏。当 TBM 始发时,为防止 TBM 始发后上浮,需要使用上部推进千斤顶时,则必须安装有足够强度和刚度的支撑,以将上部顶力传至后洞壁。

为防止管片发生旋转,始发阶段应注意扭矩控制,一般情况下,始发阶段的 TBM 扭矩值不得大于额定扭矩的 70%。

在 TBM 始发阶段,应注意各部位油脂的使用和消耗情况。护盾式 TBM 在向前推进时,通过控制推进液压缸行程使 TBM 沿始发台向前推进。派专人观察刀盘位置与岩面的接触情况。开始低速转动刀盘,直至将岩面切削平整后,开始试掘进。TBM 始发进入起始段施工,一般根据 TBM 的长度、现场及地层条件将起始段定为 50~100m,起始段掘进是掌握、了解 TBM 性能及施工规律的过程。

在试掘进磨合期,要加强掘进参数的控制,逐渐加大推力。采用双护盾 TBM 施工,应正确选择掘进模式,Ⅱ、Ⅲ级围岩时,一般选用双护盾掘进模式;Ⅳ、Ⅴ级围岩一般选用单护盾掘进模式;在出现断层破碎带及侵入岩接触带时,采用单护盾掘进模式,检查反力架和负环钢管片,辅助推进液压缸伸出,顶在负环管片上,调整 TBM 姿态和方向。在软弱围岩条件下的掘进,应特别注意支撑靴的位置和压力变化。撑靴位置不好,会造成打滑、停机,直接影响掘进方向的准确性,如果由于机型条件限制而无法调整撑靴位置时,应对该位置进行预加固处理。此外,撑靴刚撑到洞壁时,极易塌陷,应观察仪表盘上撑靴压力值下降速度,注意及时补压,防止发生打滑。

始发及试掘进推进过程中,要依据超前地质预报结果,调整掘进参数。在掘进时推进速度要保持相对平稳,控制好每次的纠偏量。灌浆量要根据围岩情况、推进速度、出渣量等及时调整。

应根据始发洞掌子面的岩石状况,确定始发及试掘进参数。在始发掘进时,应以低速度、低推力进行试掘进,了解设备对岩石的适应性,对刚组装调试好的设备进行试机作业。

在试掘进操作过程中,操作司机需逐步掌握 TBM 操作的规律性,班组作业人员需逐步掌握 TBM 作业工序,之后再适当提高 TBM 的掘进速度。

始发时要加强测量工作,把 TBM 的姿态控制在一定的范围内,通过管片及仰拱块的铺设、TBM 本身的调整来达到姿态的控制。

加强设备的监控,增加人员的巡视。当班作业人员紧密配合,严格按操作规程作业,尽快熟悉 TBM 的配套作业。材料应准备充分,并随时做好轨道和管路的延伸。

三 正常掘进

TBM 施工时应进行超前地质预测预报,掘进速度及推力根据地质情况确定。在破碎地段严格控制出渣量,避免出现掌子面前方大范围坍塌。

TBM 一般有三种工作模式:自动扭矩控制、自动推力控制和手动控制模式,应根据地质情况合理选用。在均质硬岩条件下,选择自动推力控制模式。在节理发育或软弱围岩条件下,选择自动扭矩控制模式。若掌子面围岩软硬不均,不能判定围岩状态,则选择手动控制模式。自动扭矩控制适用于均质软岩,自动推力控制适用于均质硬岩,手动控制模式操作方便、反应灵活。

应根据不同地质状况,选择和调整掘进参数。在节理不发育~发育的硬岩情况下作业时,选择刀盘高速旋转掘进,正常情况下,推进速度一般≤35%(电位计设定值);围岩本身的干抗压强度较大,不易破碎,若掘进速度太低,将造成刀具刀圈大量磨损;若掘进速度太高,会造成刀具的超负荷,所以必须选择合理的掘进参数。在节理发育的软岩状况下作业时,掘进推力较小,应选择自动扭矩控制模式,并密切观察扭矩变化,调整最佳掘进参数;观察双护式盾TBM撑靴支撑能力,确定工作模式。在节理发育且硬度变化较大的围岩状况下作业时,推进速度应控制在30%以下。因围岩分布不均匀、硬度变化大,有时会出现较大的振动,所以推力和扭矩的变化幅度大,必须选择手动控制模式,密切观察推力和扭矩的变化。在节理较发育、裂隙较多,或存在破碎带、断层等地质情况下作业时,应以自动扭矩控制模式为主选择和调整掘进参数,同时应密切观察扭矩变化、电流变化及推进力值和围岩状况,控制扭矩变化范围在10%以下,降低推进速度、控制贯入度指标,双护盾式TBM应调整工作模式。

在掘进过程中,观察各仪表显示是否正常,检查风、水、电、润滑系统、液压系统的供给是否正常,检查气体报警系统是否处于工作状态和气体浓度是否在限值范围,错误指示台上不会有任何警报或切断指示。进行灯光试验,以检查所有指示元件的功能。在掘进过程中,加强巡视,确保设备运转良好。检查掌子面支护、仰拱块铺设、管片安装、渣车到位、连续皮带机正常、作业人员到位等情况,确保掘进正常。在每一循环作业前,操作司机应根据导向系统显示的主机位置数据进行调向作业。采用自动导向系统对TBM姿态进行监测。定期进行人工测量,对自动导向系统进行复核。

四 姿态控制

TBM推进过程中必须严格控制推进轴线,使TBM的运动轨迹在设计轴线允许偏差范围内。TBM自转量应控制在设计允许值范围内,并随时调整。

双护盾TBM在竖曲线与平曲线段施工应考虑已成环隧道管片竖、横向位移对轴线控制量的影响。当TBM轴线偏离设计位置时,必须进行纠偏。TBM开挖姿态与隧道设计中线及高程的偏差应控制在设计值允许范围内。双护盾TBM纠偏采用液压缸编组、区域液压以及相应的措施进行。实施TBM纠偏不得损坏已安装的管片,并保证新一环管片的顺利拼装。

五 到达掘进

到达掘进是指TBM到达贯通面之前50m范围内的掘进。到达掘进前,必须制订TBM到达施工方案,做好技术交底,施工人员应明确TBM适时的桩号及刀盘距贯通面的距离,并按确定的施工方案实施。

到达洞内的TBM接收基座应符合TBM基座技术要求,导轨应可调节,以适应TBM到达时的姿态。在曲线地段,接收基座应根据曲线在该位置的切线方向进行定位。到达前必须做好以下工作:检查洞内的测量导线;在洞内拆卸时应检查TBM拆卸段支护情况;检查到达所需材料、工具;施工接收台;做好到达前的其他工作,接收台检查、滑行轨的测量等,要加强变形监测,及时与操作司机沟通;增加监测的频次,并及时反馈监测结果。

TBM到达前应检查掘进方向,以保证贯通误差在规定的范围内。TBM掘进至离贯通面 100m 时,必须做一次 TBM 推进轴线的方向传递测量,以逐渐调整 TBM 轴线。到达掘进的最后 20m 要根据围岩的地质情况确定合理的掘进参数并进行书面交底,总的要求是:低速度、小推力和及时的支护或回填灌浆,并做好掘进姿态的预处理工作。

双护盾 TBM 到达段,为防止管片在失去后盾管片支撑或推力后产生松弛导致管片环缝张开,应设置管片纵向拉紧装置,应做好出洞场地、洞口段的加固,保证洞内、洞外联络畅通。

任务三 支护与衬砌

敞开式 TBM 在软弱破碎围岩中掘进时必须进行初期支护,以满足围岩支护抗力,确保施工安全。敞开式 TBM 施工初期支护包括:喷射混凝土、挂网、锚杆、钢架等。喷锚支护施工中,应做好喷锚支护施工记录、喷射混凝土的强度、厚度、外观尺寸等项检查和试验报告、监控量测记录。初期支护应及时施作,并按设计要求进行监控量测,保证施工安全。敞开式 TBM 初期支护参数可参照表 9-1 选用。

TBM 施工段隧道初期支护方式　　　　　　　　　　表 9-1

围岩级别	喷射混凝土	锚杆	钢筋网	钢支撑
Ⅱ	局部 8cm	局部 ϕ22mm,长 2.0m	无	无
Ⅲ	局部 10cm	局部 ϕ22mm,长 2.0~2.5m	局部 ϕ8mm 间距 20cm×20cm	无
Ⅳ~Ⅴ	15cm	除底部外,ϕ22mm~ϕ25mm,长 2.5~3.0m 间距(纵×横)0.8m×0.8m~1m×1m	除底部外,ϕ8mm, 15cm×15cm	I16 工字钢 0.4~0.8m/榀

护盾式 TBM 在管片拼装时应做好以下准备工作:拼装人员必须熟悉管片排列位置、拼装顺序;应对管片及防水密封条进行检查,并按拼装顺序存放;TBM 推进后的姿态应符合拼装要求;应对前一环管片环面进行质量检查和确认;应对拼装机具和材料进行检查;封顶块安装前,在侧面涂抹润滑剂,以免损伤密封条。管片拼装作业应满足以下要求:

(1)拼装管片时,拼装机作业范围内不得有人和障碍物。

(2)拼装过程中,应严格控制推进液压缸的压力和伸缩量,使 TBM 姿态保持不变。

(3)连接螺栓紧固力矩应符合设计要求。对拼装五环后的管片螺栓进行复紧。

(4)拼装时应防止管片及防水密封条的损坏。

(5)对已拼装成环的管片环做椭圆度的抽查,确保拼装精度。

(6)平曲线段管片拼装时,应注意使各种管片环向定位准确,保证隧道轴线符合设计要求。

管片拼装前,清除上一环环面和盾尾内杂物,检查上一环环面防水密封条是否完好,如有损坏应及时修补;如发现环面质量问题,应在下一环管片拼装时进行纠正。同时应全面检查拼装机的动力及液压设备是否正常,举重臂是否灵活、安全可靠。管片在地面上按拼装顺序排列堆放,粘贴好防水密封条等防水材料。准备管片连接件和配件、防水垫圈等,并随第一块管片运至工作面。管片拼装时,一般情况应先拼装底部管片,然后自下而上左右交叉拼装,每环相邻管片应均匀拼装并控制环面平整度和封口尺寸,最后插入封顶块成环。管片拼装成环时,应逐片初步拧紧连接螺栓,脱出盾尾后再次拧紧。每环管片拼装之前,应对相邻已成环的3环范围内的连接螺栓进行全面检查并再次紧固。逐块拼装管片时,应注意确保相邻两管片接头的环面平整、内弧面平整、纵缝密贴。封顶块插入前,检查已拼管片的开口尺寸,要求略大于封顶块尺寸,拼装机把封顶块送到位,伸出相应的千斤顶将封顶块管片插入成环,作圆环校正,并全面检查所有纵向螺栓。封顶成环后,进行测量,并按测得数据作圆环校正,再次测量并做好记录。最后拧紧所有纵、环向螺栓。TBM推进时,依次把将要脱离盾尾的环纵向螺栓用扳手拧紧至设计要求。拼装过程中,遇有管片损坏,应及时使用规定材料修补。管片损坏超过标准时,应调换。在拼装过程中应保持成环管片的清洁。如后期发现损坏的管片也必须修补。隧道结构加强处理方案需经业主和设计单位认可。

管片、仰拱块拼装完成后,须及时对管片、仰拱块背后进行充填豆砾石,注入砂浆对豆砾石进行固结,使管片背后孔隙充填密实,减少围岩松动和土压力的直接作用,经过检查注浆效果不能达到要求时,要及时补强完善。

管片上一般设有多个开口,用以装配喷注豆砾石的喷嘴,采用高压风将豆砾石按仰拱两侧孔—侧拱预置孔—顶拱的顺序进行填充。

隧道的开挖面和管片之间的间隙采用豆砾石填充,豆砾石由豆砾石泵泵入。该泵安装在后配套台车上,豆砾石由材料车运进,卸在一个专用漏斗内,从漏斗再传送到泵,泵通过喷嘴钢管和橡胶管泵入管片背后的空隙中。在管片安装机后的几个环后,豆砾石通过管片上的孔泵入。配备的2台豆砾石喷射泵的泵填能力应满足TBM最大进尺的需要。

尾盾应包括互相搭接的由窄条弹簧钢组成的挡渣板,它们沿尾盾外上部240°布置,用以防止砾石在尾盾周围飞溅。

注浆应与掘进保持同步,注浆顺序是先下后上、左右对称、逐渐上升、最后拱顶,在某孔注浆时,当发现浆液与下一孔串浆时,此孔的注浆已完成。

预留的注浆孔要安装浆液塞,待豆砾石及灌浆凝固后将塞子取出,并进行封堵。

注浆作业应设封闭环,以保证封闭环内注满砂浆,提高注浆效果。每段封闭环的长度由隧道实际状况确定。封闭环可在某特定位置灌注早强砂浆,以阻止砂浆的流动,形成压力充填密实。

讲座:TBM法隧道围岩支护技术及案例

砂浆是从后配套上的砂浆罐输入注浆泵,然后由注浆泵在流量表和压力表的控制下注入管片环面。压力传感器和PLC系统连接,这样就可以调节泵的速度,控制管片环间的压力,使其保持在预定的范围内。

敞开式TBM二次衬砌时,首先进行隧道底板及仰拱浇筑,并按照现行规范要求进行全断面二次衬砌。

◆ 思考题 ◆

1. TBM预备洞的施工一般应符合哪些要求?
2. 简述TBM始发洞与始发导台的基本要求。
3. 选择支护体系的原则主要有哪些?
4. 简述TBM步进的基本要求。
5. 简述TBM始发与试掘进的基本要求。
6. 简述TBM正常掘进的技术要点。

7. 简述TBM姿态控制技术要点。
8. 简述TBM到达掘进技术要点。
9. 简述TBM支护与衬砌施工技术要点。

单元十

TBM 施工运输

【单元描述】

本单元主要介绍 TBM 施工出渣及 TBM 施工物料运输。主要内容包括皮带出渣运输、渣土二次转运、有轨运输编组出渣等 TBM 施工出渣技术；介绍 TBM 施工物料运输的有轨与无轨两种运输方式。

【学习目标】

1. 知识目标

(1) 掌握 TBM 出渣方式分类及其适用条件；

(2) 掌握 TBM 施工的物料运输方式。

2. 能力目标

(1) 能够针对具体工程正确选择 TBM 出渣方式；

(2) 能够针对具体工程正确选择 TBM 物料运输方式。

3. 素质目标

(1) 培养学生理论联系实际的良好工作作风；

(2) 培养学生的组织协调能力和团结协作的精神。

任务一　TBM 施工出渣

TBM 法施工的洞内出渣运输方式一般分为有轨出渣运输和连续皮带输送机出渣运输两种。两种出渣运输方式的组成及适用条件如表 10-1 所示。

TBM 出渣运输方式分类、组成及适用条件　　　　表 10-1

序号	类别	组成	适用条件
1	有轨出渣运输	牵引机车 + 运输渣车 + 材料车 + 仰供块运输车(管片、轨排运输车) + 人车 + 混凝土罐车 + 其他车辆进行编组,并配合翻渣倒运系统使用	(1)开挖直径较小,皮带机布置困难。 (2)运输坡度小于 20‰。 (3)运输线路顺畅,支路少、干涉较少、洞外场地大。 (4)通过增加编组数量,能够满足掘进机设计最大掘进速度要求
2	连续皮带输送机运输	(1)牵引机车 + 材料车 + 混凝土罐车 + 其他车辆进行编组有轨运输,配合连续皮带机出渣。 (2)无轨材料、人员运输,配合连续皮带机出渣	(1)适用于平直隧道,或转弯较少且半径较大的隧道,特殊隧道可配置转接皮带机。 (2)满足掘进机设计的最大掘进速度要求。 (3)条件适合宜优先选用皮带机出渣

TBM 施工时,通过合理的技术、经济比较,确定选用皮带运输方式或有轨运输方式。选用何种出渣运输方式,主要取决于岩层种类、隧道直径和长度、是从正洞口还是通过竖井、斜井进入隧道及隧道所在位置和净空,以及从经济上、施工单位已有运输系统等多方面做综合分析,然后作出决定。

一 皮带出渣运输

隧道出渣采用连续皮带机出渣。TBM 掘进产生的岩渣从刀盘溜渣槽进入刀盘中心的主机皮带机,经 TBM 后配套皮带机输送到连续皮带机内,通过连续皮带机运至洞外。

连续皮带机参数应根据隧道线形、运输距离、掘进断面、掘进速度等确定。

连续皮带机出渣具备条件时应直接运输至弃渣场。弃渣场范围较大时可设置转渣皮带机或内燃车辆转运;弃渣场距离较远或影响因素较多时,可在洞口场地设置分渣设施,采用自卸汽车转运至弃渣场。

连续皮带输送系统由可移动的皮带输送机尾部、皮带存储及张紧机构、变频控制的皮带输送机驱动装置、皮带托滚及支架、调心轮、皮带输送机卸载机构、输送带、皮带打滑探测装置、皮带接头、变频控制系统、紧急拉索、皮带硫化机等组成。水平距离超过 10km 或大坡度斜井条件下还应根据计算考虑是否增加助力驱动装置。每掘进 200～300m 需要在皮带储存机构内装入新的皮带,新旧皮带进行硫化连接,保证皮带机继续延伸。隧道内连续皮带输送系统如图 10-1 所示。

连续皮带机采用三角支架或悬吊链固定于隧道岩壁上,设计上本着固定形式简单易于装卸的原则,便于拱墙衬砌前后的拆除和安装。隧道连续皮带机实物如图 10-2 所示。

严寒及寒冷地区使用连续皮带机时应采用耐寒阻燃输送带,洞外皮带机及分渣设施应设置保温棚,并配置供暖设施。

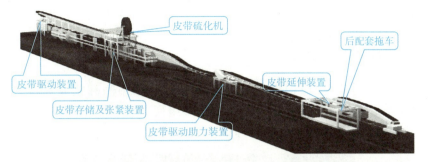

图 10-1　隧道连续皮带输送系统示意图

图 10-2　隧道连续皮带输送机实物图

采用皮带机出渣时,应遵守以下安全规定:

(1) 按 TBM 的最高生产能力进行皮带机的设计。

(2) 皮带机机架应坚固,平、正、直。

(3) 皮带机全部滚筒和托辊,必须与输送带的传动方向成直角。

(4) 运输皮带必须保持清洁,并经常清理。

(5) 必须定期按照皮带机的使用与保养规程对皮带机电气、机械、液压系统进行检查、保养与维修。

(6) 设专人检查皮带的跑偏情况并及时调整。

(7) 皮带机延伸应严格按照皮带硫化作业规程和安全操作规程作业。

(8) 严格按照技术要求设置出渣转载装置。

二 渣土二次转运

岩渣二次转运需设置分渣台分渣至自卸汽车,或用装载设备二次装运,由自卸汽车运输至指定弃渣场。岩渣洞外二次转运如图 10-3 所示。

图 10-3　隧道洞外转渣实物图

三 有轨运输编组出渣

采用有轨运输出渣时,应根据现场卸渣条件确定采用侧翻式或翻转式卸渣形式(图10-4)。在卸渣区域应设置明显的报警装置,编组列车卸渣前,必须对卸渣区域进行报警,所有人员应该撤离危险区域。翻渣时,严禁机车移动。

图10-4 有轨运输出渣翻渣台卸渣

有轨运输编组出渣应根据单循环出渣量、支护材料用量配置,运输编组方式应与物料有轨运输综合考虑。

任务二 TBM施工物料运输

TBM施工的物料运输一般采用有轨运输方式、无轨运输方式和有轨无轨相结合的运输方式进行。由斜井下隧道施工时一般采用有轨无轨相结合的方式。

施工物料运输方式应根据隧道长度、断面大小、运输能力、运输干扰程度、污染情况、隧道基底形式等因素综合比选确定。当运输路径的坡度≥20‰时,物料运输宜选择无轨运输方式。

运输车辆牵引能力应满足隧道最大纵坡、最大运输重量及连续运输要求,运输设备配置数量应满足出渣、进料要求。

综合运输时,选用起重设备的数量及能力应结合起吊件的最大重量、施工进度综合考虑。临时材料存储场的大小应根据施工进度设置。

一 有轨运输方式

1.运输轨线布置

有轨运输轨道铺设宜采用仰拱块或底管片方式,轨道固定在预埋的仰拱块螺栓上。隧道内有轨运输一般采用四轨双线轨道,每隔500m设置1个单侧渡线道岔。在衬砌作业施工段,在衬砌台车前后100m处设置活动道岔,随着模板台车前移,活动道岔也随之前移。隧道有轨运输如图10-5所示。

图 10-5　隧道有轨运输实景图

2. 运输编组

TBM 掘进所需材料,如锚杆、网片、钢拱架、喷射混凝土、仰拱块等以机车编组的形式进行供应。运输动力车辆一般采用内燃机车,装载车辆采用与 TBM 相配套的仰拱块车、混凝土罐车和平板车。列车编组方式一般为:1 节人车 + 牵引机车 + 2 节喷射混凝土罐车 + 1 节砂浆罐车 + 2 节仰拱块车,以保证 2 个掘进循环的 TBM 施工材料供应。钢轨、轨枕、水管等材料根据需要编组材料车运送,主要以牵引机车 + 2 节平板车的方式为主,每天根据施工具体情况机动安排。衬砌混凝土浇筑时列车编组方式一般为:牵引机车 + 2 节混凝土罐车。列车编组如图 10-6 所示。

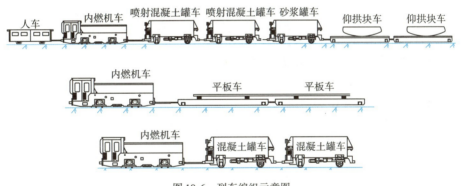

图 10-6　列车编组示意图

TBM 施工有轨运输供料应符合以下规定:

(1) 有轨运输编组根据运输能力要求进行配置,并考虑适当冗余,以保证列车进行检修时不影响隧道施工。

(2) 有轨运输列车编组与运行应满足 TBM 连续掘进和最高掘进速度的要求。

(3) 根据洞内掘进情况有计划地提前安排进料工作。钢轨、轨枕、水管等材料根据需要编组材料车运送,主要以"机车 + 平板车"的方式为主,每天根据施工具体情况机动安排。双护盾式 TBM 还应考虑预制管片、豆砾石、砂浆等材料的运输。

(4) 材料装车时,必须固定牢靠,以防运输中途掉落。

(5) TBM 上应储备一定数量的易损件和材料,并随时补充。

(6) 根据隧道设计要求,及时组织运输砂浆料;根据地质情况,组织运输锚杆、钢架、钢筋网等支护材料;依照刀具的消耗统计资料,安排好刀具的运输供应,并在刀具非正常损坏时及时组织提供;根据掘进里程,确定运输油脂、电缆、皮带、水管等延伸材料;组织好每循环管片/仰拱块、豆砾石及砂浆等材料的运输。

二 无轨运输方式

当运输线路坡度较大且洞内作业空间足够,满足无轨运输要求时,一般采用无轨运输。隧道内无轨运输道路一般采用仰拱块、底管片、箱涵或现浇底板方式。无轨运输一般采用无轨双头胶轮车(图10-7)、混凝土罐车或自卸汽车进料。

图 10-7 无轨双头胶轮车图

◆ 思考题 ◆

1. 简述 TBM 出渣方式分类及其适用条件。
2. 简述 TBM 施工的物料运输方式。
3. 采用皮带机出渣时,应遵守哪些安全规定?
4. 有轨运输供料应符合哪些规定?

单元十一

监控量测

【单元描述】
　　本单元主要介绍 TBM 隧道施工监控量测的监测内容与方法、围岩与支护结构的位移速度判别标准。

【学习目标】
　　1. 知识目标
　　(1) 掌握 TBM 隧道施工监控量测的监测内容与方法；
　　(2) 掌握围岩与支护结构的位移速度判别标准。
　　2. 能力目标
　　(1) 能够指导和实施 TBM 隧道施工的监控量测工作；
　　(2) 能够针对具体 TBM 工程指导编制应急监测预案以应对突发安全事故。
　　3. 素质目标
　　(1) 提升学生监控量测专业技能；
　　(2) 培养学生熟练使用 AutoCAD、Word、Excel 等办公软件的能力；
　　(3) 培养学生的安全质量意识。

TBM施工中应结合施工环境、地层条件、施工方法与进度制订监控量测方案。监控量测手段必须直观、可靠、科学,对突发安全事故应有应急监测预案。

采用TBM施工的隧道,在洞口浅埋段及进洞施工时,必须有始发洞,有些隧道由于洞口外施工场地的限制,需要在洞内进行组装;长大隧道可能需要2台或多台TBM施工,有时需要增加斜井进洞,有时需要在洞内拆卸;在围岩破碎带,也可能采用钻爆法施工,TBM步进通过。因此采用用TBM施工时不仅要对掘进施工进行监测,还要对钻爆法施工进行监测,以保证隧道施工安全。

在监控量测中应根据监测对象的变形量、变形速率等调整设计及安全对策方案。

应同步采集浅埋段地上、地下同一断面内的监控量测数据以及TBM施工参数,以便进行分析。

所选监控量测的仪器和设备,应满足量测精度高、抗干扰性强、长期耐用等要求。

任务一 监控内容与方法

TBM隧道施工监测内容应包括隧道钻爆法施工区段监控量测和TBM施工区段的监控量测,并应根据围岩条件、支护参数、施工方法、周围环境及监测目的编制实施大纲和监控量测作业指导书。隧道始发洞、预备洞、通过斜井施工的正洞组装、拆卸等其他利用钻爆法施工的作业段的监控量测内容应按设计要求执行,并符合现行《铁路隧道监控量测技术规程》(Q/CR 9218)的相关要求。采用TBM施工,隧道监控量测内容和方法见表11-1。

TBM施工监控量测内容和方法 表11-1

序号	监测项目	主要监测仪器
1	浅埋地段地表和构筑物变形测量	水准仪
2	围岩、初期支护监测(包括拱顶下沉和水平收敛)	水准仪、收敛仪
3	衬砌管片监测(包括管片隆沉、管片环向净空变化)	水准仪、收敛仪、全站仪

TBM施工段地表沉降观测断面设置按表11-2执行;围岩、初期支护观测断面设置按表11-3执行;围岩环向净空变化监测间距为30~50m。

地表沉降观测断面设置要求 表11-2

隧道埋设深度H(m)	观测点纵向间距(m)	观测点横向间距(m)
$H > 2D$	20~50	7~10
$D < H < 2D$	10~20	5~7
$H < D$	10	2~5

注:D-隧道直径(m)。

围岩、初期支护观测断面设置要求 表11-3

围岩等级	观测断面纵向间距(m)	备注
Ⅳ、Ⅴ	10	围岩变化处应当加密,在各类围岩的起始段增设拱顶下沉点1~2个,水平收敛1~2对。管片跟进时不做此项监测
Ⅲ	25	
Ⅱ	40	

TBM 监控量频率按表 11-4 执行。

变形测量频率 表 11-4

变形速度(mm/d)	施工状况	测量频率
>10	距工作面 1 倍洞径	2 次/d
10~5	距工作面 1~2 倍洞径	1 次/d
4~1	距工作面 2~5 倍洞径	1 次/(2~3d)
<1	距工作面 >5 倍洞径	1 次/7d

观测点应埋设在能反映变形、便于观测、易于保存的部位。

任务二 管理标准及信息反馈

TBM 施工段围岩或初期支护监控量测实测相对位移值或预测的总相对位移值管理标准按表 11-5 执行。

隧洞周边允许位移相对值(%) 表 11-5

围岩级别	埋深(m)		
	<50	50~300	>300
Ⅲ	0.10~0.30	0.20~0.50	0.40~1.20
Ⅳ	0.15~0.50	0.40~1.20	0.80~2.00
Ⅴ	0.20~0.80	0.60~1.60	1.00~3.00

注:1. 周边位移相对值系指两测点间实测位移累计值与两测点间距离之比或拱顶下沉实测值与隧道宽度之比。
  2. 硬质围岩的取表中较小值,软质围岩的取表中较大值。
  3. 本表所列数值可在施工过程中通过实测和资料积累作适当修正。

如果位移速度无明显下降,而此时实测位移相对值已接近表中的规定数值,同时支护混凝土表面已出现明显裂缝;或者实测位移速度出现急剧增长时,必须立即采取补强措施,并改变施工程序或设计参数,必要时应立即停止开挖,进行处理。

围岩与支护结构的位移速度判别标准按以下规定执行:
(1)位移速度持续大于 1.0mm/d 时,围岩与支护结构处于急剧变形状态。
(2)位移速度为 0.2~1.0mm/d 时,围岩与支护结构处于缓慢变形状态。
(3)位移速度小于 0.2mm/d 时,围岩与支护结构达到基本稳定。

利用计算机和相关软件实行监控量测数据采集实时化、数据处理自动化、数据输出标准化,并建立监控量测数据库。结合施工和现场环境状况对监控量测数据定期进行综合分析,并绘制地表沉降、隧道水平收敛、拱顶下沉等时态曲线图。

微课:隧道施工
监测信息管理平台1

微课:隧道施工
监测信息管理平台2

每次监控量测完成后应提供书面报告并报送相关部门,出现异常情况必须及时报告。工程竣工后应提供监控量测技术总结报告。

◆ 思考题 ◆

1. 简述监控量测的监测内容与方法。
2. 简述围岩与支护结构的位移速度判别标准。

单元十二

TBM 设备管理

【单元描述】

本单元主要介绍 TBM 全寿命周期管理、TBM 状态监测与油水检测；介绍刀盘刀具、主机系统、钢拱架安装机、锚杆钻机、仰拱吊机与材料吊机、除尘风机、皮带输送机、材料提升平台、卸渣机、空气压缩机、喷锚设备、空调系统、液压系统、水系统、齿轮油润滑系统、油脂润滑系统、电气系统等关键系统的维修保养要点。

【学习目标】

1. 知识目标

(1) 掌握 TBM 全寿命周期的概念；

(2) 掌握 TBM 状态监测的概念及其监测内容；

(3) 掌握 TBM 油水检测的方法；

(4) 掌握 TBM 刀盘刀具、主机系统、钢拱架安装机、锚杆钻机、仰拱吊机、材料吊机、除尘风机、皮带输送机、材料提升平台、卸渣机、空气压缩机、喷锚设备、空调系统、液压系统、水系统、齿轮油润滑系统、油脂润滑系统、电气系统等关键系统的维修保养要点。

2. 能力目标

(1) 能够指导和实施 TBM 状态监测工作；

(2) 能够指导和实施 TBM 油水检测工作；

(3) 能够指导和实施 TBM 关键系统的维修保养工作。

3. 素质目标

(1) 培养学生树立规范操作的意识；

(2) 培养学生遵守规章制度的态度；

(3) 培养学生科学分析问题的能力。

任务一　TBM全寿命周期管理

TBM 全寿命周期顾名思义是人们所认知的 TBM 从"生"到"死"的总期限,也就是 TBM 设备从产品市场调研、开发设计、加工制造、包装、运输、使用、维护,一直到产品不能再投入正常使用,并进行报废处理的整个时间历程。

TBM 全寿命周期管理根据工作内容的不同,可划分为规划阶段、生产或购置阶段、使用阶段等 3 个阶段,如表 12-1 所示。

TBM 全寿命周期管理划分　　　　　　表 12-1

前期					后期	
规划阶段			生产或购置阶段		使用阶段	
项目建议书	可行性论证	设计任务书	设计、试制、制造	安装与调试	使用与维修	报废与处置

1. 规划阶段

规划阶段主要任务是通过项目立项、可行性论证,确定 TBM 的技术指标、总体技术方案,以及研制经费、研制周期,形成《TBM 设计任务书》,呈报相关部门批准。

2. 生产或购置阶段

生产或购置阶段主要任务是根据经批准的《TBM 设计任务书》进行 TBM 的设计、试制、制造或选型、购置,以及安装调试。

3. 使用阶段

使用阶段主要任务是保持和恢复 TBM 械设备技术性能,进行 TBM 机械设备的维护保养和修理,并根据 TBM 设备的质量状况,对达到或超过使用寿命期限的 TBM 设备进行报废与拆件利用、有偿或无偿转为他用。

任务二　TBM状态监测

综合采用各种先进的监测手段,按照 TBM 维保说明书规定的监测周期对 TBM 设备重要和关键系统、总成的各种性能参数和故障诊断参数进行状态监测,以期达到故障预报和控制的目的,TBM 主要系统状态监测项目内容如表 12-2 所示。

TBM 主要系统状态监测清单　　　　　　表 12-2

序号	系统名称	监测内容
1	主轴承	润滑油脂流量、压力,齿轮油油质、滚子、滚道磨损情况
2	减速箱	齿轮油油质、温度、振动
3	液压泵站	振动、压力、流量、噪声
4	锚杆钻机	运行参数、压力、流量、温度、液压油油质

续上表

序号	系统名称	监测内容
5	电机	振动、温度
6	皮带机	温度、噪声、驱动装置振动
7	混凝土输送泵	振动、压力、温度、液压油质
8	空压机	温度、压力
9	混凝土喷射机械手	运行参数、系统压力、流量、噪声

任务三 TBM 油水检测

一 取样管理

对 TBM 的取样管理必须遵循以下规定：

（1）TBM 设备必须运转 30min 以上，在运转中或刚停机情况下抽取油样，以保证颗粒处于悬浮状态。

（2）取样部位应在回油管路上，在摩擦副之后、滤清器之前，在接油样前要先放掉一部分油，以排出油管中的污物，如果无法取样，则在油箱加油口处抽取。

（3）油样瓶和取样管为一次性用品，采用医用塑料瓶，用后废弃。液压油、主轴承齿轮油、减速机齿轮油等取样容量均为 250mL，油样瓶至少四分之一容积为空，以便分析前摇匀油样。油样应清楚标明油液的型号、设备型号、使用项目、项目地址、联系人及联系电话等信息。

二 油样保存

一般 TBM 设备油样要保存 6 个月，重要部件的油样如主轴承和主液压系统的油样要保存到工程结束（每个换油周期内至少要保存 4 个油样），以作为故障分析的资料以及作为和生产厂家进行设备状况讨论分析的原始依据。

三 油样分析

1. 油液磨屑检测分析

TBM 设备关键系统需要开展油液磨屑检测分析，一般采用铁谱分析及光谱分析技术对润滑油中磨损颗粒的成分、数量、尺寸分布和形貌进行跟踪监测和统计分析，以便及时准确地诊断机械以及零部件的磨损程度和磨损性质，判断和预报机械的技术状态和故障趋势，为预防修理奠定基础。

润滑油现场检测所用的理化性能指标主要有黏度、酸值、水分、机械杂质和斑点等。

（1）黏度。测试运动黏度，根据《石油产品运动黏度测定法和动力黏度计算法》（GB/T 265—1988）规定，按 40℃ 时的运动黏度划分等级。其测试的仪器为石油产品黏度分析计。

（2）酸值、机械杂质和斑点。测试采用的仪器为油液酸值测定仪、离心机等。测试机械杂质稀释使用的试剂为石油醚。

(3) 水分。采用测试的仪器为石油产品水分计。

(4) 油液污染度管理。油液污染度监控的目的是控制和保持零件摩擦副表面对污染度的承受能力。在设备润滑油污染度分析工作中,可采用的仪器是 PALL 便携式污染度分析装置或颗粒计数器等。为使油品分析准确可靠,必须对检测数据按规定表格进行记录,并保证原始记录准确无误。

2. 磨屑检测分析

TBM 设备的液压系统、轴承系统、齿轮传动等关键系统需要开展油液磨屑检测分析,以识别和判断其有相对运动的零件摩擦副群的表面状况,及时准确地预测磨损趋势,预报故障部位,判断故障原因和故障趋势,为状态维修奠定基础。磨屑检测分析采用的主要手段为铁谱分析和光谱分析。

(1) 铁谱分析技术。将润滑油中的金属磨粒有序地分离出来,主要分析磨粒的颜色、数量、尺寸等,从而监测设备的运转状态、磨损趋势,判断磨损机理。铁谱分析使用的仪器是分析式铁谱仪,适用范围为铁磁性颗粒的分析。

(2) 光谱分析技术。检测油液中的各种元素成分及含量浓度,主要分析金属磨粒元素成分及含量值、添加剂元素成分浓度、杂质污染元素成分及浓度,从而监测设备运转状态、磨损趋势,判断磨损部位。光谱分析使用的仪器是光谱仪。

3. 关键部位油液送检

TBM 关键部位如主轴承齿轮油、主驱动减速箱齿轮油、主液压系统液压油等油样必须定期送至具有资质的检测中心进行分析化验,送检的周期一般为每月 1 次,其他油样可根据实际需要进行送检。按质换油和换油通知:通过油质分析,发现润滑油理化性能指标及污染情况下降到报废更换标准时,由检测人员填写《换油通知单》,由专业公司/项目部机械总工签发给作业班组,作业班组必须按《换油通知单》规定的油品牌号,在规定期限内更换在用的油品。

(1) 依照国家标准,参考中国石油化工总公司的专业标准,并结合所检测设备的实际工况,TBM 油品报废更换标准如表 12-3 所示。

TBM 油品换油标准　　　　表 12-3

项目	换油指标
液压油换油标准	
外观	不透明或浑浊(目测)
运动黏度(40℃)变化率(%),大于	±10
水分(%),大于	0.1
机械杂质(%),大于	0.1
污染度,NAS 级别,大于	NAS9
酸值增加量(mg KOH/g)	0.3
污染度(颗粒计数)	21、19、16
齿轮油、机油、冷却液更换指标	
外观和气味	迅速变化或乳化(经验者判断)

续上表

项目	换油指标
运动黏度(40℃)变化率(%),大于	±15
水分(%),大于	0.1
机械杂质(%),大于	0.1
斑点(机油),大于	四级
铁含量(%),大于	0.5
酸值增加量(mg KOH/g),大于	0.5

(2)液压油、主轴承齿轮油等关键油样要定期进行铁谱和光谱检测分析,光谱分析参考标准见表 12-4 所示。

光谱分析参考标准　　　　　　　　　　表 12-4

分析对象	项目	控制范围(单位:mg/kg)							
		Fe(铁)	Cu(铜)	P(铅)	Sn(锡)	Al(铝)	Si(硅)	Cr(铬)	Ni(镍)
液压油	含量<	40	20	15	10	15	10	10	10
主轴承齿轮油	含量<	70	25	20	10	15	15	10	10

换油制度采取以按质换油为主,按期换油为辅,两种制度结合进行。在达到换油周期时,经油质检测还可使用,可以继续使用,但要对该润滑油进行跟踪监测并加大检测频率。油品更换后要把换油情况填入《换油通知单》。

任务四　TBM 关键系统维护保养

一 刀盘刀具维护保养

刀盘是 TBM 破岩刀具的载体,在整个 TBM 设备上的作用非常重要,必须定期合理地进行检查和维护。

在检查过程中,必须检查刀盘的磨损情况,重要检查点为格栅、进渣口、耐磨保护等;必须检查刀具的磨损情况,如滚刀、刮板等,并保留相应的刀具检查日志。另外,必须检查固定材料的完整性和紧固扭矩。应避免在设备损坏或不完整的情况下进行掘进,否则会对刀盘造成严重损坏。

当掘进参数中的推进力和扭矩增大,而贯入度减小,此时有必要检查刀盘的情况(检查进度数据和显示屏显示)。这种情况会出现在隧道地质情况发生改变时。如果忽视上述情况会导致刀具出现不可避免的严重磨损。同时必须检查螺栓的完整性和扭矩紧固性。

必要的检查次数应根据地质情况进行调整。最合适的检查时间间隔应根据掘进动作的突发状况进行调整。检查时间间隔可能因为实际地质条件的不同而有很大的变化。无论如何,每个班次至少检查一次。在任何时候,如果地质条件发生变化,则一定要检查一次刀盘。

在准备维护或换刀时,刀盘需要后退一定的距离,在刀盘后退的过程中,要求刀盘处于旋转状态;待刀盘退到相应位置,刀盘完全停止后,要求刀盘刹车起作用,此时严禁刀盘旋转;在换刀时,避免大面积的单侧换刀,因为大面积单侧换刀可能会引起刀盘自转。

刀盘主要维护的部件有刀盘结构、滚刀、刮板、耐磨保护装置、管路装置等。

(1)刀盘结构。刀盘结构负责动力的传输。摇摆、用力过猛和错误操作都意味着高破坏性风险。因此,定期检查是强制性的。经过 TBM 主机厂同意后,才可以对刀盘结构进行修理和修改。

(2)滚刀。滚刀是用来破岩的,未进行充分维护或更换太迟会导致滚刀、刀箱、刀盘结构、刮板及刮板座的损坏。

(3)刮板。刮板用来移出脱落的渣料。它们也可以保护滚刀,减少滚刀破损。如果刮板过度磨损或遗失,则必须立即更换。未进行充分的维护,会不可避免地导致刮板、滚刀、刮板座、刀盘结构的磨损,加快耐磨保护的磨损,并可能损坏皮带输送机。

(4)耐磨保护。未对耐磨保护装置进行充分维护,会导致结构、刀箱、喷水口的磨损。

TBM 刀盘刀具维护保养检查内容如表 12-5 所示。

TBM 刀盘刀具维保检查表　　　　　　　　　　　表 12-5

时间间隔	装配组/部件	维护工作和检查	备注
启动前	整个刀盘	一般视觉检查 检查:喷水器、螺旋连接、所有相关的设施	如有破损,立即维修
行程	刀盘结构、滚刀、滚刀紧固装置、刮板、磨损保护	视觉检查磨损 检查紧固滚刀座和刮板紧固装置 如有必要,进行清洁	如有必要,更换滚刀
每日	喷水口、刀具	功能检查;如有必要,进行清洁; 有无不正常磨损现象,测量刀具的磨损量	如有破损,立即修理
每日	整个刀盘	清洁	
每周	紧固连接和螺钉	检查扭矩并检查是否牢固	随机检查
每周	控制台紧急制动	功能检查	
每月	喷水口	清洁	如有破损,立即修理

二、主机系统维修保养

主机系统对于 TBM 而言,是核心中的核心,是所有执行元件中的集合地所在,因此,如何科学系统地保养维护好主机系统是一项系统繁杂的工作,只有尽心尽力维护好主机系统,才能使 TBM 更好地为施工服务。主机系统主要包括护盾、主驱动、推进支撑系统等,其维修保养要点如下。

1. 护盾

TBM 护盾维修保养检查内容如表 12-6 所示。

TBM 护盾维保检查表 表 12-6

时间间隔	装配组/部件	维护工作和检查	备注
每日	整体	外表与连接(管路、线路、焊接)视觉检查	如有必要,进行清洁;如有破损,立即修复
	楔块与转轴	表面与配合面	如有杂物,及时清理
每周	盾体液压缸活塞杆	液压缸活塞杆	如异常磨损,及时修复
	液压缸	液压缸密封端污物	如有杂物,及时清理
	盾体液压缸关节轴承	关节轴承润滑,直到油脂溢出	见油品性能要求
	螺栓	随机检查螺栓连接	如有松动,及时预紧

2. 主驱动

(1) 主驱动电机及扭矩限制器

TBM 主驱动电机及扭矩限制器维修保养检查内容如表 12-7 所示。

TBM 主驱动电机及扭矩限制器维保检查表 表 12-7

时间间隔	装配组/部件	维护和检查工作	备注
每日	整体	检查外表与连接(管路、线路、焊接)检查扭矩限制器运转情况	如有必要,进行清洁;如有破损,立即修复;如扭矩限制器脱开,立即停机检修
每周	整体	噪声及振动	如有异常,及时维护
		检测接地点	
		温度检测	
		螺栓连接	如有松动,及时维护
每 700h	电机前轴承(减速机侧)	电机前轴承需要润滑,每次加注润滑油量 40g,如果条件允许,注脂时电机转速控制在 50% 的额定转速,注脂完成后,电机运转约 5min	详见电机前轴承润滑口标识牌润滑油脂型号见元器件说明书
每 700h	电机后轴承(扭矩限制器侧)	电机后轴承需要润滑,每次加注润滑油量 40g,如果条件允许,注脂时电机转速控制在 50% 的额定转速,注脂完成后,电机运转约 5min	详见电机后轴承润滑口标识牌润滑油脂型号见元器件说明书
第 16 次注脂前或满 19200h 时	电机轴承	必须清空废弃的油脂容器	参考主电机元器件说明
每 700h	电机冷凝排水孔	必须定期打开底部的冷凝排水孔,将冷凝水从电机中排出后,密封并拧紧	
长时间停机或电机过流之后	电机线圈	检查线圈绝缘性	

续上表

时间间隔	装配组/部件	维护和检查工作	备注
5年	电机冷却通道	必须定期对电机冷却通道进行清洁	冷却管道严重堵塞的信号:压力明显下降/机器持续操作时温度明显上升(详见主电机元器件说明书)
3次释放后	SAFESET扭矩限制器	更换润滑油	
每释放10次或每年	SAFESET扭矩限制器	更换润滑油	只使用SAFESET专用润滑油,若润滑油中含油脂,则有必要拆卸维护

(2) 主驱动减速机

TBM主驱动减速机维修保养检查内容如表12-8所示。

TBM主驱动减速机维保检查表 表12-8

时间间隔	装配组/部件	维护和检查工作	备注
每日	整体	检查外表与连接(管路、线路、焊接)	如有必要,进行清洁;如有破损,立即修理
		检查噪声、振动;检查温度	如有异常,及时停机检修
每周	液位计	保持液位在上下限中间根据现场情况不定期清理	或每次使用之前检查
	螺栓	随机检查螺栓连接	如有松动,及时预紧
200h后	润滑油	第一次换油	不同类型油不能掺杂使用,见油品性能要求
每300h		含水率检查	至少一年一次
每3000h		正常换油	至少三年一次
每3个月	呼吸器	清理干净	如有灰尘,及时清理

(3) 主轴承、小齿轮、齿圈及密封。

TBM主轴承、小齿轮、齿圈及密封维修保养检查内容如表12-9所示。

TBM主轴承、小齿轮、齿圈及密封维保检查表 表12-9

时间间隔	装配组/部件	维护工作和检查	备注
每天	整体	检查噪声;检查温度;液体泄漏	如有异常,及时检查
	螺栓	刀盘法兰环—主轴承连接螺栓齿圈—转接环连接螺栓	如有松动,及时预紧
	密封件	检查内、外密封的挤出量及均匀度	主轴承内、外密封处挤出油脂应充足、均匀,如有异常,应及时检查迷宫密封缝隙是否有堵塞,并及时清理
	检测管	检查内、外密封检测管,是否有油脂、齿轮油出现	如发现有油脂、齿轮油等,应立即停机检修主轴承内、外密封系统

续上表

时间间隔	装配组/部件	维护工作和检查	备注
每周	螺栓	随机检查螺栓连接	如有松动,及时预紧
	呼吸器	检查并保持呼吸器清洁	如有异常,及时维护
每月	润滑油	需要定期(至少1个月1次)对油液进行采样并送至有资质的检验机构进行油品检测。如发现油液污染严重或变质,需立即更换油液	—
3个月	螺栓	重新拧紧刀盘法兰环—主轴承连接螺栓、齿圈—转接环连接螺栓	如果有一个或几个螺栓的预紧力损失了规定值的20%及以上,则说明需要更换预紧力损失的螺栓及其两个相邻的螺栓,如果一个轴承圈20%或20%以上的螺栓预紧力不足规定值的80%,则所有螺栓都需要更换
一年或运行2000h	螺栓	重新拧紧刀盘法兰环—主轴承连接螺栓、齿圈—转接环连接螺栓	如果有一个或几个螺栓的预紧力损失了规定值的20%及以上,则说明需要更换预紧力损失的螺栓及其两个相邻的螺栓,如果一个轴承圈20%或20%以上的螺栓预紧力不足规定值的80%,则所有螺栓都需要更换
长时间停机	润滑油液位	检查润滑油液位	一旦液位下降,及时补充

在TBM驱动部件故障后,应及时停止掘进,否则可能会使驱动电机、驱动减速机、扭矩限制器、驱动齿轮、主轴承、变频器等部件发生严重故障及损坏。

推进过程中所有驱动电机必须正常工作,如有异常,须立即停止掘进。掘进停止后,维修损坏部件。如不能马上维修损坏的电机,应先将驱动电机拆除。

3. 推进支撑系统

TBM推进支撑系统维修保养检查内容如表12-10所示。

TBM推进支撑系统维保检查表 表12-10

时间间隔	装配组/部件	维护工作和检查	备注
每日	整体	外观检查(连接,管路,线路,焊接,螺栓等)	如有异常,立即进行修理
	管路及接头	检查所有液压及润滑管路是否有破损、渗漏,接头是否松动	
	所有液压缸	常规视觉检查,检测是否有异常、砸伤,活塞杆是否有划痕、附着物,液压缸端头润滑是否正常	
	连接销轴	检查销轴是否有异常,润滑是否正常	
	十字销轴	检查异形轴及关节轴承润滑是否正常,十字销轴防尘密封是否异常	

续上表

时间间隔	装配组/部件	维护工作和检查	备注
每日	滑轨	检查左右两侧滑轨是否有异常、砸伤、附着物,检查滑轨润滑是否正常,清渣装置是否正常	如有异常,立即进行修理
	撑靴	检查否有异常,球头润滑是否正常,稳定液压缸连杆是否有异常	
	后支撑托架	检查后支撑托架与后支撑焊缝连接	
每周	螺栓、螺钉	检查所有螺栓、螺钉是否有异常、松动	如有异常,立即进行紧固或更换
长时间停机（>10h）	液压缸	必须检查活塞杆的行走,如必要,需要清洁和密封(使用油脂、油)处理	—

三 钢拱架安装机维修保养

TBM 钢拱架安装机维修保养检查内容如表 12-11 所示。

TBM 钢拱架安装机维保检查表　　　　表 12-11

时间间隔	装配组/部件	维护工作和检查	备注
每日（包含启动前）	整体	所有部件外观与连接检查(结构件,焊接,螺栓,管路,线路等);各工作位置残留的石渣、灰尘要清理干净	如有异常,立即修理
	管路及接头	检查所有液压及润滑管路是否有破损、渗漏,接头是否松动	如有异常,立即修理
	液压缸	常规视觉检查,检测是否有异常、砸伤,活塞杆是否有划痕、附着物,液压缸端头润滑是否正常,视觉检查所有液压缸的外观及连接状况	如有异常,立即修理
	撑紧臂	撑紧臂伸缩情况,有无松动异响	如有异常,立即修理
每周	螺栓	检查所有螺栓连接	如有松动,及时预紧
	焊缝	检查焊缝是否有裂纹等损坏	如有破损,立即修理
	整体	清洁	如有异常,立即修理
每月	润滑	检查齿轮齿圈润滑,所有轮的销轴润滑情况及所有液压缸润滑情况,是否有异响	如有异常,立即修理
	磨损检查	检查齿轮齿圈,小齿轮,所有轮子,及撑紧机构前后行走轨道等部件是否有磨损情况,是否有异响	如有破损,立即修理
1/2 年	电动机	检查减速机油液等	如有异常,立即修理

注:所有的维护操作均应与实际应用相结合。

四 锚杆钻机维修保养

TBM 锚杆钻机维修保养检查内容如表 12-12 所示。

TBM 锚杆钻机维保检查表 表 12-12

时间间隔	装配组/部件	维护工作和检查	备注
启动前	整体	视觉检查,各工作位置残留的石渣、灰尘要清理干净;检查所有可移动部件。检查液压软管、电缆的擦破痕迹	
	钻进机构	检查不同润滑点,压力设置;给蓄能器充压;设定减震器压力;检查油位、螺钉连接、螺纹、紧固性(清洗液);用油加注润滑系统;调节并设定润滑系统	
	液压回路压缩空气	检查;所有连接的紧固性	
	管路	视觉检查	
	无线面板	功能检查	
每日	钻进机构螺栓和接头	润滑,检查机械件的变形和损坏;检查各螺栓是否松动,各有关接头是否漏油;检查钻头柄转接头与前导向装置之间及前端罩的孔眼中是否有空气和润滑油溢出;检查钻机的减震器压力表的读数是否正常,如有偏差,调节减震器压力;检查钻头柄转接头螺纹是否损坏;注意液压软管,如其振动幅度过大,则需检查蓄能器;检查机器是否漏油,如果冲洗介质从冲洗头中渗出,则需更换密封件和 O 形圈;更换钻头柄转接头或拆卸前端罩时,检查包括活塞、驱动器以及启动器衬套的可见部分等零件;如果前端罩漏油,则停止冲击,仅启动减震器,以此确定泄漏是否因冲击或减震器导致	如有破损,立即进行修理。参考锚杆钻机厂家元器件说明书及凿岩机操作维护保养手册、零件手册
每周	过滤器齿轮油	检查,给油雾器、油水分离器放水,并给油雾器加油	
每40冲击小时	钻进机构螺栓和接头	给齿轮加注润滑油拧紧;所有螺纹活接;检查蓄能器,检查蓄能器上的安全标签,如有损坏或模糊则进行更换	
每月(取决于应用)	钻进机构	完整性检查	
	过滤器	检查	
	齿轮油	第一次更换机油	
每600冲击小时	凿岩机	将凿岩机拆下,进行维修检查	
每1/2年	齿轮油	更换机油	
每年	控制台	安全检查	

注:1. 厂家技术资料中有详细的维护说明,必须仔细查看,以便进行维护。
2. 根据施工条件,在合适的时间间隔进行维修。岩石的状态会对磨损量和维修需求产生较大影响。
3. 凿岩机维修后,需进行功能试验。

五 仰拱吊机与材料吊机维修保养

TBM 仰拱吊机与材料吊机维修保养检查内容如表 12-13 所示。

TBM 仰拱吊机与材料吊机维保检查表 表 12-13

时间间隔	装配组/部件	维护工作和检查	备注
启动前	常规	常规目测检查;检查:螺丝连接、润滑、软管、电缆、导轨、滚轮、电线绞盘及链条提升装置、刹车、钢丝绳、紧急制停、控制面板中控制单位的功能检测、链索、起重机	电动环链葫芦详细维护参阅元器件说明书;仰拱吊机详细维护参阅元器件说明书
每天	所有吊机系统	功能检查:行走、限位开关(如有);目测检查:链条、负重块、承接板、钢丝绳完整度;如需要,进行清洁	
每周	所有吊机系统	清洁	元器件说明书
	所有控制面板控制功能	功能检查	
	行走轨道及齿条	磨损目测检查	
	润滑	检查润滑	

六 除尘风机维修保养

TBM 除尘风机维修保养检查内容如表 12-14 所示。

TBM 除尘风机维保检查表 表 12-14

时间间隔	装配组/部件	维护工作和检查	备注
每天	风管,过滤器,压缩空气,工作压力,除灰,过滤器控制,水分离器,电气系统	视觉检查;功能检查;如需要,进行清洁	参阅元器件说明书
	风扇	视觉检查	参阅元器件说明书
	风管	视觉检查	—
每周	螺栓连接		参阅元器件说明书
	轴承座	检查:润滑	
	保护栅	检查;如需要,清洁	
	电机叶片冲洗	检查,清洁	
	风机、风管	检查:连接,运转噪声	参阅元器件说明书
	电机	视觉检查;如需要,清洁	
	完整系统	检查	
1/2 年	轴承螺栓	润滑	参阅元器件说明书
	电机叶片冲洗	检查	
每年	电动机	润滑:轴承	参阅元器件说明书

七、皮带输送机维修保养

1. 日常保养主要内容

皮带输送机日常保养的主要内容如下：

(1) 清洁检查；

(2) 检查所有滚筒或托辊的自由转动情况；

(3) 检查滚筒的磨损或壳体及端盖腐蚀情况；

(4) 检查所有滚筒机架和安装支架安装固定情况；

(5) 滚筒或轴承座润滑情况；

(6) 检查各级刮刀的磨损情况，若磨损不均匀须调整；

(7) 检查各卸渣挡板是否正常；

(8) 对掘进中存在的问题进行处理；

(9) 检查带式输送机空转是否正常，一般空转要求达到 3~5min。

2. 维修保养要点

TBM 皮带运输机维修保养检查内容如表 12-15 所示。

TBM 皮带运输机维保检查表　　　　　　　　　　　表 12-15

时间间隔	装配组/部件	维护工作和检查	备注
每日	电动机减速机	温度检查	如有异常，及时修复
		运行噪声	
		是否转动异常	
		紧固安装螺栓	
		转速测试	
	减速电机	温度检查	如有异常，及时修复；参考减速电机说明书
		运行噪声	
		是否转动异常	
		紧固安装螺栓	
		转速测试	
	张紧液压缸	液压缸密封端污物	如有杂物，及时清理
		液压缸活塞杆	如异常磨损，及时修复
		关节轴承润滑，直到油脂溢出	见油品性能要求
	托辊	托辊是否有卡死磨损	更换托辊
	车式重锤张紧机构	润滑；清洁；纠偏	如有异常，及时修复
		张力调整	
		检查钢丝绳是否破损；接头是否牢靠	
		重锤箱升降是否顺畅	

续上表

时间间隔	装配组/部件	维护工作和检查	备注
每日	滚筒	是否有卡死、偏移、变形、磨损;转动是否有异响,润滑滚筒轴承	如有异常,及时修复
	支承位置（轴承、轴承座等）	支撑位置是否松动,润滑轴承	—
	清扫器	一级清扫器	参考《一级清扫器安装、操作和维护手册》
		二级输送带清扫器	参考《二级输送带清扫器安装、操作和维护手册》
		斜式空段清扫器	参考《斜式空段清扫器安装、操作和维护手册》
	输送带	皮带表层是否磨损、撕裂、接头是否开裂;胶带的张力是否合适、胶带的偏移情况	如有异常,及时修复
每周	架体	清洁;螺栓紧固;对称度检查	如有异常,及时修复
每月	旋转连接	检查:装配的紧固性	随机检查
	张紧液压缸	检查液压管有无破损、漏油	如有破损,立即修理
	连接与固定螺栓	随机检查	如有松动,及时预紧
	电动机减速机	油品检测	
	减速电机	油品检测	

八 材料提升平台维修保养

TBM 材料提升平台维修保养检查内容如表 12-16 所示。

TBM 材料提升平台维保检查表　　　　　表 12-16

时间间隔	装配组/部件	维护工作和检查	备注
每日	整体	视觉检查外表与连接(管路、线路、焊接)	如有必要,进行清洁;如有破损,立即修复
每周	整体	清洁	
	螺栓	螺栓连接	如有松动,及时预紧
	限位块	限位块连接	如有松动,及时紧固
	液压缸	液压缸密封端污物	如有杂物,及时清理
		液压缸活塞杆	如异常磨损,及时修复
		关节轴承润滑,直到油脂溢出	见油品性能要求
每月	链轮	磨损情况	异常损坏,及时更换
	平台吊机臂	臂伸出后,用橡胶刮掉原旧润滑脂,并涂抹新润滑脂	根据情况可延长
	立式轴承座	轴承润滑	根据情况可延长
长期停车	电动机	重新启动前,确保壳体充满油液	

九 卸渣机维修保养

1. 日常检查

卸渣机日常检查的主要内容如下：

(1) 每月定期1次或在机器感觉无力时检查并正确调定液压系统各油路的系统压力。

(2) 液压油滤清器滤芯应同时清洗更换，同时还要将油箱清洗干净。

(3) 连续使用半年后，应检查支重轮、引导轮、链轮、链轨节和履带板，如果磨损严重，影响使用时应及时更换。

(4) 检查机身各紧固件是否有松动，紧固松动件。

(5) 检查整车的行走。

(6) 检查液压油是否充足，是否有渗漏，及时查出原因并补充(注意：检查液压管路的渗漏情况时，要等到工作装置降至地面时，关闭电动机，系统内的压力释放后，才可以进行液压管路的维修工作)。

(7) 检查电控箱、电气线路有无异常、破损。

(8) 检查回转装置是否灵活。

(9) 检查各销轴部位是否磨损，在销轴各部位加润滑脂。

2. 维保要点

卸渣机的维保要点如下：

(1) 工作时如果发现系统压力有异常提高时，应停车检查原因。可检查液压电动机的泄漏油是否正常，一般情况下，此液压电动机负载工作时，泄油管漏出的油量每分钟不允许超过1L，如有大油量泄漏则说明液压电动机损坏需修理或更换，如液压电动机完好，应检查其他部件。工作运转过程中应经常检查传动装置和系统的工作情况。

(2) 升温、泄漏、振动、噪声和压力异常脉动，应立即停车，查明原因并及时维修。

(3) 经常注意油箱的液面高度，液压油是否正常，如发现大量泡沫，应立即停车检查液压油系统吸油口是否漏气，回油口是否在油面以下，液压油是否进水乳化等。

(4) 定期检查液压油的质量指标。如发现超出规定值，应更换新油。不允许采用不同类型的液压油混合使用，否则将影响液压传动装置的使用性能。更换液压油的周期视不同情况而异，用户可根据实际情况自行而定。

(5) 经常检查滤油器使用情况，做到定期清洗、更换。

(6) 如果液压旋转装置出现故障时，由专业人员对其进行检修。

十 空气压缩机维修保养

TBM空气压缩机维修保养检查内容如表12-17所示。

TBM 空气压缩机维保检查表　　　　　　　　　　　　表 12-17

时间间隔	装配组/部件	维护工作和检查	备注
使用前	常规	检查:液位 目测检查	参阅元器件说明书
每日	常规	目测检查 所有连接紧固,如有必要,进行清洁 检查:冷凝器,油位,气滤,冷却水	
每周	常规	目测检查 清洁	
	维护单元	目测检查	
	球阀 检查阀	功能检查	
每月	冷凝器	检查 如有必要,进行清洁	
	气滤	检查 清洁	
1/4 年	安全阀	功能检查	
	浮控阀	检查	
	常规	检查:连接,螺栓连接,不渗透性	
	显示	功能检查	
	油	更换机油,更换滤芯	
1/2 年	气滤	气滤	

十一 喷锚设备维修保养

1. L1 区湿喷系统

L1 区湿喷系统维修保养检查内容如表 12-18 所示。

TBM L1 区湿喷系统维保检查表　　　　　　　　　　　表 12-18

时间间隔	装配组/部件	维护工作和检查	备注
每日	整体	外表与连接(管路、线路、焊接)检查	如有必要,进行清洁; 如有破损,立即修复
	小车轨道	轨道表面	如有异物,及时清理
每日	整体	清洁	
	螺栓	螺栓连接	如有松动,及时预紧
每月	行走轮	润滑(每月至少一次)	见油品性能要求
长期停车	电动机	重新启动前,确保壳体充满油液	

2. L2 区混凝土喷射系统

L2 区混凝土喷射系统维修保养检查内容如表 12-19 所示。

TBM L2 区混凝土喷射系统维保检查表　　　　表 12-19

时间间隔	装配组/部件	维护工作和检查	备注
每日	整体	外表与连接(管路、线路、焊接)检查	如有必要,进行清洁;如有破损,立即修复
	所有每日注脂点	加注润滑脂	油脂型号见性能要求
	行走大车轨道	轨道表面	
	旋转小车轨道	轨道表面	如有异物,及时清理
	行走大车轮子	检查:运行情况	如有异常,及时修复或更换
	旋转小车轮子	检查:运行情况	
	混凝土泵	喷射作业后或长时间中断喷射时彻底清除料斗、振动器、限位安全开关、泵缸、S-摆管、输出口等以及外部残留混凝土	
	混凝土泵水箱	检查水箱水质,换干净水并加满	
	料斗	清洁、检查限位开关和试验限位安全功能	
	输送管路	检查和调整管箍密封并紧固	
	喷射机械臂	彻底清除黏附混凝土	
	喷射头	清洁、检查刷动电动机、油管和偏心回转机构	
	混流管	检查混流(四通)管密封和腐蚀情况	
	变流管	清洁并检查密封和磨损情况	
	速凝剂泵	检查速凝剂箱液位;检查管路连接;检查泵体润滑剂液位,必要时加注	
	液压件	目测检查油管、接头有无损坏漏油;目测检查液压缸、液压电动机密封	
	液压系统	检查液压油箱油位;检查过滤器报警状态	
	电线、动力电缆	目测检查	如有必要,进行清洁;如有破损,立即修复
	灯光	开启后目测检查	如有松动,及时预紧
	遥控器	清洁后检查遥控器、遥控电缆、插头和插座功能;遥控器内部除尘、除湿检查接线	如有异常,及时清理
	电控柜	柜内元器件连接是否完好	如有异物,及时清理
	电机	喷射之前目测电机是否正常工作	如有异常,及时修复或更换
	接近开关	喷射之前观察能否正常换向	
	电磁阀	使用时观察电磁阀是否正常工作	如不正常工作请及时修复

续上表

时间间隔	装配组/部件	维护工作和检查	备注
每周	整体	清洁	
	所有紧固件	按照紧固件扭矩表检查和拧紧	如有松动,及时预紧
	S-摆管阀	检查摆动轴端和出口端密封件	
	泵缸	检查活塞紧固螺栓和钢丝封	
	输送管路	检查管壁厚度并转角度安装	
	混流管	检查混流管速凝剂单向阀密封	
	速凝剂泵	检查试验压力表在10bar时的限压功能;检查和清理电动机、变频器及其冷却叶片	
	遥控器	遥控器内部除尘、除湿检查接线	
	电控柜	柜内是否清洁,柜体密封是否完好	保持柜内清洁,如有异物尽快清除;如电气柜密封不好,采取措施尽快修复
	接地	检查柜内接地与元器件接地是否良好	如有松动,立即修复
	液压件	检查、试验喷射臂控制阀组	
	液压系统	排放系统内冷凝水;清洁散热器	
每月	行走大车轮子	润滑(每月至少一次)	油脂型号见性能要求
	料斗	检查搅动器轴两端支承固定和密封	
	磨耗环和磨耗板	检查和调整接触间隙	
	S-摆管阀	检查摆动摇杆螺栓扭矩	
	泵缸	检查混凝土缸壁磨损情况	
	电机	清理检查电机	如果比较脏,应立即清理
长期停车	液压泵	重新启动前,确保壳体充满油液	
	液压滤清器	清理滤清器内的沉淀脏物	
	电动机	清理检查电动机和散热风扇	
	速凝剂泵	检查泵管	泵送压力不能建立时更换泵管

十二 空调系统维修保养

TBM空调系统维修保养检查内容如表12-20所示。

TBM 空调系统维保检查表　　　　　　　　　　　表 12-20

时间间隔	装配组/部件	维护工作和检查	备注
使用前	常规	检查:液位、阀门开关、管路连接 目测检查	参阅元器件说明书
每日	常规	目测检查 所有连接紧固,如有必要,进行清洁 检查:制冷机、空冷器、冷冻水泵、蒸发水泵、水箱液位、润滑油液位	
每周	常规	目测检查 清洁	
每周	维护单元	目测检查	
每周	球阀、流量阀	功能检查	
每月	制冷机、空冷器	检查 如有必要,进行清洁	
每月	冷冻水箱	检查 清洁	
1/4 年	流量阀	功能检查	
1/4 年	常规	检查:连接,螺栓连接,不渗透性	
1/4 年	显示	功能检查	
1/4 年	制冷机润滑油	更换机油时间参阅元器件使用说明书	

十三 液压系统维修保养

TBM 液压系统维修保养检查内容如表 12-21 所示。

TBM 液压系统维保检查表　　　　　　　　　　　表 12-21

时间间隔	装配组/部件	维护工作和检查	备注
启动前	整个机组	一般性视觉检查 检查:螺钉、软管、管道、电缆连接、紧固性、油位、液压回路	如有破损,立即进行修理
试运行以后	液压设备 液压过滤器	清洗系统 更换所有过滤器	
每日	整个机组	视觉检查 如有必要,进行清洁	如有破损,立即进行修理
每日	电动机	视觉检查 如有必要,进行清洁	详细维护参考元器件说明书
每日	泵	视觉检查 检查:紧固性 如有必要,进行清洁	详细维护参考元器件说明书
每日	所有回路、连接、管件	磨损目测检查、紧固情况	如有损坏,立即修复或更换

续上表

时间间隔	装配组/部件	维护工作和检查	备注
每周	整个机组	一般性视觉检查。检查：螺钉连接、软管和管道连接、紧固性、液压回路、油位、填充液位传感器、显示设备等	
	螺钉连接	检查：装配的紧固性	随机检查
	所有过滤器	检查	如有必要，进行更换
每月	液压机油	取油样分析	根据分析结果，检查时间间隔必须缩短或可能延长

十四 水系统维修保养

TBM 水系统维修保养检查内容如表 12-22 所示。

TBM 水系统维保检查表　　　　　　表 12-22

时间间隔	装配组/部件	维护工作和检查	备注
每日	排污泵	目测检查	参阅元器件说明书
每周	有过滤器	检查：如需要，进行更换	
	冷却循环回路	检查：内循环蒸馏水液位 如有必要，进行添加	
	要冷却的所有部件	检查：流量	
	热交换器	清洁	参阅元器件说明书
	水幕帘	功能检查	
在 300h 后	泵	首次机油更换	参阅元器件说明书
	泵	机油更换	
半年	水管卷筒 减速机、链条	检查：油位，润滑，链条拉伸	
每年	泵	轴承润滑	
每 2 年	水管卷筒	减速机油更换	

十五 齿轮油润滑系统维修保养

TBM 齿轮油润滑系统维修保养检查内容如表 12-23 所示。

TBM 齿轮油润滑系统维保检查表　　　　　　表 12-23

时间间隔	装配组/部件	维护工作和检查	备注
启动前	整个设备	一般性视觉检查 检查：螺钉、软管、管道、电缆连接、紧固性、填充液位	如有破损，立即进行修理； 参考元器件说明书

续上表

时间间隔	装配组/部件	维护工作和检查	备注
启动前	齿轮油泵和回油泵	检查:损坏情况、连接、阀门开启、维护设备、油箱液位	如有破损,立即进行修理;参考元器件说明书
	主驱动和外置油箱液位	检查:主驱动液位和外置油箱液位是否在1/2~2/3处	
每日	整个设备	视觉检查 如有必要,进行清洁	
	齿轮油泵和回油泵	视觉检查 检查:紧固性 如有必要,进行清洁	参考元器件说明书
	分配器和分配阀	视觉检查 检查:紧固性、是否有泄漏	
每周	整个机组	一般性视觉检查 检查:螺钉、软管、管道、电缆连接、紧固性、齿轮油回路、油位	如有破损,立即进行修理
	螺钉连接	检查:装配的紧固性	随机检查
	齿轮油系统	检查系统部件是否损坏:主驱动箱和外置油箱液位开关、温度传感器、压力传感器、分配器计数、递进分配阀计数、回油泵进口过滤器、齿轮油过滤器	如有破损,立即进行修理
	齿轮油泵和回油泵	检查:泵运行是否有异响、齿轮油泵出口压力10~80bar、回油泵出口压力0~16bar	参考元器件说明书

十六 油脂润滑系统维修保养

TBM 油脂润滑系统维修保养检查内容如表 12-24 所示。

TBM 油脂润滑系统维保检查表　　表 12-24

时间间隔	装配组/部件	维护工作和检查	备注
启动前	整个设备	一般性视觉检查。检查:螺钉、软管、管道、电缆连接、紧固性、填充液位	如有破损,立即进行修理;具体参考元器件说明书
	油脂泵和多点泵	检查:油脂泵进气压力、油脂桶是否空桶、泵运行是否有噪声	
每日	整个设备	视觉检查。如有必要,进行清洁	
	泵和分配阀	视觉检查。检查:紧固性、油脂泵泵杆密封是否损坏、各油雾器是否加油、分配阀是否有油脂泄漏、多点泵出口是否有溢流	参考元器件说明书

续上表

时间间隔	装配组/部件	维护工作和检查	备注
每周	整个机组	一般性视觉检查。检查:螺钉、软管、管道、电缆连接、紧固性、油脂回路、油位	如有破损,立即进行修理
	螺钉连接	检查:装配的紧固性	随机检查
	油脂润滑系统	检查:紧固性、油脂泵泵杆密封是否损坏、各油雾器是否加油、分配阀是否有油脂泄漏、多点泵液位开关、各分配阀运行、计数、防护	如有破损,立即进行修理

十七 电气系统维修保养

TBM 电气系统维修保养检查内容如表 12-25 所示。

TBM 电气系统维保检查表　　　表 12-25

时间间隔	装配组/部件	维护工作和检查	备注
启动前	所有电气连接	确保所有螺钉和连接装配紧固。如有必要,将其拧紧。检查:接地、漏电	
每日	整个系统	检查:湿度。如有必要,进行清洁	如有破损,立即修复
	所有电缆	对磨损点、破损进行目测检查	
	电缆卷筒整体	视觉检查	
	所有作业间	确保每个门都关闭(控制柜等)	
	所有空调设备	目测检查。如有必要,进行清洁	
每周	电缆卷筒整体	如需要,清洁	
	所有安全和紧急制动关闭情况	功能检查	紧急制动区、带子(开解索)
	警告信号(喇叭、灯)	功能检查	如有缺陷,立即修复
	照明、应急照明	功能检查	如有缺陷,立即修复
	控制仓 控制柜 主配电设备 配电箱	检查:湿度、所有螺钉的装配紧固度、电气连接	
	所有空调设备	清洁及功能检查	
每月	所有漏电保护开关	用测试键测试	
	电缆卷筒	检查:碳刷,电连接,浓缩水(加热);清洁	
带电缆延伸	电缆卷筒	检查:加热。滑环和碳刷,支撑座套(碳刷);清洁	

◆ 思考题 ◆

1. 简述 TBM 全寿命周期管理的定义。
2. TBM 主要系统状态监测项目的主要有哪些内容?
3. 简述 TBM 油水检测取样管理要点。
4. 简述 TBM 油水检测油样保存的有关规定。
5. 简述 TBM 油水检测油样分析技术要点。
6. 简述刀盘刀具维修保养的主要内容。
7. 简述主机系统维修保养的主要内容。
8. 简述钢拱架安装机维修保养的主要内容。
9. 简述锚杆钻机维修保养的主要内容。
10. 简述仰拱吊机与材料吊机维修保养的主要内容。
11. 简述除尘风机维修保养的主要内容。
12. 简述皮带输送机维修保养的主要内容。
13. 简述材料提升平台维修保养的主要内容。
14. 简述卸渣机维修保养的主要内容。
15. 简述空气压缩机维修保养的主要内容。
16. 简述喷锚设备维修保养的主要内容。
17. 简述空调系统维修保养的主要内容。
18. 简述液压系统维修保养的主要内容。
19. 简述水系统维修保养的主要内容。
20. 简述齿轮油润滑系统维修保养的主要内容。
21. 简述油脂润滑系统维修保养的主要内容。
22. 简述电气系统维修保养的主要内容。
23. 查阅有关资料,简述双护盾 TBM 的维修保养要点。
24. 查阅有关资料,简述单护盾 TBM 的维修保养要点。

单元十三

特殊地层 TBM 施工

【单元描述】

本单元主要介绍 TBM 在极硬岩地层、岩爆地层、软弱地层、破碎地层、富水构造带等不同类型特殊地质洞段的 TBM 施工技术。

【学习目标】

1. 知识目标

(1) 掌握极硬岩地层的工程特征、TBM 施工主要工程问题及施工关键技术;

(2) 掌握 TBM 施工岩爆发生的特征、岩爆地层 TBM 施工的工程问题及岩爆地层 TBM 施工技术要点;

(3) 掌握高地应力隧道软弱围岩的主要工程问题、TBM 应对高地应力软岩变形的理念及高地应力软岩变形地层 TBM 施工关键技术;

(4) 掌握破碎地层的主要特征、主要工程问题及 TBM 施工关键技术;

(5) 掌握富水构造带分类、TBM 施工的主要工程问题及 TBM 施工关键技术。

2. 能力目标

(1) 能够指导和实施极硬岩地层 TBM 施工;

(2) 能够指导和实施岩爆地层 TBM 施工;

(3) 能够指导和实施软弱地层 TBM 施工;

(4) 能够指导和实施破碎地层 TBM 施工;

(5) 能够指导和实施富水构造带 TBM 施工。

3. 素质目标

(1) 培养学生理论联系实际和解决工程问题的能力;

(2) 培养学生科学分析问题的态度;

(3) 培养学生严格执行工艺规程、规范和操作规程,保证安全质量的职业精神。

任务一　极硬岩地层 TBM 施工

一　极硬岩地层的工程特征

随着 TBM 技术的进步,按照目前 TBM 技术水平,相对较为容易掘进的岩石抗压强度大致范围为 30~120MPa。当围岩单轴抗压强度超过 120MPa 时,TBM 掘进速度大幅度降低;当岩石抗压强度在 180~250MPa 时,会带来难以承受的工期和成本风险;根据施工经验,一般当岩石单轴抗压强度超过 200MPa 时,岩体被刀具磨损为粉状,贯入度极低;当岩石抗压强度大于 250MPa 时,一般难以掘进。如已施工的西康铁路秦岭隧道和正在施工的引汉济渭秦岭隧洞等工程,花岗岩、片麻岩的单轴抗压强度超过 200MPa。工程实践表明,单轴抗压强度 180MPa 的岩石,TBM 贯入度和掘进速度仅有 120MPa 岩石的 1/3。本节所指的"极硬岩"是特指岩石单轴抗压强度超过 200MPa 的岩石。极硬岩地层岩石的石英含量一般较高,岩石磨蚀性高。岩石的磨蚀性一般采用 CAI 值衡量,岩石磨蚀性高低的评判标准如表 13-1 所示,当岩石 CAI 值大于 3.0 时,认为岩石具有较高的磨蚀性,会导致刀具磨损量增加。

岩石磨蚀性评判标准　　　　　　表 13-1

CAI 值	0.1~0.4	0.5~0.9	1.0~1.9	2.0~2.9	3.0~3.9	4.0~4.9	≥5
磨蚀性	极低	很低	低	一般	较高	很高	极高

极硬岩地层具备岩石单轴抗压强度高、岩石磨蚀性高、岩体完整性好等地质特征。TBM 在极硬岩地层施工,贯入度低、掘进速度明显降低;刀盘刀具磨损严重,刀盘刀具检查、维护时间增加,刀具消耗量增加;TBM 振动增强,易导致焊缝开裂、螺栓松动,严重影响关键零部件寿命。

二　极硬岩地层 TBM 施工的工程问题

根据极硬岩 TBM 施工工程的经验和数据分析,极硬岩带来的施工影响主要有:
(1) 贯入度、掘进速度极低;
(2) 刀具磨耗数量、成本急剧增加;
(3) 换刀次数和换刀时间严重增加;
(4) 纯掘进时间利用率大幅下降;
(5) 进尺大大下降;
(6) 工期、成本大幅增加;
(7) 主轴承、主驱动寿命风险加大;
(8) 刀盘磨损寿命、开裂、变形风险加大。

在云南那邦水电站引水隧洞极硬岩洞段施工中,问题之一是 TBM 贯入度、掘进速度明显下降。抗压强度 180MPa 岩石的贯入度和掘进速度只是 120MPa 时的约三分之一;问题之二是刀盘、刀座、铲斗齿开裂磨损严重,修复时间大大增加,降低了 TBM 掘进作业利用率;带来问题之三是不仅刀具正常磨损消耗大大增加,而且刀具轴承碎裂、刀圈偏磨等刀具异常损坏明显增加,停机检查更换刀具时间大大延长,TBM 掘进作业利用率降低,从而降低进尺。2010 年 8 月掘进作业利用率分析表明:刀具检查、更换时间大大增加,TBM 正常维护时间 18% 以外,刀具检查更换附加时间 25%,比通常时间(约 5%)高出 20%。

陕西引汉济渭工程中,除了下坡掘进突水、中等岩爆等难题外,极硬岩成为 TBM 施工主要挑战。该工程隧洞总长 98.3km,开挖直径 8.0m。2 台敞开式 TBM 与钻爆法结合施工。其中岭南段遭遇极硬岩、突涌水等技术难题。最高岩石抗压强度达到 240MPa,大部分在 160MPa 以上,磨蚀值 4.65~5.71,围岩石英含量高达 43.67%~92.6%,抗压强度和磨蚀性极高,并突发下坡掘进大涌水,最大涌水量 42000m³/天,停机抢险近 3 个月时间。

该工程岭南段现场掘进数据表明:TBM 掘进速度与岩体抗压强度关系大致为,当抗压强度 120MPa 时,掘进速度 2.4m/h,月进尺可达 500m 左右;当抗压强度 160MPa,掘进速度降为 1.2m/h,月进尺低于 250m 左右;当抗压强度 200MPa 时,掘进速度仅为 0.6m/h,贯入度、掘进速度极低,1.8m 掘进行程需要掘进 3h 以上,月进尺 120m 左右。可见,完整极硬岩,对 TBM 贯入度、掘进速度、进尺速度影响极大。

基于现场数据统计分析,极硬岩对 TBM 刀具损耗的影响结果表明:在引汉济渭岭南段抗压强度平均大于 160MPa 花岗岩、石英岩的条件下,TBM 掘进 1891m,更换刀具 1626 把,平均刀圈寿命可掘 100m 左右。对比辽西北供水工程,抗压强度 100MPa 左右的花岗岩,TBM 掘进 4200m,换刀为 505 把,正刀刀圈寿命可掘 600m 左右。可见,同一厂家 20in 滚刀,刀圈磨损寿命有数倍差别,这里抗压强度、石英含量等影响起到了主要作用。

此外,除了正常磨损,极硬岩还会使刀具轴承碎裂、刀圈偏磨等刀具异常损坏明显增加,如果一把刀偏磨未及时发现,短时间可能造成数把刀同时偏磨。刀具磨耗和异常损坏都使换刀次数、时间大大增多,引汉济渭岭南段最初 1891m 的掘进,TBM 正常维护时间以外刀具检查更换时间附加 21%,使 TBM 掘进作业利用率只有 19.4%,极硬岩刀具损耗对 TBM 掘进作业利用率产生很大影响。

三 极硬岩地层 TBM 施工关键技术

1. 施工注意事项

刀具使用过程中要严格执行刀具的更换标准,滚刀一旦达到磨损极限需要及时更换;对于不同强度地层,需对 TBM 掘进参数的选择进行优化;刀盘结构件损坏后,需及时进行修复,避免状况恶化;主泵站与润滑泵站油品水分、污染度超标后需及时查找原因,并更换油品;硬岩条件下掘进过程中 TBM 振动异常强烈,TBM 附属设备损坏频繁,现场应及时快速做好相关设备维护工作,避免常见小问题发展成大问题而影响施工进度;施工过程中合理进行设备维修保养,做到不因某一设备(部位)损坏导致 TBM 长时间停机,合理规划平行作业;由于极硬岩掘进时间长,洞内环境温度高,需加强通风。

2. 关键零部件维护

(1)刀盘检查。硬岩掘进段,正常情况下刀盘的检查为每 2 个循环检查一次,当遇岩质不均地段可依据地质及刀具情况进行调整;极硬岩掘进段,掘进时间到达 5h 需停机检查刀盘。掘进中发现刀盘里有异常现象(漏油、偏磨、掉刮板、掉刀具螺栓、掘进中掘进参数突变),必须立即停机检查刀盘。

(2)主轴承检测。油检人员每周对主轴承齿轮油取样进行一次水分、机械杂质检测,每月委托第三方专业机构进行一次铁谱、光谱检测;硬岩地层间隔8~10km、极硬岩地层6~8km对内密封及耐磨钢带进行一次检查,拆装时间需3~5天。

(3)刀具更换。每天应对刀具磨损量进行测量,根据测量数据更换达到极限值的刀具,不同设备、不同位置滚刀的更换极限不同,如引汉济渭秦岭隧洞工程所使用TBM,中心刀磨损极限为25mm、9~40号为35mm、41~44号为25mm、45~49号为19mm、50~51号为12mm;检查刀盘时发现刀具崩刃、断裂、偏磨、漏油等情况的必须进行更换。掘进过程中,若贯入度极小,应对过渡区域刀具磨损量进行测量,以确认该区域刀具是否超过极限磨损量。

(4)刀盘修复。在极硬岩段刀盘易损件正常磨损速度可控,主要为挡渣板的损坏,掘进间隔500m左右即需停机1~2天对挡渣板进行一次小修;每间隔2km即需停机15~20天进行一次大修,主要修复刮板座、挡渣板、V形耐磨块、刀座、耐磨板等。

3. 极硬岩地层TBM施工要点

在掌子面围岩掉块或岩爆情况下,刀盘前方容易存在孤石,TBM掘进存在局部受力过大问题,为减小对设备的损伤,需要注意如下事项:

(1)降低刀盘转速、减小掘进扭矩。为减少刀盘对围岩的扰动和减轻刀盘前方岩石对刀盘和刀具的冲击,掘进参数选择上使用低转速、降低刀盘扭矩。

(2)刀刃适当加厚、设置刀具保护块。刀具刀刃厚度由设计的3/4in增加到4/5in,减少刀圈崩刃;刀具保护块使用耐磨合金。

(3)增加刀盘检查频率。刀盘检查频率根据岩石状况,1~1.5循环即需进行一次。

(4)刮板的质量要求与及时更换。刮板使用应为正常磨损而无明显残缺现象,具有足够的韧性和较强的耐磨性;刮板磨损量达到1/3即需进行更换。

讲座:典型地层TBM配置及掘进技术

(5)V形块的及时焊接修复。V形块具有保护滚刀、防止滚刀被砸的作用,损坏后需及时进行修复,若磨损严重未及时修复,极易造成刀圈崩刃。

(6)大块孤石的处理。根据刀盘前方现场围岩,对大块孤石进行弱爆破或人工清理,减少或避免大块孤石对刀盘和刀具的损坏。

4. 对极硬岩地层TBM施工的主要认识

(1)TBM相对较为容易掘进的岩石抗压强度大致范围为30~120MPa。岩石抗压强度180~250MPa带来难以承受的工期和成本风险,大于250MPa时难以掘进。

(2)极硬岩TBM掘进速度和掘进作业利用率大大降低,月进尺降低,工期加长,成本消耗明显增加。因此,一个工程的规划、投招标、工期和成本预估等要特别考虑该因素的影响。

(3)极硬岩条件下TBM刀盘开裂、磨损、寿命带来极大挑战,强度、刚度和耐磨性设计以及焊接质量应特别予以高度重视。

(4)主轴承等关键部件寿命和可靠性成为重要的关注点。极硬岩TBM打通同样里程隧道需要的小时数可能是其他较软岩石的数倍,TBM主轴承的寿命就成为一个极为敏感的因素,更换主轴承的代价是半年或一年以上工期、数千万元的直接经济损失。

(5)应对极硬岩,需要提高刀具磨损寿命和承载能力。一方面需要开发使用韧性高、磨损性更好的大直径盘形滚刀或新型刀具,同时合理优化刀间距设计。

任务二　岩爆地层 TBM 施工

一　TBM 施工岩爆发生特征

TBM 施工过程中岩爆发生的主要特征包括：

（1）从 TBM 施工岩爆灾害发生的地质条件来看，岩爆多发生在片麻岩、大理岩、花岗岩等强度较高、质地坚硬或局部巨厚坚硬岩层中，且存在结构面区域为岩爆多发区域。

视频：岩爆

（2）从 TBM 施工岩爆灾害发生的位置来看，岩爆多发生在掌子面处及护盾处。从空间距离分析，近 90% 的岩爆发生在与掘进面相距 15m 以内的范围，且超过 30% 的强烈级别以上岩爆发生在距掘进面 5m 以内，而仅有 10% 左右的中等级别以下岩爆发生在距掘进面 5m 内。对于 TBM，我们将发生在出露护盾后的岩爆称为"滞后性岩爆"，轻微～中等级岩爆滞后性明显高于强烈～极强级岩爆。敞开式 TBM 的护盾尾部距掘进面的距离大多在 6m 以内，而单护盾 TBM 的护盾尾部距掘进面的距离大多在 9m 左右，双护盾式 TBM 的护盾尾部距离掘进面的距离基本上在 12m 左右，因此仅从岩爆的安全防护考虑，护盾式 TBM 具有较大的优势。对于双护盾 TBM 来说，由于护盾较长，护盾所在范围不能及时支护，因此，掌子面处发生岩爆往往会诱发护盾处发生岩爆。

（3）从 TBM 施工岩爆灾害发生的频率和强度来看，相对于钻爆法施工，TBM 施工岩爆灾害发生的频率较低，但一旦发生岩爆，岩爆等级较高，破坏性较严重，对 TBM 设备破坏较大，往往会造成卡机，严重影响工期。

（4）从 TBM 施工岩爆灾害发生的时间来看，岩爆灾害的发生具有突发性和不确定性，发生时间和地点很难确定，但 90% 以上岩爆发生在掘进后 24h 以内，TBM 掘进后 5h 以内发生岩爆的概率为 22.3%～40%，开掘进后 10～24h 时段内发生岩爆的频率最高；在 TBM 掘进过程中，剧烈的岩爆往往具有滞后性，9% 左右的强烈岩爆发生时间在 24～48h 之间。因此，岩爆的重点防控时间应在开挖后 24h 以内。

（5）TBM 施工岩爆多发生在隧道断面两侧拱肩及边墙位置。

二　岩爆地层 TBM 施工的工程问题

岩爆地层 TBM 工程问题主要是支护结构破坏、隧道掩埋、设备损毁、人员伤亡。

岩爆对作业人员、TBM 设备带来较大的安全威胁，支护量加大，破坏隧道支护，给 TBM 施工安全、进度和成本带来很大影响。

迄今为止，我国 TBM 施工经历岩爆的工程主要有：西康铁路秦岭隧道，岩爆级别属于轻微岩爆～中等岩爆；锦屏Ⅱ级水电站引水隧洞工程，强岩爆～极强岩爆。目前正在实施的陕西引汉济渭工程、新疆 ABH 隧洞工程、大瑞铁路高黎贡山铁路隧道工程等大埋深隧道工程，也都面临着中等到强烈岩爆风险。

西康铁路秦岭隧道全长 18.46km，采用直径 8.8m 敞开式 TBM 施工，主要地质为混合花岗岩和片麻岩，抗压强度 105～315MPa 的坚硬岩，最大埋深 1600m，2000 年成功贯通。秦岭隧道主要是破裂松弛型、爆炸弹射型、

讲座：TBM 不良地质掘进针对性措施

爆炸抛射型的轻微到中等岩爆,对人员、设备安全和施工未造成大的影响。秦岭隧道防控岩爆的主要施工技术措施是网片、锚杆、拱架、喷混联合支护,以及掌子面刀盘喷水、洞壁喷水措施。

在锦屏Ⅱ级水电站引水隧洞工程中,主引水隧洞全长16.7km,采用TBM和钻爆法联合施工,1号和3号引水隧洞由2台敞开式TBM施工,直径12.4m,另有1台较小直径敞开式TBM施工排水洞。隧洞岩性主要为大理岩,抗压强度在50~80MPa左右,最大埋深2525m。该工程创造大直径TBM掘进月进尺683m的世界纪录,但较小直径排水洞的TBM施工,出现13次强~极强岩爆,最终发生重大事故。大直径主引水洞也经历了强岩爆的威胁,考虑强岩爆风险及工期等多种因素,掘进6km后主动停机改为钻爆法施工,最终工程成功贯通。

三 岩爆地层TBM施工关键技术

1. TBM施工岩爆防控准则

工程实践表明,即使有很好的岩爆防控技术,但如果不能遵循一定的理论准则来选择和实施技术方案,例如:不能采取恰当的时机完成支护,或是未能根据岩爆等级选择技术方案,也难以达到良好的防控效果。因此,岩爆防控必须首先考虑TBM施工特点和岩爆发生特征规律,遵循正确的岩爆防控理念和理论准则。基于TBM施工特点和岩爆发生特征规律,以及工程岩爆防控实践经验,提出了岩爆防控"掘速控制—风险控制—时空控制—风险控制"四个理论准则。

(1)掘速控制准则

这里的掘速控制不是指的控制正在掘进的TBM纯掘进速度,而是控制TBM施工速度即每天进尺或是一定时间段内的进尺。一方面,如前所述,TBM施工速度对强岩爆发生的位置有显著影响;另一方面,考虑到岩爆的时空效应,如果TBM施工速度过快,而支护防控措施在岩爆发生之前来不及完成,再好的防控技术也无效,仍会产生岩爆后果,带来设备和人员伤害风险,且较大的清渣量反倒制约了进尺速度。因此,依据岩爆发生等级和支护防控技术特点,适当主动控制掘进进尺速度是重要的,需遵循"掘速控制"准则。

(2)风险控制准则

这里风险的概念特指岩爆带来的风险,即岩爆对TBM施工人员和设备的安全风险,以及TBM施工速度、工期、受困影响的风险。根据风险危害大小及发生概率的大小,采取相应的防控技术措施。与断层破碎带控制理念不同,断层破碎带出露TBM护盾盾尾再实施支护等技术措施,很多时候是没有问题的。而对岩爆而言,不论岩爆预测理论得出的结果,还是岩爆监测获得的结果,给出的都是一种岩爆可能性以及大致的级别预测,还达不到也不可能做到十分准确的预测预报水平,而岩爆发生前如不能及时采取技术措施将带来严重后果。因此,即使掘进开挖后证明该位置洞段实际没有真正发生岩爆,只要根据预测预报结果以及本工程前期类似发生岩爆围岩条件的经验总结判断,有较大概率发生岩爆的可能,就应采取相应的支护等岩爆防控技术措施。这属于风险控制措施,不能因此而认为防控措施是一种浪费,相应的施工工期和成本损失需得到考虑和认可。因此,岩爆的防控是根据发生的可能性事先采取的预防措施,需遵循岩爆"风险控制"准则。

(3)时空控制准则

工程实践表明,岩爆可能在掘进开挖后瞬间或短时间内发生,即所谓的即时型岩爆,这种岩爆发生位置主要是掌子面及TBM刀盘或护盾区域;岩爆也可能是开挖后滞后一段时间发生,如前所述,这种岩爆在24h之内发生的概率非常大,个别发生在更长时间内,位置主要是集中在TBM主机区域内。因此,对于即时型岩爆,岩爆多发生在掌子面与盾体范围内,可以充分利用TBM主机结构的特点实施相应的防控技术措施,也需对刀盘、刀具、铲斗齿、护盾等进行强健设计;对于滞后时间较长的岩爆,还需充分掌握岩爆发生的时空规律,协调TBM的掘进进尺和支护速度,主动控制进尺速度,从而控制岩爆发生位置,对TBM主机区域做好必要的人员和设备防护设计,在TBM发生岩爆前恰当的时间和空间内实施支护措施。因此,岩爆防控需考虑时空效应,遵循"时空控制"准则。

（4）分级控制准则

不同的围岩条件,岩爆发生等级不同,一般分为无岩爆、轻微岩爆、中等岩爆、强岩爆甚至极强岩爆。岩爆等级不同,危害大小不同,不同防控技术措施的防控效果不同,对施工进尺速度影响不同,施工成本不同。轻微和中等以下岩爆的防控技术措施,对于强岩爆可能不能解决根本问题。因此,不能笼统地谈岩爆防控技术方案,需根据岩爆等级,选择不同的岩爆防控技术方案。目前,尽管已有一些工程实践经验,但还缺乏系统的如何选择岩爆防控技术方案的理论指导,需要建立分级选择防控方案的理论体系,在TBM掘进中遵循岩爆"分级控制"准则。

2. TBM施工岩爆分级防控技术

岩爆分级防控技术体系如图13-1所示。

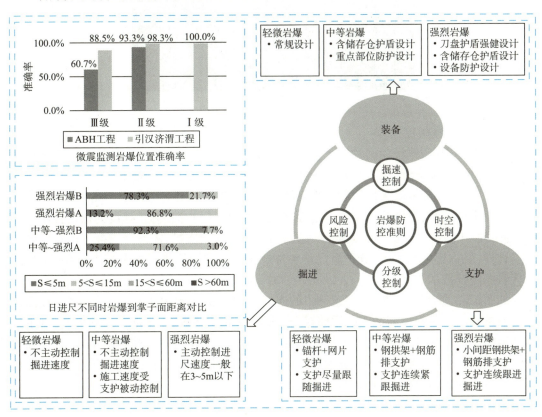

图13-1 岩爆分级防控技术体系

（1）轻微岩爆防控技术

常规敞开式TBM在护盾尾部都配有锚杆钻机,很方便实施锚杆作业,而且采取"锚杆+

网片"的支护能够抗住轻微岩爆,锚杆、网片支护作业速度也比较快,基本能跟上 TBM 的掘进,即使一时跟不上掘进,一般也不会带来设备和人员的安全威胁,甚至可以补救支护,所以无须刻意主动控制 TBM 的纯掘进速度,但要保证支护跟随掘进,岩爆防控支护实际可能会延误一些 TBM 施工速度即进尺速度。据此,轻微岩爆的防控技术方案为"常规 TBM 设计+锚杆网片支护+支护跟随掘进"无须主动控制进尺速度的防控技术方案。

上述轻微岩爆防控技术方案在新疆 ABH 工程得到全面应用,截至 2019 年 8 月,共发生轻微岩爆 101 次,支护能够完全控制岩爆,未发生设备损伤和人员伤亡事故。由于 ABH 工程围岩抗压强度和完整性易于掘进,所以若与无岩爆同样围岩相比,轻微岩爆 TBM 施工速度大约是无岩爆围岩的 70%~90%。

轻微岩爆 TBM 施工工程应用效果如图 13-2 所示。

图 13-2 轻微岩爆防控技术工程应用照片

(2)中等岩爆防控技术

对于中等岩爆,锚杆和网片支护难以抵抗岩爆冲击,TBM 主机处喷射混凝土支护会污染主机且强度提升慢,也不是好的选择方案,除非能研发采用价格低、无回弹且速强的混凝土。因此,中等岩爆采用"钢拱架+钢筋排"的连续封闭支护方式。此时,TBM 施工速度无须主动控制,但因为支护会一定程度延误掘进,所以存在施工速度的被动控制。另外,为了使 TBM 护盾能够储存钢筋排,达到不间断的封闭支护,需设计成含储存夹层的护盾。这样,就构建了"含储存仓护盾设计+常规间距拱架钢筋排支护+掘进被动控制"的中等岩爆防控技术方案。

如图 13-3 所示,"钢拱架+钢筋排"的连续封闭支护技术的实施方法是:将焊接而成的钢筋排或成组单根钢筋插入护盾储存仓,随着 TBM 向前掘进,不断支立钢拱架,钢拱架支撑钢筋排的后端,钢筋排前段由护盾储存仓支撑,储存仓内的钢筋排随 TBM 掘进陆续滑出,前端滑出之前再插入下一节钢筋排。这样,钢筋排由护盾和钢拱架前后支撑,形成了连续封闭的"钢拱架+钢筋排"的支护。

特别指出的是,之所以采用"钢拱架+钢筋排"的支护方式,不仅因为这一支护方式可以抵抗中等岩爆的冲击,更重要的还有以下两个原因:第一,考虑到岩爆的时空效应,"钢拱架+钢筋排"支护在岩爆发生之前能较快地完成,形成有效支护,且对 TBM 掘进的延误时间少,对 TBM 施工速度影响较小;第二,由于钢筋排前后两端分别由护盾和钢拱架支撑,护盾至拱架之间始终是连续无间断的支护,避免了盾尾与拱架间出现空隙,能有效地防护设备和人员,同时基本避免了岩爆落渣,极大地减少了清渣工作量。

图 13-3　含储存仓的护盾及钢筋排支护

在 ABH 工程和引汉济渭工程,岩爆微震监测预报有中等岩爆或介于轻微与中等之间或介于中等与强烈之间的岩爆,均采用了上述岩爆防控技术方案。ABH 工程从 TBM 开始掘进至 2019 年 8 月,发生轻微至中等之间的岩爆 18 次,中等岩爆 32 次。引汉济渭工程 TBM 仅掘进至 2019 年 11 月,发生轻微至中等之间的岩爆 84 次,中等岩爆 158 次,中等至强烈之间的岩爆 80 次。采用上述防控技术方案,支护抵抗住了岩爆的冲击,未发生人员伤亡事故,设备没有较大受损,达到了较快的 TBM 施工速度,大约是无岩爆施工速度的 50%~70% 左右。ABH 工程"钢拱架 + 钢筋排"支护情况下日进尺在 10m 左右。工程应用防控效果如图 13-4 和图 13-5 所示。

图 13-4　中等岩爆防控技术工程应用(顶拱)

图 13-5　中等岩爆防控技术工程应用(边墙)

(3)强烈岩爆防控技术

工程实践表明,常规钢拱架支护难以抵抗强烈岩爆的冲击,支护经常被损毁,且带来大量的清渣工作,威胁设备和人员安全,施工进度受到严重影响。然而,根据岩爆特征规律的分析结果,强烈岩爆情况下主动控制掘进日进尺对岩爆发生位置有显著影响,可通过主动控制日进尺使大多数强烈岩爆发生在掌子面和护盾区域。这样,不仅护盾后面的设备和人员得到了保护,更重要的是可将巨大冲击能量的岩爆防护问题转化为塌方破碎带支护问题,即岩爆及其落石塌落于盾尾至前方掌子面区域,刀盘和护盾起到了抵抗岩爆冲击的作用,在盾尾处采取"小间距钢拱架+钢筋排"支护岩爆落石。基于此,提出了"强健刀盘盾体设计+主动控制进尺速度+小间距钢拱架钢筋排支护"的强烈岩爆防控技术方案。

一般掌子面至盾尾距离约6m,且90%以上强烈岩爆在24h内发生,据此规律可主动控制TBM掘进日进尺在3~5m以下,随着掘进进程盾尾"钢拱架+钢筋排"支护紧跟,完成进尺控制指标后可停机等待,钢拱架间距减小到可使TBM撑靴跨过,若更小间距密排无法跨越时可采用混凝土灌注抹平。

引汉济渭工程岭南段TBM进入第二掘进段后,随着埋深的增大,开始进入连续强烈岩爆甚至极强岩爆区,TBM掘进采取了上述强岩爆防控技术方案。截至2020年10月底,第二掘进段完成2075.3m掘进,制约掘进造成停机支护的岩爆段共计813段,影响段落长度累计2023.6m,占已掘进长度的97.5%。经统计,岩爆通过采取主动控制日进尺的防控方案,TBM成功穿越了超过2km的强烈岩爆洞段,但也有约7%的二次滞后岩爆发生在拱部和底拱,其中拱部滞后性强烈岩爆37次,底拱滞后性岩爆21次,造成已支护结构体系损坏。然而,由于滞后岩爆发生在已支护区域,对人员和设备威胁大大降低,主要是带来了支护恢复和清渣的工作量。强岩爆洞段TBM平均月进尺达到110m,日进尺约3.5m,实现了TBM安全穿越长距离强岩爆洞段。工程应用防控效果如图13-6~图13-8所示。

讲座:引汉济渭秦岭隧洞岭南工程TBM施工主要问题及应对措施

图13-6 强烈岩爆防控技术方案工程应用(顶拱)

图13-7 强烈岩爆防控技术方案工程应用(边墙)

图13-8 强岩爆洞段穿越后的支护效果

（4）极强岩爆控制方法

当 TBM 通过极强岩爆风险洞段时,为保证设备和施工人员安全,在强岩爆风险洞段采用钻爆法开挖先导洞,通过先导洞预先释放高地应力,并同时作为一个地质超前探洞以及超前预处理与微震监测工作面,提供一个良好的预先揭示、监测、分析、处理强烈与极强岩爆的现实条件,然后 TBM 再二次扩挖,如图 13-9 所示。

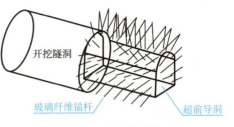

图 13-9 极强岩爆控制方法

3. 对岩爆地层 TBM 施工的主要认识

防止岩爆发生与降低岩爆等级是岩爆地层 TBM 隧道安全施工的关键,主要技术手段是围绕改善隧道解重构过程隧道场的应力状态、改善围岩的储能性能或充分利用 TBM 护盾的防护作用,因此应从掘进控制、支护技术与避险措施等方面进行分析。

（1）岩爆地层 TBM 掘进控制

在 TBM 掘进参数的控制方面,主要应结合岩爆发生的部位、时间以及岩爆造成影响等多方面进行控制：

①对于掘进面正面发生岩爆的状况,岩爆会造成掘进面不平整,从而会对刀具形成异常损坏。掘进时,不宜采用高转速掘进,同时掘进刀具的受力也会波动大,其推力也应适当控制,一般情况下 TBM 掘进时刀盘转速不宜高于 3r/min,掘进推力应控制在刀具允许工作压力的 70% 以内,即采取"低转速、小推力"模式掘进；尤其是强烈岩爆时更要控制到位,必要时停止掘进。

②对于隧道洞壁发生岩爆的状况,在轻微及中等级别的岩爆段掘进,宜选择"高转速、大推力"模式,以达到快速施工目标,尽可能地减少岩爆导致护盾范围内聚集过多的岩块而影响掘进,并避免岩块卡塞刀盘；在强烈及以上级别岩爆段掘进,掘进参数宜采用"大推力、低转速"模式,并控制施工进度,一方面降低刀盘转动时对围岩的振动影响,防止围岩裂纹的加速扩展,另一方面尽可能创造岩爆发生在护盾范围的条件,以降低滞后岩爆的发生率,减轻支护施工的安全风险。

③如果选择了护盾式 TBM,由于采用了管片结构进行封闭式支护,其安全风险相对较低,对于岩爆发生在隧道周壁的状况,应尽可能采用"高转速、大推力"模式,以防止护盾被爆落的岩块"抱死",并保障施工进度。

（2）岩爆地层 TBM 隧道支护技术

防控岩爆是岩爆隧道支护的主要目的,护盾式 TBM 的支护就是管片衬砌；而敞开式 TBM 的支护主要为锚杆、挂网、喷射混凝土与架设钢拱架等,但应根据微震监测判断可能发生岩爆的等级进行分级支护与防控。根据岩爆的形成机理以及隧道场解重构理论分析,岩爆地层 TBM 施工时,应优先考虑采用预应力锚杆(索)尽快构建围岩三维应力状态,并主动诱导应力调整使围岩处于有利的应力状态；其次强化岩爆孕育过程中围岩裂纹产生或扩张的能量消耗,降低能耗比。

（3）岩爆避险措施

TBM 施工的岩爆避险一般是针对滞后性强烈岩爆,工程经验表明,即使是在同一部位发生重复性滞后岩爆,其仍然具有较长时间的间歇性,因此 TBM 设备及作业人员受到安全威胁时,应采取必要的避险与应急措施。

①在岩爆地段作业人员应佩戴必要的防护用品,并对设备的重要部件进行防护。一般情况下,人员需要穿钢头盔、防弹衣、防砸手套、防砸鞋等防护用品。

②岩爆地段的支护以快速为主,并尽可能采用机械作业代替人工作业,减少作业人员数量、缩短锚网喷及钢拱架施工时间。

③充分用好微震监测的预警机制,当预警表明可能会发生强烈岩爆时,作业人员应进入专设的防护区,待解除预警后再恢复施工。

④如出现大规模滞后性岩爆,应暂停施工,人员立即撤离至TBM安全保护区。TBM设备上应储备必要的医疗用品、饮用水、干粮等应急物资。

(4)降低岩爆级别的技术途径

①降低隧道场的应力水平或调整期应力状态,即采用超前应力释放或超前打设预应力锚杆(索)。

②改善隧道场围岩的物理力学性能,减小围岩能耗比。在TBM隧道中,采用钻爆法施工超前导洞释放应力,在极强岩爆地层其安全性难以保障,同时采用钻爆法施工超前导洞难度大,且效率低、成本高。但打设超前钻孔释放围岩应力相对容易,同时如能超前进行爆破造成岩体局部破裂,则能有效地降低岩爆等级,而且是比较安全的方法。

③施作超前预应力锚索。NPR锚索不但可以提供恒阻力,而且具有较强的吸能潜力,因此在隧道解重构过程中,如打设超前预应力锚索,既可以较好地保持隧道场围岩处于三维应力状态;又可以在岩爆孕育过程中消耗应变能,降低围岩能耗比,从而达到遏制或降低岩爆的等级。

任务三　软弱地层TBM施工

一 高地应力隧道软弱围岩变形问题

高地应力软弱围岩是在高地应力环境下,隧道周边一定范围内产生显著塑性变形或流变的岩体。隧道开挖后围岩向净空内位移,挤压支护体系,这时的位移超出正常的围岩变形(预留变形量),称为大变形或挤压变形。高地应力软弱围岩国际隧协称为"挤压性围岩",具压密、蠕变或流变特性及时间和空间效应。

深埋高地应力隧道的软弱围岩,其突出的问题是隧道变形。高应力软弱围岩的变形属于压剪破坏形式,其表现出明显的塑性蠕变与流变特征,隧道工程称之为挤压变形,其主要特点为在支护下"隧道变而难塌,岩体碎而不散"。深埋隧道还经常会遇到深层火成岩的蚀变,其主要是受地壳内部的热液流体与火成岩发生化学反应,使得这些岩石的化学成分、矿物成分以及结构构造都发生很大改变而形成新的岩石,称之为蚀变岩。蚀变岩一般具有低吸水率的弱膨胀性,其强度、变形特性分别受蚀变程度、岩石性质的共同影响。采用钻爆法施工时,高地应力软弱围岩在隧道开挖后,由于支护方法不当或支护刚度不足,往往表现出隧道断面侵限或支护结构破坏,从而导致支护结构拆换等,造成工程成本急剧加大,并严重影响工程进展,业内戏称为"费钱费时"。采用TBM施工时,除了上述问题外,还会经常出现护盾被"抱死"而无法向前掘进;这一现象无论是敞开式TBM,还是护盾式TBM都会遇到,但在同样地质情况下,护盾式TBM表现得更为严重,而敞开式

TBM由于其护盾具有一定的收缩能力,相对来说可降低被"抱死"概率或严重程度;另一方面,严重时支护变形造成隧道净空变小,还会致使TBM后配套设备无法前行而影响掘进。

高地应力软弱围岩对TBM施工有较大影响,对于敞开式TBM,可能带来TBM撑靴无法支撑洞壁前行的技术难题;对敞开式和护盾式TBM都面临大收敛变形,使TBM被卡被困的局面。而且,护盾式TBM比敞开式TBM被卡被困的概率更高,脱困相对难度更大。

二 TBM应对高地应力软岩变形的理念

在高地应力下,软岩隧道的变形控制是世界级的难题。变形控制不到位就会发生大变形,导致隧道断面"侵限"和支护破坏等,不但会严重影响隧道工程施工效率,而且会大幅度增加工程造价,甚至形成新的安全风险。

软岩隧道的大变形是一个相对概念,高地应力下软岩隧道是否发生大变形与隧道支护体系的强度刚度等密切相关。理论上讲,当支护措施足够强大时,隧道也可以不发生大变形。

针对高地应力软岩隧道大变形问题,国内外研究者的理论研究与实践探索表明:在不考虑膨胀岩这一特殊原因外,软岩隧道的大变形主要是因为高地应力作用下的岩体剪切变形。对于TBM隧道,不像钻爆法隧道其开挖尺寸可以根据需要随时调整,可更灵活地应对隧道的变形问题。TBM的开挖直径一旦定形,就难以做出较大的改变。TBM隧道发生大变形时,除了像钻爆法一样出现"侵限"和支护破坏的现象外,还会造成护盾被"抱死"或隧道断面变小,致使TBM后配套设备无法通过,严重影响TBM发挥快速施工的优势。

尽管TBM法主要用于地质条件相对较好的隧道,但对于超长TBM隧道来说,要完全规避软岩变形问题是很困难的。在万家寨引水工程、引大济湟、引红济石引水隧洞等工程中高地应力软岩变形问题都非常突出,对TBM掘进都造成重大影响,因此必须高度重视TBM隧道的高应力软岩变形问题。

1. 软岩变形控制

软岩在自然状况下受到约束处于稳定状态,但随着隧道场的解构,其赋存环境发生变化,致使发生挤出变形。由于隧道场的解构形成了变形空间,致使围岩应力及围岩的物理力学特性均发生变化。

要控制其变化,一是可采用强大的支护结构进行"强支硬顶"限制变形空间,从而抵抗变形;二是采用可收缩或压缩的"让压支护",被动地让围岩发生部分变形,通过支护结构的变形消耗部分挤压形变能,最终达到抗变;三是采用主动支护,主动改变围岩的应力状态、改进围岩的刚度,使围岩刚度与拱架喷射混凝土支护体系刚度相匹配,最终达到控变。当然对于采用TBM施工的隧道,还需考虑"挤压变形"是否会造成护盾被"抱死"。

在渭武高速公路木寨岭隧道开展了"主动支护为主、被动支护协同"的控制围岩大变形试验研究,其总体思路是:采用"三台阶+仰拱一体化"开挖法。首先施作40T预应力的NPR锚索主动支护,然后施作"钢架网喷"被动支护。锚索的纵向间距为0.6m,环向间距为1.0m,且采用了长度分别为5.3m与10.3m长短锚索结合、纵向间隔布置的方式,锚索的施工时间安排在隧道开挖后、被动支护施工前,第一时间对围岩施加预应力,主动控制围岩的劣化,并及时构建三维应力状态。试验发现,在隧道周边产生可控变形的状况下,NPR 锚索的恒阻器并未与锚索发生明显的相对位移,且锚索的预应力值变化不大,但由于 NPR 锚索首先改变了围岩的应力状态,同时在预应力的作用下改进了围岩的物理力学性能,增加了围岩的刚度(改变了围岩的 c、φ 值),隧道场岩体刚度与钢架网喷支护的刚度相匹配,从而隧道场的变形整体相协调,成功地控制了隧道的变形。

2. 软岩大变形预测

预测大变形的目的是确定该类隧道解重构的开挖方法与支护参数。目前国内外关于隧道软岩大变形的预测,基本上都是建立在利用软岩强度应力综合比 S 值[如式(13-1)所示,考虑了岩体完整系数影响]的基础上,并以此对隧道大变形进行定性分级。

$$S = \frac{R_\mathrm{b} K_\mathrm{v}}{\sigma_\mathrm{m}} \tag{13-1}$$

式中:R_b——岩石饱和单轴抗压强度(MPa);

K_v——岩体完整系数;

σ_m——围岩最大主应力(MPa)。

我国铁路隧道对于软岩大变形分级也是依据围岩的强度应力比进行划分,现行《铁路隧道设计规范》(TB 10003)和《铁路挤压性围岩隧道技术规范》(Q/CR 9512)中将大变形分为三级。等级越高变形越大,但分级标准有所差异,具体分级标准详见表 13-2。

现行铁路规范软岩大变形分级对比表　　表 13-2

《铁路挤压性围岩隧道技术规范》	大变形等级	一	二	三
	围岩强度应力比	$0.3 \geq G_\mathrm{n} > 0.2$	$0.2 \geq G_\mathrm{n} > 0.15$	$G_\mathrm{n} \leq 0.15$
《铁路隧道设计规范》	大变形等级	Ⅰ级	Ⅱ级	Ⅲ级
	围岩强度应力比	0.25 ~ 0.5	0.15 ~ 0.25	<0.15

对于 TBM 来讲,除了要对围岩变形进行分级外,还必须要对围岩变形是否会造成护盾被"抱死"进行判断。通过对高地应力软岩变形卡机事故的分析,并结合监控量测数据,提出了如图 13-10 所示的挤压性围岩卡机判别准则。

3. TBM 隧道软岩变形控制原则

TBM 支护具有滞后性属性,出露盾尾后才可进行支护,造成支护施作滞后。无论是敞开式 TBM,还是护盾式 TBM,在护盾范围内施作支护难度大、效率低,且超前施作的斜向支护与软岩隧道的径向支护效果相差很大,同时软岩隧道变形的时空应明显,因此高应力软岩 TBM 隧道的变形的控制原则为:快掘早封闭、主动控变形、空间换时间、补强调刚度。

(1)"快掘早封闭"就是快速掘进以减少护盾内无支护段的暴露时间,尽早封闭支护结构。

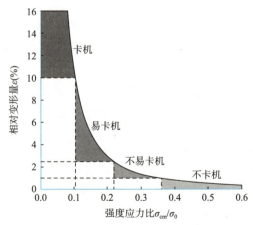

图 13-10　挤压性围岩卡机判别准则

(2)"主动控变形"就是打设预应力锚杆(索),使隧道场围岩尽快处于有利的三维应力状态,并遏制围岩的劣化。

(3)"空间换时间"就是以刀盘刀具的扩挖,拓展可变形空间,防止因围岩挤压致使护盾被"抱死"而无法掘进,以换取有利的支护施作时机。

(4)"补强调刚度"就是通过监控量测分析隧道被动支护的变形趋势,以允许变形量作为控制条件,必要时补充预应力锚杆(索)提升围岩的刚度。

三 高地应力软岩变形地层 TBM 施工关键技术

TBM 在高应力软岩变形地层施工,除应用掘进与支护技术外,还应对围岩大变形可能导致 TBM 被"抱死"、刀盘被挤压"卡死"等被困情况制定脱困对策。

高应力软岩变形地层 TBM 施工技术主要包括三个方面:一是 TBM 掘进技术;二是 TBM 支护技术;三是 TBM 脱困技术。

1. TBM 掘进技术

在高地应力软岩隧道 TBM 掘进中,由于高应力软岩在被挤压时,具有"变而难塌、碎而不散"的特征,因此首要的任务就是要防止 TBM 被困、被卡,在掘进方面第一任务是保证快速掘进。

(1)在高应力软岩隧道中,刀具间的岩体不像脆性岩体容易破裂,因此要采用大贯入度、快速滚压的方式破岩,也即"大推力、高转速"掘进,刀盘转速宜采用 6~7r/min,贯入度应在 10mm 以上,尽量减少护盾内未支护岩体的暴露时间,对于敞开式 TBM,有利于围岩出露护盾,早支护控变形;对于护盾式 TBM,防止被"抱死"。

(2)敞开式 TBM 掘进时,应利用浮动液压缸顶升护盾到顶部,掘进中还应及时调整,尽量使其紧贴开挖轮廓,如图 13-11 所示,延缓围岩的变形。在非掘进时段,为防止地层变形挤压刀盘造成刀盘被"卡死",要定时转动刀盘,防止卡刀盘,并尽可能减少停机时间。

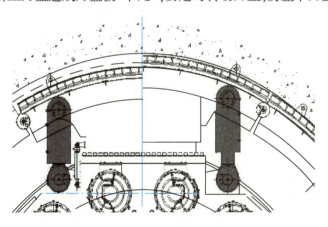

图 13-11　浮动液压缸顶升示意图

讲座:敞开式 TBM 施工技术与应用

(3)在进入"大变形"地段前,应及时调整刀具,使其具有一定的扩挖能力;对于较长段落的大变形地层,必要时要启用主驱动与刀盘提升装置。这两项技术措施主要是降低护盾被"抱死"的可能性。

2. TBM 支护技术

(1)对于敞开式 TBM,围岩出露护盾一定距离后,应及时施作预应力锚杆(索),并应采用快速凝固的环氧树脂锚固剂；围岩出露护盾的距离满足设计的钢拱架间距时，应优先安装钢拱架。锚杆（索）应采用钢带连接成一个整体，以提升锚固点的范围。锚固完成后，应及时挂网并喷射混凝土。

（2）大变形隧道应加强监控量测，并及时分析"拱架网喷"支护体系的变形趋势，判断其变形是否会超出允许值；若超过，则应补充打设预应力锚杆（索），以提高隧道场围岩的刚度，保障围岩刚度与拱架网喷支护刚度的匹配，达到整体变形的协调。

（3）若采用护盾式TBM，其支护形式是管片结构，支护施工相对简单。但对于挤压性大变形隧道是否要及时回填豆砾石和注浆有待进一步研究。

3. TBM脱困技术

高应力软岩隧道大变形TBM被困主要有两种情况，一是刀盘被"卡死"，另外一种是护盾被"抱死"，而护盾被"抱死"更容易发生；同时刀盘被"卡死"时，往往护盾也会被"抱死"。

由于TBM刀盘均为小溜渣口设计，一般施工人员很难直接通过刀盘进入掘进面。当TBM刀盘被"卡死"时，一般通过尾部施作小导洞并进行分步扩挖。一方面通过小导洞清除刀盘前方的坍塌岩石使刀盘脱困；另一方面通过导洞为管棚施作提供工作空间。小导洞布置位置为正拱顶，自盾尾后方两榀拱架之间开口进入。小导洞内净空高度一般为1.3m，拱部宽度1.2m，长度6.225m，采用化学灌浆周边固结＋方木临时支撑＋HW150型钢支撑架＋140mm槽钢纵连＋锁脚锚管＋超前小导管＋喷射混凝土（视围岩情况）联合支护，小导洞结构如图13-12所示。

当TBM护盾被"抱死"时，需要在护盾顶部采用大范围人工扩挖的方式进行脱困。首先通过隧道顶部开孔开挖小导洞，然后利用小导洞进行两侧同步扩展，解除围岩对护盾的挤压，扩挖过程中应边扩挖边支护，确保扩挖过程的安全。扩挖完成后TBM慢速向前掘进，同步安装拱架和钢筋网，并边回填上部空间。扩挖过程中坚持边扩挖边支护的理念，确保扩挖过程的安全；同时扩挖要合理设定支撑的位置，为管棚施作留足空间，如图13-13所示。

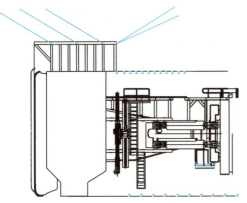

图13-12 小导洞法TBM脱困示意图

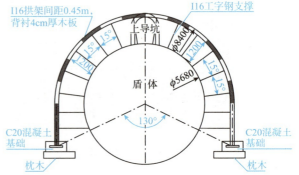

图13-13 大范围扩挖法TBM脱困现场图

4. 软弱变形围岩TBM施工主要措施

TBM在高应力软岩变形地层施工，TBM装备必须具备刀盘扩挖功能，用于预留隧道变形量；对于大变形地层需要实施分次多重支护防控技术，一旦TBM被困需要及时实施TBM脱困措施。对于不易卡机的中等以下变形地层，TBM采用边滚刀增加垫块半径、及时支锚喷支护跟随的掘进方法；对于易卡机的严重变形地层，TBM 通过增加边滚刀、边滚刀垫块、驱动同步抬升的大尺寸扩挖方法，采用"一次随掘支锚喷初控变形、二次中空预应力长锚杆(锚索)锚固 + 可收缩式钢拱架柔性支撑 + 早强钢纤维混凝土及时封闭"的分次多重支护防控技术。针对软弱变形围岩，主要技术措施如下：

(1)正确进行 TBM 选型设计，若采用护盾式 TBM，护盾直径前后阶梯递减；尽可能缩短护盾长度；加大推进力设计。

(2)TBM 扩挖设计。为应对围岩大变形，应考虑 TBM 扩挖设计方案。直径扩挖≤100mm 时，采取边刀垫块外伸的技术方案；直径扩挖＞100mm 时，采取"刀盘提升系统 + 预留边刀刀座 + 边刀垫块伸出"或"更换刀盘边块 + 护盾系统的改造"的技术方案。

(3)在新型支护设计及防护设计基础上，考虑采取可伸缩水涨式锚杆支护；可伸缩式拱架支护；方便灵活的主机前部 L1 区的半机械化应急喷混系统；不间断连续封闭的"钢筋排支护系统"；TBM 设备及人员安全防护设计。

(4)采取优化的 TBM 掘进技术、掘进速度和掘进参数控制；TBM 通过后，可能变形的洞段进行二次传统加固处理。

(5)若 TBM 已经被困无法通过，可能需要对设备进行针对性改造；或人工处理，TBM 步进通过；必要时改线绕行。

讲座：引洮供水
单护盾 TBM 施工

讲座：西秦岭隧道
TBM 施工

讲座：单护盾 TBM
在重庆地区的应用

任务四 破碎地层 TBM 施工

破碎地层主要有两类：一类为"断层破碎带"，另一类为"节理密集带"。本节主要是针对贫水的破碎地层(下一节主讲富水构造破碎带)，在隧道开挖后，破碎围岩表现出"塌稳交替、无支难稳"的特征。

一 破碎地层的主要特征

破碎地层的主要地质特征是岩石单轴抗压强度低、岩体完整性差。在破碎地层采用 TBM 施工，由于隧道解构过程中围岩的局部坍塌，在刀盘附近和护盾部位形成堆积体，从而影响 TBM 掘进；同时，即使在一定的支护下，如对松散堆积体与上部可能的空洞处理不及时，则会发生新的坍塌致使支护变形，造成支护侵限或破坏。根据大量的工程实践表明，破碎地层对 TBM 施工的影响主要有以下几个方面：

1. 刀盘被卡

在断层破碎带或节理裂隙密集带，由于局部坍塌会在刀盘周边及前方形成块状堆积体，不规则交错岩体会卡在滚刀与掌子面、刮渣口与周边完整岩体之间；致使刀盘无法转动而影响掘进;或者岩块和松散砾状渣料涌入压紧皮带与刀盘,致使刀盘无法转动。

如图13-14所示为圣哥达隧道及罗书堡铁路隧道掌子面所遇到的块状岩体。

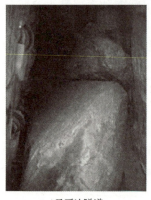

a)圣哥达隧道　　　　　　b)罗书堡铁路隧道

视频:圣哥达基线隧道TBM施工

图13-14　隧道掌子面所遇到的块状岩体

2. 护盾被"抱死"

由于破碎地层在护盾区域持续坍塌,导致大量松散岩块与渣体堆积在护盾周边,致使护盾被挤压"抱死",撑靴不能提供足够的推力,无法掘进。

3. 撑靴不能有效工作

破碎地层易坍塌、开挖速度慢、进尺短、立拱及混凝土回填量大、清渣时间长[图13-15a)]、撑靴失效[图13-15b)]、拱架失效、易造成设备及人员伤害等。

a)坍塌渣石处理困难　　　　　　b)撑靴失效

图13-15　坍塌渣石处理困难与撑靴失效

利用撑靴提供掘进推力的TBM,若撑靴处围岩破碎、整体强度低,或者因坍塌无法支撑撑靴,致使撑靴不能提供掘进所需的推力。同时若两侧围岩强度差异大,导致撑靴两侧的反力差异大,则TBM掘进方向会难以控制。

4. 锚喷支护施作不到位

对于敞开式TBM,即使松散堆积体挤压护盾不影响掘进,但会影响后部支护的施作,导致支护侵限,严重时可能导致支护破坏和堆积体坠入隧道内。同时由于支护背后大量的松散堆积体和背后可能存在空洞,需要及时固结和回填,增加了大量的支护时间。

总之,在破碎地层中采用TBM施工,无论发生哪一种情况,都会直接影响TBM的施工效率;同时对于破碎地层已支护地段,应及时对支护背后松散体和空腔进行处理,否则会形成较大的安全隐患。

二 深埋隧道破碎地层的工程问题

对于贫水的破碎地层隧道施工,采用钻爆法时为防止坍塌,一般都要施作超前小导管或管棚,必要时注浆改善围岩,为隧道开挖和支护创造条件。但采用TBM施工时,如掘进面破碎岩体塌落,如图13-16所示,就会导致刀具异常破坏,甚至会卡死刀盘无法掘进;如隧道周边破碎岩体坍塌,一方面会挤压护盾导致护盾收缩或护盾被"抱死"造成TBM无法掘进或支护侵限。如大瑞铁路高黎贡山隧道因连续遇到破碎岩体坍塌,导致初期支护后的隧道断面不满足设计要求。

图13-16　破碎岩体坍塌围困TBM刀盘

三 破碎地层TBM施工关键技术

深埋破碎地层与高地应力软岩都会导致围岩变形,但高地应力变形主要是深层挤压性变形,破碎带变形主要是坍塌或松弛型变形,两者在掘进施工措施上也不相同。

在高应力软岩地层中,TBM施工要注重连续快速推进和主动支护,而在破碎地层中TBM施工,需要首先判断是否会发生"卡死"刀盘、"抱死"护盾的问题,也即需要决策是否需要进行超前加固,为此通过工程案例的总结分析,建立了以围岩完整性和钻孔渗水量为判据的"卡机"围岩判识准则,如图13-17所示。

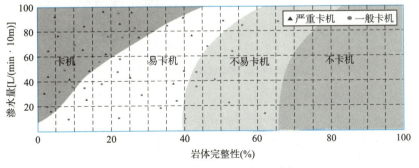

图13-17　破碎围岩"卡机"判识准则

1. 破碎地层 TBM 施工的超前处理

对于"卡死"刀盘、"抱死"护盾的破碎围岩,必须进行超前预处理加固围岩。根据破碎围岩坍塌可能造成的后果,一般可采用刀盘内超前加固或护盾尾超前加固。

(1)刀盘内超前加固

对于会导致刀盘被"卡死"的破碎围岩,需要在刀盘内对掘进面进行低强度的固结破碎岩体。刀盘内超前加固,如图 13-18 所示,一是通过盘形滚刀的刀孔,打设长度 3～5m 径向玻璃纤维锚管,二是通过刀盘与护盾间的切口打设长度 2～3m 斜向玻璃纤维锚管;玻璃纤维锚管作为超前化学注浆的注浆管,注浆材料一般采用聚氨酯类化学浆液,实现低强度、快凝结,确保刀盘不被"卡死"。

图 13-18　刀盘内超前注浆情景

(2)护盾尾超前加固

对于会导致护盾被"抱死"的破碎围岩,需要进行护盾尾的超前加固,如图 13-19 所示。超前加固的主要方法为:通过护盾尾拱部斜向前方打设超前管棚,并通过管棚进行注浆加固,注浆材料一般为水泥浆;由于受设备的制约,其倾角相对较大(一般为 5°～9°),因此管棚的长度宜控制在 15～20m,打设范围为拱部不小于 90°;当不能成孔时,可采用钻杆代替管棚并进行注浆。必要时还需进行刀内注浆。

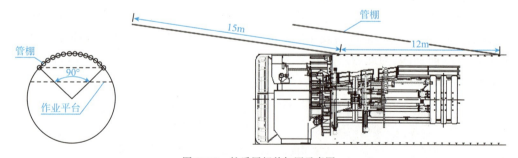

图 13-19　护盾尾超前加固示意图

2. 破碎地层 TBM 掘进及支护

TBM 掘进通过破碎地层是建立在破碎状况不恶劣或已进行超前预加固的破碎地层,掘进过程中应遵循"短进尺、强支护、连续均衡掘进"的方针,要防止长时间停机致使地质条件进一步恶化,加大不良地质处治难度,施工过程中要重点加强掘进参数的控制和及时支护的管控。

(1) 掘进参数的控制

根据该类地层隧道解重构的特点，掘进时应采用"低转速、大推力"的方式掘进，一般刀盘转速不宜超过 3r/min，以减小对围岩的振动扰动，并对掘进面提供一定的支撑力，从而降低局部坍塌规模。但当刀盘扭矩突然增大时，应适当降低掘进推力，防止刀盘转动导致掌子面附近顶部垮塌。在加固后的地层中，TBM 掘进可按照一般地层采用低转速进行掘进。

(2) 支护连续紧跟

对于节理密集带、断层破碎带，围岩露出护盾后，应及时采用"加密拱＋连续钢筋排"支护，如图 13-20 所示，随掘随支防止破碎体坠入隧道内，必要时及时跟进喷射混凝土；在完成以上支护后，应尽早进行径向注浆固结松散堆积体，回填可能存在的空洞，防止后续的坍塌导致支护结构破坏。

图 13-20　破碎围岩 TBM 隧道的支护

(3) 撑靴部位的处理

为克服破碎地层的垮塌导致撑靴不能有效工作的问题，应合理选择处置方法，如撑靴部位处围岩破碎地层坍塌较浅时，以采用喷射混凝土或喷射高强快凝砂浆快速封闭围岩，并填充塌腔；如果坍塌深度较大，则应在施作"拱架＋钢筋排"支护后，安设模板进行模筑混凝土充填塌腔，如图 13-21 所示，这样就能保证撑靴能及时提供掘进推力。

图 13-21　破碎围岩段 TBM 撑靴部位模板与模筑混凝土

3. 破碎地层 TBM 通过后续处置

TBM 通过破碎带地层后,需进行必要的初期支护背后围岩注浆加固,并加强支护结构的监测,以保证隧道结构稳定安全。

(1) 补充注浆加固

TBM 区域受设备影响及空间限制,初期支护背后注浆加固势必存在盲区或不足之处,TBM 通过后,需进行补充注浆。

补充注浆主要为径向注浆,加固深度根据破碎松散围岩厚度确定,浆液选择一般为普通水泥浆,保证初期支护背后密实。

(2) 地下水监测

初期支护加固完成后,在出水量较大处,应打设泄水孔保证排水畅通,泄水孔内安装透水盲管,阻止细颗粒渣体随水流失,一是避免初期支护背后形成水压造成支护结构破坏,二是防止大量细颗粒物质流失形成临空面,造成二次坍塌。施工过程中,应将地下水监测纳入监控量测同时进行,主要观测出水量的大小及变化情况。

4. 破碎地层 TBM 防卡脱困技术

(1) TBM 卡机类型与机理

理论与实践研究表明,TBM 施工中卡机主要类型包括:"卡死"刀盘、"抱死"护盾以及姿态偏差造成的卡机。

① "卡死"刀盘

掌子面围岩失稳,大量的破碎石块进入刀盘,导致运输皮带出渣量快速增加,超过运输极限值,刀盘扭矩迅速增大,电流过载导致刀盘无法转动。如在 2016 年 8 月 12 日,新疆某交通隧洞在 0+717 桩号刀盘被卡,当清理完刀盘内碎石后,加大扭矩试转刀盘,发现 8 个主电机保护销被破坏,刀盘仍无法转动。其原因是围岩的塌方量过大,刀盘被碎石掩埋抱死刀盘使之无法转动,引起 TBM 卡机事故。

此外,掌子面突泥涌砂也将淹没 TBM 刀盘,致使刀盘无法转动。如云南山公山隧道在 TBM 掘进时,掌子面突泥涌水造成 TBM 被淹没,最终剩余工程使用钻爆法施工并就地拆卸机器。

岩爆引起的围岩破碎带崩塌,也将造成大量碎石进入刀盘,导致刀盘被卡。如锦屏二级水电站 3 号引水隧洞施工时,由于结构性岩爆的影响造成掌子面围岩崩塌,TBM 边掘进边崩塌,大量碎石进入到刀盘内使之无法转动。

② "抱死"护盾

a. 护盾被"抱死"的原因主要有围岩坍塌和围岩收敛两种情况。

a) 围岩坍塌,掉落的碎石"抱死"盾壳。如陕西引红济石引水隧洞围岩破碎,稳定性较差,在 TBM 施工中围岩发生坍塌,导致盾壳上部岩体将护盾掩埋,致使盾壳被"抱死"。

b) 围岩收敛将盾壳"抱死"。如甘肃省引洮供水 9 号隧洞围岩遇水条件下力学强度明显降低,当隧洞掘进至 75K+830m 位置,发生了卡机事故,耽误工期一个半月。主要原因是隧道围岩变形量大于超挖量,TBM 最大推进力无法克服挤压力产生的摩擦力。

b. 双护盾 TBM "抱死"护盾也可以根据卡盾部位不同分为前盾被"抱死"、支撑盾被"抱死"、尾盾被"抱死"等三种情况。

a) 如在引红济石工程中,护盾由围岩挤压变形产生的摩擦力大于 TBM 推力,导致

TBM无法前进。当系统达到最大推进力345bar时,TBM仍无法前进,前盾被"抱死"。

b)围岩变形量过大挤压支撑盾,TBM换步时辅推液压缸压力持续增大,达到最大极限值时仍不能克服作用在支撑盾上的压力,支撑盾不能前移、无法实现换步。

c)在挤压性地层中,围岩可以在短时间内的快速收敛变形,尾盾持续向内收缩,以至于围岩紧紧卡住TBM尾盾,使TBM无法向前工作,同时管片也无法正常安装。

③姿态偏差造成卡机

如在青海引大济湟工程中,由于隧道底部仰拱被水浸泡后承载力丧失,同时盾壳周边围岩已被清理,支撑靴无法起到支撑作用,刀盘无法旋转,TBM在掘进中向右下方栽头。待掘进完围岩后,TBM由于偏向趋势过大,刀盘已无法抬起和往左回调;当掘进至K17+117.984时,TBM姿态已经严重偏离设计方位,过大的姿态偏差致使隧道管片安装困难,导致TBM无法继续工作,与此同时,围岩收敛变形,造成TBM被卡。

概括起来,TBM卡机原因主要有围岩变形过大和软弱破碎坍塌。

a. TBM工作时,护盾和刀盘相连,超挖滚刀对隧道掌子面有一定的超挖量,为隧道围岩卸荷变形预留一定的空间和时间。当护盾周围的围岩变形量超过开挖预留变形量,围岩开始与护盾接触并挤压护盾,进而对护盾产生摩擦阻力,当TBM的推力无法克服围岩对护盾产生的摩擦阻力时,TBM的护盾便被卡。

b. TBM在软弱破碎地层施工时,掌子面前方地层破碎,垮塌的大块岩石堆积在刀盘前方,当堆积岩石对刀盘的阻力矩大于刀盘的驱动扭矩时,刀盘被卡死(图13-22)。

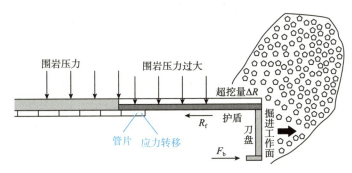

图13-22 TBM卡机原因示意图

若破碎地层坍塌的岩石块径较小,从刀盘刮渣口涌入刀盘内部,刀盘进渣量急剧增加,堆积在刀盘内,当阻力矩大于刀盘驱动扭矩时,刀盘被卡死;岩渣堆积在中心皮带机上,当堆积岩渣对皮带的阻力大于皮带机的驱动能力时,皮带被卡死。破碎围岩出护盾后,若顶部围岩破碎,当顶部破碎围岩的重力大于初期支护的支撑力时,导致初期支护下沉或被损坏;若两侧腰破碎,TBM撑靴无法支撑,影响TBM正常通过;若支护不及时,破碎岩块滑落到隧道底部,影响仰拱块和轨道铺设,清渣影响TBM掘进效率。

(2)破碎地层TBM防卡脱困技术

TBM在软弱破碎地层中施工,经常遭遇不良地质而造成掘进缓慢、卡机、超量出渣等一系列问题,为保证TBM正常掘进,常常需要采用一些辅助措施来对不良地质进行预加固和脱困,降低TBM施工风险。目前常用到的有化学灌浆、导洞法管棚注浆、大范围扩挖周边加固预注浆、掌子面帷幕注浆等辅助措施。通过工程实践建立了基于围岩完整性和含水率的TBM防卡脱困分级控制方法,如表13-3所示。

TBM 防卡脱困分级控制方法 表 13-3

TBM 防卡脱困关键技术	启动条件	技术关键
轻型小导管化学灌浆加固技术	RQD < 60,TBM 掘进缓慢、坍塌范围小	刀盘前方采用自进式中空玻璃纤维锚杆化学灌浆,护盾上方采用钢制注浆管化学灌浆,灌浆压力 0.5~1MPa
非扩挖管棚注浆超前加固技术	RQD < 40,TBM 掘进困难,但未卡机	超前钻机穿过钢拱架预留孔,在拱部 90°范围打设;孔深>15m 采用水泥双液浆,孔深<15m 采用化学浆液;需要堵水时采用化学浆,注浆压力 1.5~3MPa
小导洞管棚注浆脱困技术	RQD < 20,破碎且富水,TBM 已卡刀盘	支护小导洞为进入刀盘前方提供通道,管棚水平打设,先试注双液浆或水泥浆,漏浆时换用化学浆液
大范围周边扩挖脱困技术	围岩极破碎、水发育,护盾已抱死	以正洞顶小导洞为基础向两侧依次扩挖,形成管棚工作室;护盾上方 180°范围扩挖,至少 120°范围打设管棚;注浆分段后退式配止浆塞,TBM 区域注浆压力 0.5MPa,其余部位 1~2MPa

①轻型小导管化学灌浆加固技术

化学灌浆具有注浆压力小、强度低、可定点定量、不会固结 TBM 设备、填充黏结效果好的特点,适用于松散地层(坍体)注浆,主要目的是固结松散地层或坍体,施工流程如图 13-23 所示。

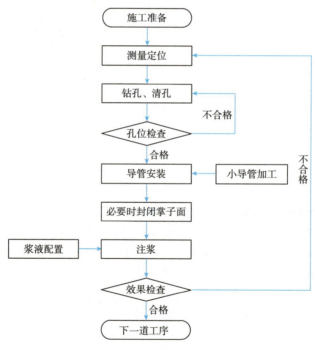

图 13-23 小导管化学灌浆流程图

启动条件:

a. 围岩自稳性能一般,掉块频繁、坍塌规模小地层掘进时,掉块/坍塌范围达到 1m 左右时立即实施,可黏结坍体、填充坍腔,防止坍塌掉块进一步扩大、超量出渣引起更严重问题。一般在 RQD 值<60 时,结合施工情况实施;RQD 值<40 时,基本需要启动。

b. 坍塌范围已扩大,甚至延伸至掌子面前方时,必须启动化学灌浆对前方松散体及刀盘上部坍体进行黏结。

c. 卡机时盾壳上方坍体加固需采用化学灌浆。

②非扩挖管棚注浆超前加固技术

穿主机超前注浆:利用主轴承与盾壳间防尘盾预留孔洞,刀盘预留钻具穿越位置实施,能够做到局部注浆加固。但该措施存在钻具掉落影响掘进、孔位固定且数量不足的缺点,一般不采用。

TBM尾部超前周边注浆:利用TBM尾部作业空间加固前方围岩,能够在不良地质段长较小、围岩破碎程度一般时使用。但该措施外插角过大影响加固效果、有效范围短、浆液易固结主机,一般用于刀盘至盾尾范围周边坍塌,通过化灌黏结周边后的坍腔回填(图13-24)。

图13-24 非扩挖管棚注浆超前加固施作图

③小导洞管棚注浆脱困技术

导洞法管棚超前注浆具有加固长度长、作用范围集中、较大规模注浆时间短的特点,适用于围岩极度破碎甚至糜棱化、地下水较发育且段落较长地层。启动条件:

a. 超前钻探已确认前方围岩破碎(RQD<20)段落较长、地下水较发育时需要采用小导洞管棚注浆预加固前方地层。

b. 不良地质段较长,TBM已卡机,需采用小导洞脱困时采用小导洞管棚注浆预加固前方地层(图13-25)。

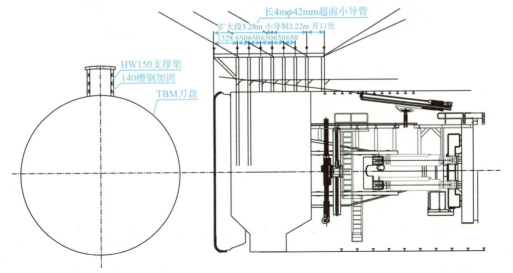

图13-25 小导洞管棚注浆脱困示意图(尺寸单位:mm)

④大范围周边扩挖脱困技术

大范围扩挖周边加固注浆具有加固范围较大、加固效果较好、加固后可形成固结圈保证TBM掘进的特点,适用于为围岩极破碎、地下水发育、段长一般处于15～25m之间的情况实施(图13-26)。

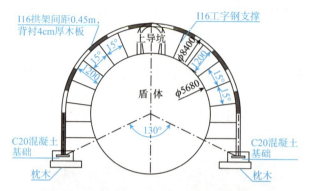

图13-26 大范围周边扩挖脱困示意图(尺寸单位:mm)

启动条件:

a. 超前钻探已确认前方围岩极破碎、地下水发育且能够段长处于15～25m之间单循环注浆能通过时启动。

b. TBM已卡机,小导洞施作困难,需预加固方能作业,且段长处于15～25m之间于25m单循环注浆能通过时启动。

⑤其他辅助措施

掌子面帷幕注浆是TBM施工中辅助措施中迂回导坑施工的简化版,适用于段长不超过3个注浆循环、围岩极破碎且地下水极发育地层。启动条件:超前地质预报探明前方地质极破碎且地下水极发育TBM不能通过、注浆循环段长不超过3个注浆循环,且TBM未进入不良地质,能保证人工开挖安全条件下启动。当断层破碎带等单个破碎地层长度超过3个注浆循环或段长超过50m时,应采用迂回导坑钻爆法处理后TBM步行通过。

讲座:复杂不良地质条件下
TBM施工重难点及关键技术

讲座:双护盾TBM
在青岛地铁的应用

讲座:双护盾TBM
在华南地区的首次应用

任务五 富水构造带TBM施工

一 富水构造带分类

富水构造带大致可以划分为4种类型:一是富水断层,断层岩体破碎极易形成过水通道,对于正断层破碎岩块间一般少有细颗粒物质充填,空隙大;对于逆断层,其上盘一般为强烈破碎岩体、地下水赋存;隧道穿越富水断层时,极易产生坍塌及突泥涌水事故;二是富水褶皱,由于受大地构造挤压作用的影响,无论褶皱是背斜还是向斜体,其岩体都相对破碎,挤压作用越严重,岩体越破碎;富水褶皱一般为向斜构造,隧道穿越向斜核部时的突水问题将会极其突出;三是节理密集带,节理密集带是由于岩体受高应力作用,造成岩体的节理发育、且相互切割,致使岩体破碎,但一般情况下,节理密集带会是一个相对封闭的含水构造,其风险为突发坍塌伴随涌水,其涌水量一般会较快地衰减直至枯竭;在以上三类富水构造带建造隧道,其明显的特征是"突涌坍塌相伴,无预支护就成灾";四是基岩的构造裂隙,基岩的构造裂隙对隧道的稳定性基本无影响,但一旦发生突水,因其流量与水压的衰减速度慢、周期长,其危害性不容忽视。

二 富水构造带 TBM 施工的工程问题

深埋 TBM 隧道的富水构造带其明显的特点是水压高,一旦发生突水或坍塌,其势能大,会伤害施工人员,甚至损毁 TBM 设备,同时还会恶化隧道施工环境。

在采用 TBM 施工时,富水破碎带会造成 TBM 刀盘被"压死"、TBM 盾壳被"抱死"、撑靴支撑力不足等问题,严重影响 TBM 的掘进,甚至 TBM 被掩埋。

在青海引大济湟、引红济石、引汉济渭秦岭隧洞和高黎贡山隧道都发生了不同程度的灾害。引汉济渭秦岭隧洞岭南段 TBM 反坡掘进,在花岗岩较为完整地段因一次基岩裂隙突水,险些发生淹没 TBM 事故,如图 13-27 所示。高黎贡山隧道富水破碎带多次造成护盾被"抱死"、刀盘被"卡死",给 TBM 隧道施工带来极大的困难。

图 13-27 引汉济渭基岩裂隙突水导致 TBM 被淹实景

三 富水构造带 TBM 施工关键技术

1. 富水断层破碎带与节理裂隙密集带的预处理

在富水断层破碎带或节理裂隙密集破碎带掘进,必须先进行超前预处理,主要方法为超前帷幕注浆。一方面注浆固结围岩,减小围岩的渗透性,降低 TBM 掘进时发生突泥涌水的风险;另一方面为打设超前排水钻孔降水压提供条件。TBM 施工的帷幕注浆一般有两种方式,一是护盾处帷幕注浆,二是洞室帷幕注浆。

(1) 护盾处帷幕注浆

护盾处帷幕注浆的基本方法与工艺,与破碎地层的护盾尾超前注浆相类似,注浆材料一般采用快速凝固材料,如水泥水玻璃双液浆、硫铝酸盐水泥浆或化学浆;同时为防止护盾被注浆抱死,护盾部位的注浆采用高压低流量的方式进行(图13-28、图13-29)。

图13-28　护盾尾部全断面注浆示意

图13-29　护盾尾部周边帷幕注浆实景图

(2)洞室帷幕注浆

如图13-30、图13-31所示,首先要在护盾顶部施工工作洞室,其基本方法与挤压性围岩解困相类似。但一般来讲,挤压性围岩不需要进行注浆,而在富水破碎带开挖洞室时需要进行周边注浆,以保证洞室开挖过程的稳定性。

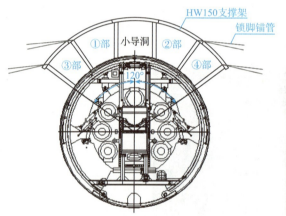

图13-30　帷幕注浆洞室施工示意图

图13-31　护盾顶部洞室帷幕注浆

(3)钻爆法施作迂回辅助坑道

若遇到大规模、长距离的富水构造破碎带,由于受TBM空间的制约,其超前处理工效相对低、花费时间相对较长时,需要结合费用、时间进行综合比选,必要时可采用钻爆法施作迂回辅助坑道,通过迂回坑道对TBM前方的富水构造破碎带进行超前处理,以保障TBM的施工。

2. 基岩裂隙富水的处理

基岩裂隙水突出一般不影响隧道的稳定性,且基岩裂隙几何尺寸相对小、隐蔽性强,即使采用超前钻孔也难以探测准确,所以超前处理较困难,通常是在TBM掘进暴露后视情形进行后处理。

(1)TBM顺坡施工时

在TBM上坡(顺坡)施工时,由于隧道可顺坡排水,一般不会影响TBM的掘进,因此不需要立即进行堵水。通常情况下,应根据地下水流失对环境的影响程度与对后续施工工序的影响程度,在掘进完成后,进行必要的注浆堵水处理。处理时,根据裂隙的产状与涌水点分布,遵循"先外围后核心,快凝固堵裂隙"的原则。图 13-32 为引汉济渭工程的基岩裂隙涌水与处理效果实景图。

图 13-32　引汉济渭工程基岩裂隙水封堵前后实景图

(2) TBM 反坡施工时

TBM 下坡(反坡)施工时,在排水能力能满足不发生水害的情形下,一般也不需要进行及时处理,其后续处理与上坡施工相同。如通过超前探测判断用水量大且排水能力不足时,应利用超前钻注系统,在护盾尾部打设超前注浆孔进行迎水强制注浆,注浆材料应采用快凝材料或化学注浆材料,目的是尽可能降低涌水量,为后续施工创造条件。

3. 富水构造带 TBM 掘进与支护

在富水基岩构造裂隙处的掘进与支护,一般按照完整基岩方式进行掘进,但若预先判断出了裂隙突水会造成水患,则应按照"先堵水、后掘进"的原则施工。对富水构造破碎带的掘进与支护,应按照"先堵水加固、后排水降压、再快掘强支"的原则进行,施工要点如下。

(1) 堵排水

在超前注浆堵水与加固围岩完成后,在注浆体内打设超前钻孔,并向前穿透注浆体,一是判断注浆效果,二是可以兼做超前排水降压。必要时也可在注浆体外打设超前钻孔排水释压,尽可能地降低高压水对 TBM 掘进的影响,如图 13-33 所示。每一注浆循环的掘进必须预留一定厚度的注浆体作为下一注浆循环的止浆墙。

图 13-33　富水破碎带护盾尾钻孔排水实景图

(2) 掘进技术

TBM 掘进时,可参照一般破碎带的方式掘进,其掘进参数应采用"低转速、大推力",以期达到较快速度的掘进;但不应按一般破碎岩层注浆加固后的方式掘进,因为其掘进过程中首要的问题是防止掘进中加固体的变形形成渗水通道,因此需要加强支护控制注浆加固体的变形。

(3) 支护技术

对于富水构造破碎带超前注浆堵水与加固后地段的支护,一般均采用"型钢拱架 + 钢筋排 + 喷射混凝土"进行支护,通常其拱架间距应小于一般 V 级地段,并必须利用前置式系统及早喷射混凝土封闭。

4. 突涌水地段 TBM 施工

一般 TBM 逆坡掘进涌水风险可控,利用 TBM 主机及后配套上配置的常规排水系统将涌水排至后配套尾部,隧道排水可以沿洞底自流,隧道坡度小、洞底水位较深情况时,采用分级独立的排水泵和管路加速排水。当 TBM 顺坡掘进时,TBM 需配置"常规 + 应急"的排水系统,涌水量较小时启动常规排水系统,涌水量大时同时启动应急排水系统,但还需要采用排堵结合的方式。TBM 顺坡掘进涌水应对的总体原则为"以堵为主、堵排结合、限量排放,减少抽排",堵水需要遵循"先拱脚后顶拱再边墙、先无水孔再小水孔、遇集中出水则预留"的原则,具体采用"钻孔分流 + 表面嵌缝 + 浅层封堵 + 深层加固"的隧道断面的分流与加固方案,采用特殊浆材灌浆方法,对洞内出水段落采取径向注浆。

1) TBM 施工涌水防控准则

不同的工程设计和水文地质条件,呈现出的涌水情况不同,进而对 TBM 施工的影响及危害也就不同,需根据涌水所带来的影响大小、风险大小、技术经济性等,遵循分类选择涌水防控方案的准则,达到防控安全风险、减小施工影响、技术优化可行、经济性高、保证工程质量、生态环保的总体目标(图 13-34)。

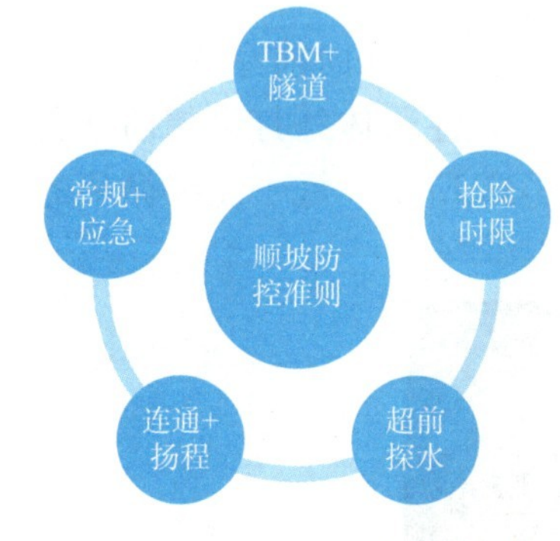

涌水的不同情况将带来不同的防控方案选择,上坡掘进与下坡掘进的安全风险、施工影响、排水方案、经济性等将完全不同;围岩地质条件不同,可做出是否实施超前探水和超前处理的不同方案选择;掘进后出露的突涌水,也将有堵水或排水的不同方案选择。

(1) 超前防控准则

①TBM 顺坡掘进,结合地质勘察资料涌水可能性,一般需进行超前探水。

图 13-34 TBM 施工涌水防控准则

②断层破碎带、岩溶等不良地质洞段,需超前探水。

③断层破碎带、岩溶、松散体等含水洞段,需进行超前注浆处理;而岩体稳定较完整的含裂隙水洞段,一般可不进行超前注浆处理。

(2) 出露防控准则

①TBM 掘进出露的涌水,一般采取"堵 + 排"结合防控方案;水量较小、呈衰减的涌水,可以不采取堵水方案,以排水为主。

②涌水量大,衰减慢,生态环境敏感区,需实施堵水方案。

③非破碎带段,TBM 掘进掌子面已揭露的涌水,如需堵水,一般出露盾体后再实施。

(3)坡度防控准则

①TBM逆坡(上坡)掘进,除了突泥情况,一般风险可控。

a. 利用TBM主机及后配套上配置的常规排水系统,将涌水排至后配套尾部。

b. 隧洞排水,可以沿洞底自流;或将排水管与后配套污水管卷筒相连排水;或坡度小、洞底水位较深情况时,采用分级独立的排水泵和管路加速排水。

c. 为保证运输通道,根据水量大小,可适当架高运输轨道。

②TBM顺坡(下坡)掘进,必须遵循风险控制原则。

a. 需超前探水,必要时超前注浆处理。

b. 需根据涌水量、坡度大小、TBM驱动电机和电气柜等设备布置高度,计算设备被淹情况下的应急抢险排水启动时限,应急排水能够即时启动。

c. TBM需配置"常规+应急"的排水系统,涌水量较小时启动常规排水系统,涌水量大时同时启动应急排水系统;应急排水系统配置能力需结合勘察地质资料涌水量和隧道坡度确定,且应急排水扬程能够直接将水排出洞外或主支洞交叉口。

d. 隧道排水系统的管路要与TBM设备排水系统的污水管卷筒不断延伸相连,两套系统的排水量、扬程、集水井布置统筹协调考虑。

2) TBM逆坡掘进涌水防控技术

(1)TBM施工涌水风险分析和防控方案选择

隧道软弱破碎带一般伴随较大涌水,可能会影响围岩稳定或出现突泥涌水,此种情况可能造成TBM沉陷、被埋、被困,是TBM施工重大风险,必须实施超前探测和超前地质预报。TBM上配备超前地质预报系统,并配备超前钻机,实施超前探测和超前处理。

TBM施工,当涌水量较小时,可利用TBM上常规配备的排水系统将涌水排至后配套尾部,进而通过仰拱块排水槽流出洞外;涌水量很大时,TBM主机和桥架处的积水量若高出仰拱块,涌水自然会沿仰拱块向外自流。因此,TBM设备被淹的风险极小。TBM设备可按设计最大涌水量另加一定的设备消耗供水量设计配置排水系统,一般无须配置应急排水系统。后配套尾部至洞口可采取自流排水,洞外设置污水池进行处理。

(2)TBM排水系统设计方案

TBM排水系统需要的排水量由三部分组成:

①隧道涌水;

②TBM洞外供水系统送入隧道内,部分用于刀盘喷水、清洗设备、出渣皮带机降尘等消耗用水;

③TBM洞外供水系统送入隧道内用于冷却设备的回水,部分进入污水箱,需排出洞外。

排水系统设计如图13-35所示。

TBM洞外供水进入后配套上的冷水箱后,部分通过与TBM设备冷却内水循环系统热交换后,回水流入TBM暖水箱;需要制冷时,部分供水用于制冷系统,热交换后回水流入TBM暖水箱。

TBM暖水箱的水通过温控开关,可流入TBM排水系统污水箱,也可直接通过放水口排至仰拱排水槽,流出洞外。

TBM暖水箱水,用于刀盘喷水的等消耗涌水,流入洞底后,与隧洞涌水一起,由TBM主机处和桥架处的多个潜水排污泵排至TBM排水系统污水箱,污水箱内置的多个潜水泵将沉淀后的污水排至仰拱块排水槽,流出洞外。

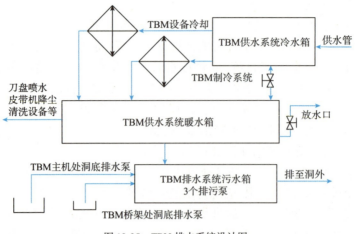

图 13-35 TBM 排水系统设计图

3）TBM 顺坡掘进涌水防控技术

涌水成因及地质构造的复杂性，使得出水形式多样，即使出水表象类似，但成因及构造都可能大相径庭，且每个出水点所处的环境有差别，不可能按统一标准的施工工序进行施工，现场需采用不同的工艺组合、技术参数和材料，但其总体上遵从的处理思路和方法基本相同，概括为"以堵为主、堵排结合、限量排放，减少抽排"。遵循"先拱脚后顶拱再边墙、先无水孔再小水孔、遇集中出水则预留"的总体原则。为有效控制隧洞渗涌水量，减小洞内抽排水压力，结合引汉济渭秦岭隧洞出现的渗涌水情况，通过对隧洞突涌水机理进行分析，开展了常规堵水注浆技术的研究及新型堵水注浆技术模拟试验的研究，现场因地制宜地提出了"钻孔分流+表面嵌缝+浅层封堵+深层加固"隧道断面的分流与加固方案，采用特殊浆材灌浆方法，对洞内出水段落采取径向注浆并取得了明显效果，具体施工工艺如图 13-36 所示。

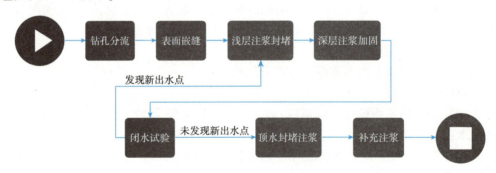

图 13-36 施工工艺流程图

TBM 工况下，高压水封堵有超前封堵与 TBM 通过后径向注浆封堵两种方式，超前堵水具有实施周期长、实施难度大的特点，一般在隧洞排水设施配置已经达到一定程度，同时继续往前掘进会带来较大安全风险的情况下实施，多数情况下 TBM 通过后及时采取径向注浆封堵的方式较为经济。

超前封堵：一般采用 TBM 配套的超前钻机实施，钻孔参数根据实际情况布置，一般钻孔深度 20~50m，孔径 75~120mm，拱部 180°左右范围（TBM 工况下，受主机配套设备限制，环向实施范围有限，部分孔需要调整角度）。

径向封堵:高压水封堵难度相对较大,常规的水泥单液浆由于凝固时间长,灌入后被高压水快速从裂隙冲出,效果往往不佳。双液浆(水泥—水玻璃,化学浆液)具有快速反应凝固的特点,在岩体节理裂隙相对发育且完整性较差的情况下实施,具有一定的效果,可采取均匀的梅花形布孔方式进行封堵,一般孔深 5m 左右为宜。但在硬岩承压裂隙水的封堵上,由于围岩总体较为完整,高压水沿宽张裂隙面涌出,双液浆难以扩散,效果并不理想。此时,需要对堵水工艺与堵水材料进行改进,建议堵水需要遵循"先拱脚后顶拱再边墙、先无水孔再小水孔、遇集中出水则预留"的原则。

灌浆材料可以常规的水泥—水玻璃为基础,添加部分特殊浆材灌浆材料,如添加聚合物纤维,对裂隙起到填充的作用,添加水下抗分散剂,减小浆液的稀释、离析程度,既能增加浆液稠度,又可以改善浆液的流动性;此外,添加速凝剂可加快浆液凝固时间,提高早期强度的作用。采用特殊材料按照以上工艺对硬岩承压裂隙水的封堵在引汉济渭工程实施中取得了良好的效果。

对于地质极为复杂的隧道,TBM 施工应尽量选择顺坡排水。针对富水破碎带地层的施工,可根据地层的破碎程度和富水情况,分别采用"拱—锚—网—喷" + 小导管注浆加强支护、中管棚超前支护、大管棚超前支护,或增加掌子面玻璃纤维筋加固,以及全面断面帷幕注浆加固的方式,富水条件下可设置井点降水或超前排水孔等。

(1)钻孔分流。分流的目的是全方位截穿裂隙水,进行分流降压。根据出水量和水压大小,在裂缝两侧布置适当的钻孔,根据渗水量及压力大小由浅入深每处渗水可布置一定数量的分流孔,孔排距 1.0m×1.0m、梅花或米字形布置,其作用是揭穿更多出水路径,开孔孔径根据裂隙出水量大小而定,一般不小于 $\phi 38mm$,钻孔尽量与主裂隙面或岩体结构面斜交,钻孔角度根据现场施工情况确定,原则上尽可能穿过较多的裂隙,分流更多裂隙水,孔深 5m(具体根据现场情况在经监理人同意后可适当加深,但不宜超过 6m),分流孔可同时作为后期的集中封堵孔,如图 13-37 所示。

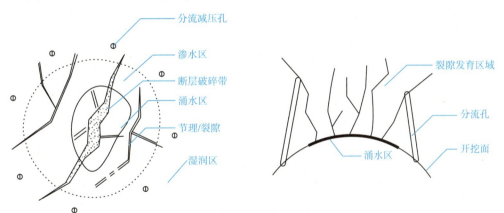

图 13-37 裂隙水分流孔示意图

(2)分流减压。选择一定数量出水流量大、出水深度深的孔作为分流减压孔,必要时可以扩大孔径,镶铸带高压球阀的无缝钢管,便于后期集中封堵时进行闭水试验和灌浆。

(3)钻孔冲洗。钻孔冲洗可采用自孔底通入大流量水由孔口将岩粉带出,至孔口回水变清即可。钻孔冲洗压力为 1MPa;冲洗至回水澄清或总时间不大于 20min 时可结束钻孔冲洗。

(4)压水试验及裂隙冲洗。压水试验是用高压方式把水压入钻孔,根据岩体吸水量计算了解岩体裂隙发育情况,灌前压水试验建议结合裂隙冲洗进行,直至回水澄清时为止。对回水达不到要求的孔,应继续进行冲洗,直至孔内残存的沉积物厚度不得超过20cm。裂隙冲洗完成后,应尽快进行灌浆作业,因故中断时间超过24h的,需在灌浆前重新进行裂隙冲洗。各孔均采用简易压水法。压水压力为灌浆压力的80%,且不大于1.0MPa,压水时间为20min,每5min测读一次压入流量,取最终流量作为计算流量,其成果以吕荣值(q)表示。

(5)表面嵌缝。通过分流减压孔和集中引排孔的分流和减压作用,围岩表面的裂隙出水量势必减小,出水压力明显降低,具备进行表面嵌缝的条件。使用嵌缝材料对主裂隙及影响范围内的次生裂隙进行嵌堵,防止或减少灌浆时出现串漏浆现象。

(6)闭水试验。在进行分流减压孔灌浆之前,应先进行闭水试验,即全部关闭预留的分流减压孔的控制闸阀24h,检查是否还有未发现的次生裂隙或出水现象,若没有发现新的出水点,才能进行最终封堵。

(7)浅层封堵。针对大流量和散状发育的地下水,必须坚持系统处理的原则,即必须对集中大流量出水区域周边一定范围的洞段进行系统浅层封堵灌浆,孔间距1.0m×1.0m,孔深3.5m,孔径38~50mm,孔向根据围岩裂隙发育情况现场确定。通过浅层封堵灌浆,可以防止集中出水区域封堵之后,地下水沿着周围浅层裂隙流出,形成新的出水带或通道。

(8)深层加固。为了防止集中大流量地下水封堵实施阶段,地下水通过深层发育的裂隙向周边扩散,增加封堵难度,应在大流量出水点周边布置深层加固孔,孔间距0.5m×0.5m,孔深5m,孔径38~50mm,孔向根据围岩裂隙发育情况现场确定。为防止地下水通过裂隙向底板扩散,应该先施工仰拱块至隧洞腰线范围的孔,之后再施工出水点周边的孔如图13-38所示。

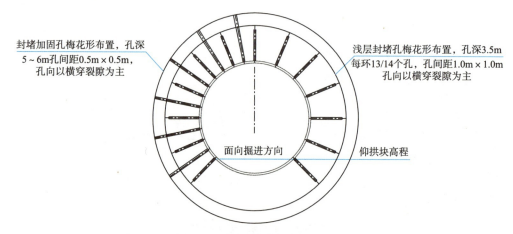

图13-38 出水区灌浆孔断面示意图

(9)集中封堵。在浅层封堵和深层加固施工结束之后,只剩余几个出水流量大、压力高的分流减压孔,此时应由浅孔(或离裂隙近的孔)开始灌浆,向深孔(或离裂隙远的孔)推进,灌浆浆液采用防扩散、可控胶凝时间的特种浆液,过程中部分引排孔阀门打开,观察串浆情况,待所串浆液达一定浓度后逐步关闭串浆孔。如此,逐步将浆液由裂隙口向深部堆积填充,达到完全封堵裂隙的目的。

(10)随机加密、补充注浆。分流减压孔封堵完毕以后,若还存在渗水部位,则再对渗水部分进行针对性的随机加密钻孔和灌浆封堵,直至封堵满足要求。加密孔根据渗水情况与前期堵水灌浆孔交叉并随机布置,孔深同周边灌浆孔。

4)突涌水地段处理措施

根据前期水文地质资料,当掘进至断层及影响带、侵入岩接触带富水洞段前,利用激发极化等方法初步判断掌子面前方岩层含水情况,再利用超前地质钻机钻探确定刀盘前面 30m 范围的含水情况,接近含水体时利用超前钻孔进行水量和水压探测,以判断水的涌出方向及突水、涌泥的危险程度,根据涌水量和水压确定灌浆止水方案。并根据现场实际情况,采取灌浆封堵、超前加固地层等处理措施。

(1)一般富水洞段。当隧洞涌水量小于 $100m^3/h$ 或单孔出水量小于 $10m^3/h$ 时 TBM 可以直接掘进通过。

(2)富水洞段。当隧洞涌水量不小于 $100m^3/h$,按"以堵为主,排堵结合,综合防治"的原则确定处理方案。

(3)高外水洞段施工。对于高外水地段,采取超前注浆堵水的方案,首先考虑开挖轮廓线周边灌浆,水量较大时则加大加长灌浆范围。

TBM 工程案例整理如下,读者可扫描二维码观看。

序号	资源名称	二维码	序号	资源名称	二维码
1	西康铁路秦岭隧道 TBM 施工关键技术		7	吉林引松供水工程4标 TBM 施工关键技术	
2	西南铁路磨沟岭隧道 TBM 施工关键技术		8	引洮供水工程7号隧洞 TBM 施工关键技术	
3	兰渝铁路西秦岭隧道 TBM 施工关键技术		9	青海引大济湟工程 TBM 施工关键技术	
4	南疆铁路中天山隧道 TBM 施工关键技术		10	陕西引红济石工程 TBM 施工关键技术	
5	大瑞铁路高黎贡山隧道 TBM 施工关键技术		11	重庆轨道交通5号线工程 TBM 施工关键技术	
6	引汉济渭秦岭隧洞工程 TBM 施工关键技术		12	青岛地铁2号线工程 TBM 施工关键技术	

◆ 思考题 ◆

1. 简述极硬岩地层的工程特征。
2. 极硬岩地层 TBM 工程问题主要有哪些?
3. 简述极硬岩地层 TBM 施工技术要点。
4. 简述 TBM 施工岩爆发生的特征。
5. 简述岩爆地层 TBM 施工的工程问题。
6. 简述岩爆地层 TBM 施工技术要点。
7. 简述高地应力隧道软弱围岩的主要工程问题。
8. 简述 TBM 应对高地应力软岩变形的理念。
9. 简述高地应力软岩变形地层 TBM 施工关键技术。
10. 简述破碎地层的主要特征。
11. 简述深埋隧道破碎地层的工程问题。
12. 简述破碎地层 TBM 施工关键技术。
13. 富水构造带分为哪几类?
14. 简述富水构造带 TBM 施工的工程问题。
15. 简述富水断层破碎带与节理裂隙密集带的预处理技术要点。
16. 简述 TBM 隧道基岩裂隙富水的处理要点。
17. 简述富水构造带 TBM 掘进与支护技术要点。
18. 简述 TBM 施工涌水防控准则。
19. 简述 TBM 逆坡掘进涌水防控技术要点。
20. 简述 TBM 顺坡掘进涌水防控技术要点。
21. 简述突涌水地段处理措施。

单元十四

TBM 施工风险控制

【单元描述】

本单元主要介绍 TBM 施工风险类别及其识别方法、TBM 施工风险分析、TBM 施工风险管理及 TBM 施工风险防控对策。

【学习目标】

1. 知识目标

(1)掌握 TBM 施工风险的分类；

(2)掌握 TBM 施工风险识别的基本方法；

(3)掌握 TBM 施工风险的评估与分析方法；

(4)掌握 TBM 施工风险的管理方法；

(5)掌握 TBM 施工风险防控对策。

2. 能力目标

(1)能够针对具体 TBM 工程正确识别 TBM 施工风险；

(2)能够针对具体 TBM 工程制定 TBM 施工风险防控对策。

3. 素质目标

(1)培养学生重视安全与环保,坚持文明施工；

(2)培养学生树立持证上岗、规范作业的意识；

(3)培养学生的施工安全风险防控意识；

(4)培养学生树立爱岗敬业的职业精神。

TBM 是一种集机、电、液、传感、信息技术于一体的结构庞大且复杂的隧道施工成套智能装备,在实现连续掘进的同时,完成破岩、出渣、支护等作业,实现了隧道施工的工厂化作业,掘进速度较快,效率较高。与钻爆法相比,TBM 法虽然具有快速、优质、高效、安全、环保及自动化、信息化程度高的优点,但由于隧道工程地质和环境的极其复杂性,TBM 隧道施工长期受制于极硬岩、岩爆、软弱地层、碎碎地层、富水构造带等诸多不良地质,其作业环境恶劣,施工风险较大。在 TBM 施工过程中,任何一个环节出现问题,都会直接影响 TBM 的掘进效率,甚至导致机毁人亡等重大事故。TBM 施工中,每一个问题的排查和解决都要消耗大量的人力、物力,且占用宝贵的掘进时间,损失较大。特别是面对复杂地质条件等不利因素时,TBM 将面临严峻的考验,如果不能准确地预估其所面临的众多风险,及时、有效地采取应对措施,将导致 TBM 卡机停机、进度滞后、结构失稳等问题,并由此产生严重的经济损失。因此,全面、系统地辨识 TBM 施工风险,定量分析各种不确定因素对 TBM 施工的影响,对于合理制订工程进度计划,针对性地采取风险防范措施具有重要作用。

任务一 TBM 施工风险识别

风险识别是指在风险事故发生之前,运用各种方法系统地、连续地认识所面临的各种风险以及分析风险事故发生的潜在原因。风险识别过程包含感知风险和分析风险两个环节。风险识别一方面可以通过感性认识和历史经验来判断,另一方面也可通过对各种客观资料和风险事故的记录来分析、归纳和整理,以及必要的专家咨询,从而找出各种明显和潜在的风险及其损失规律。风险具有可变性,风险识别是一项持续性和系统性的工作,要求风险管理者密切注意原有风险的变化,并随时发现新的风险。

一、TBM 施工风险分类

TBM 施工的风险,总是利用或寻找"地质的复杂性""TBM 的不适应性""人认知的局限性、方案和措施的不合理性""作业环境建构筑物及管线的特殊性"等薄弱环节,引发工程事故。TBM 施工风险主要分为:地质风险、设备风险、人为风险、作业环境风险等 4 类。

(1)地质风险

详细、可靠的地质水文资料是 TBM 工程成功的基本条件,直接决定了工程的成败。地质水文资料是决定采用 TBM 是否可行、TBM 的类型的选择、TBM 的主要技术参数、辅助施工设备的选择和应急预案制订的依据。

(2)设备风险

技术先进、质量可靠的 TBM 和经验丰富、服务专业的 TBM 供货商是 TBM 工程成功的关键因素。TBM 要求专业制造,专业服务。专业制造包括技术先进、质量可靠。只有 TBM 技术先进才能使 TBM 施工更安全、施工效率更高,这是保证 TBM 工程工期的关键因素之一;专业服务,是指 TBM 制造商要具有丰富的工程经验,能提供及时的技术支持并能及时供应备件。

（3）人为风险

经验丰富、管理科学、专业高效的施工队伍是 TBM 工程成功的根本因素。地下工程的风险需要丰富的经验应对，因此，要求施工队伍经验丰富；TBM 施工项目工期紧，科学的管理才能充分发挥 TBM 的效能，节约成本创造效益，因此，要求 TBM 施工队伍管理科学；TBM 施工工序安排紧凑，高效先进的 TBM 需要高效的专业作业人员，这是保证安全、质量与工期的关键因素之一，因此要求施工队伍必须专业高效。

（4）作业环境风险

TBM 影响范围内建（构）筑物、各类管线的详细调查报告是 TBM 施工穿越建（构）筑物、各类管线成败关键之一。提前对范围内建（构）筑物、各类管线进行必要的处理，可减少或者避免在 TBM 穿越过程中对其造成影响，从而规避施工风险。

二 风险识别的基本方法

风险辨识就是从系统的观点出发，通过分析工程项目相关资料，确定影响工程项目目标的可能性因素，整理其特点、来源并形成风险清单的过程。风险辨识涉及从复杂的表象关系中找出其根源的本质联系，在众多的影响要素中识别出重点，并分析它们可能发生的概率和发生后带来损失的严重程度。风险识别阶段的主要任务是搜集工程项目的所有风险因素，及其来源、发生条件、特征和影响过程。对于 TBM 工程项目而言，风险识别的基本方法主要有以下七种。

（1）分解分析法

分解分析法是指将复杂的事物分解为多个比较简单的事物，将大系统分解为具体的组成要素，从中分析可能存在的风险及潜在损失的威胁。

（2）层次分析法

层次分析法，简称"AHP"。是指标权重确定的一种有效方法，它将相互关联的要素按隶属关系划分为若干层次，建立层次清晰的指标体系结构，利用数学方法综合调查访问所得的各方面意见，给出各层次各要素的相对重要性权重。

（3）失误树分析法

失误树分析法是以图解表示的方法来调查损失发生前失误事件的情况，或对各种引起事故的原因进行分解分析，具体判断哪些失误最可能导致损失风险发生。

（4）专家调查法

风险小组选定相关专家并建立直接问询联系，通过问询收集专家意见并加以综合整理，再匿名反馈给各位专家，再次征询意见。反复多次，逐步使意见趋向一致，从而形成风险事件库，作为最后识别的根据。

（5）流程图法

流程图法是根据工程项目施工过程中的各个工序，在各个环节分析可能发生的风险，进而进行预防、规避或者降低造成的损害程度。该种方法强调根据不同的流程，对每一阶段和环节逐个进行调查分析，找出风险存在的原因。

（6）事件树法

事件树法，简称"ETA"。按照推理的方式从事件发生开始逐渐辨识风险源，一直到事件的结束，识别全过程的风险。用这样的方式可以加深对事故发展的动态走势，同时也可以计算出在不同事故状态下的概率值,使风险辨识更加完善。

(7)事故树法

事故树法,简称"ATA"。与事件树的方法正好相反,该方法是从事故的结果开始,即顶层事件,逐渐分析原因,一直到事故的基本层,即底层事件。这是按照演绎的方式进行风险分析,通过这种方式不仅可以更加全面地识别风险,还能了解风险之间的动态关系,可以更透彻地识别风险本质。

任务二　TBM 施工风险分析

风险评估与分析是指运用一定的数学方法,分别从风险发生的可能性与风险发生后带来的损失大小两个方面进行评估与分析,以获得对风险因素更为深刻的认识。风险评估的前提是充分考虑主要风险因素的影响程度,在此基础上,预计各个风险概率分布的规律,然后探讨风险与风险之间的联系。在风险管理过程中,风险评估与分析起着非常重要的作用,可以帮助风险管理者更好地了解风险的来源和大小等级,为后期风险决策提供依据。TBM 施工的主要风险如图 14-1 所示。

讲座:深部复合地层隧道 TBM 施工风险与选型设计制造应用关键问题

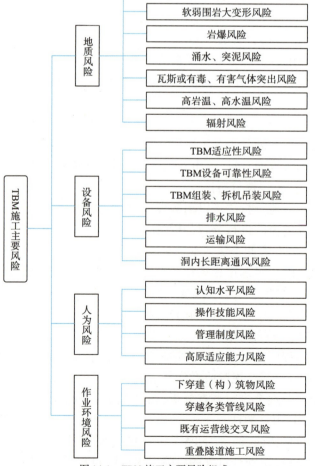

图 14-1　TBM 施工主要风险组成

一 地质风险分析

1. 影响 TBM 施工的地质因素

(1) 岩石的硬度

在其他条件相同的情况下,岩石的单轴抗压强度越低,TBM 掘进速度越快;岩石的单轴抗压强度越高,掘进速度越慢。但是,岩石的单轴抗压强度太低,掘进后围岩的自稳时间极短甚至不能自稳。只有当岩石的单轴抗压强度值在一定范围内时,TBM 掘进才可能既保持一定的速度,又能使隧道围岩在一定时间内保持自稳,这就是当前大多数硬岩 TBM 适用于岩石单轴抗压强度值在 30~150MPa 的中等坚硬岩石和坚硬岩石的主要原因。

(2) 岩石结构面的发育程度

一般情况下,当岩石条件为节理较发育和发育时,TBM 掘进效率较高,其原因有:

①节理不发育,岩体完整,破岩困难;节理很发育,岩体破碎,自稳能力差,支护工作量增大,同时提供的反力低,造成掘进推力不足,因而也不利于提高掘进效率。

②岩体结构面越发育,密度越大,节理间距越小,完整性系数越小,掘进速度有增高的趋势;但当岩体结构面特别发育,结构面密度极大,即结构面间距极小、岩体完整性系数很小时,岩体已呈碎裂状或松散状,岩体不具自稳能力,在此类围岩中进行掘进施工,其掘进速度非但不会提高,反而会因对不稳定围岩进行大量加固处理而大大降低。

(3) 岩石的磨蚀性

岩石的磨蚀性对刀具的磨损起着决定作用。当其他因素一定时,岩石硬度和磨蚀性越高,刀盘、刀具的磨损就越大。换刀量和换刀时间的增大,势必影响到 TBM 应用的经济效益和掘进效率。刀具、刀圈及轴承的磨损或损坏,对 TBM 使用成本影响很大。岩石的硬度、岩石中矿物颗粒(特别是高硬度矿物颗粒,如石英等)的大小及其含量的高低,决定了岩石的磨蚀性指标。一般来说,岩石的硬度越高,对刀盘刀具等的磨损越大,掘进效率也越低。

(4) 岩体主要结构面

当岩体主要结构面的走向与隧道轴线间夹角小于 45°、且结构面倾角较缓(≤30°)时,隧道边墙拱脚以上部分及拱部围岩因结构面与隧道开挖临空面的不利组合而出现不稳楔块,常发生掉块和坍塌,影响 TBM 工作,降低 TBM 工作效率,甚至危及 TBM 安全。

(5) 围岩的初始地应力状态

当围岩处于高地应力状态下:若围岩为坚硬、脆性、较完整或完整岩体,极有可能发生岩爆灾害,严重时将危及 TBM 及施工人员的安全;若围岩为软岩,则围岩将产生较大的变形。二者均会给 TBM 的掘进施工带来极大的困难。

(6) 岩体的含/出水状态

岩体含/出水状态对 TBM 工作效率的影响程度,主要由含/出水量的大小及围岩的范围与性质决定。一般来说,富含水和涌漏水地段,围岩的强度会有不同程度的降低,特别是软质岩的强度降低更显著,致使围岩的稳定性降低,影响 TBM 工作效率。此外,大量的隧道涌漏水,不仅恶化 TBM 工作环境、降低 TBM 工作效率,同时还可能造成人员及设备伤害事故。

2. TBM施工的地质风险

TBM施工的主要地质风险可分为4类:破碎带、软弱围岩条件下坍塌风险,大埋深、高地应力条件下岩爆及围岩大变形风险,掌子面或周边围岩的渗漏水、涌水风险,瓦斯渗漏风险。

(1) 破碎带、软弱围岩坍塌风险

断层破碎带多由断层泥砾、砂岩、千枚岩等组成,松散、破碎、含水。断层破碎带围岩自稳能力差,易造成塌方,掘进方向难以控制。同时,TBM工法在这类地层中的处理措施和手段不如钻爆法灵活,无法对掌子面实施有效的封闭,钻爆法施工所采用的很多超前注浆加固措施在TBM工法下效果大打折扣。极易出现以下情况:

① 因围岩破碎、节理发育,开挖后易发生坍塌,造成底部清渣时间过长。

② 刀盘护盾上方坍空,混凝土回填引起支护作业时间加长。

③ 围岩软弱且掘进慢,围岩拱顶下沉、收敛后不能满足二次衬砌净空。

(2) 大埋深、高地应力岩爆及围岩大变形风险

根据区域地质及既有资料的分析,工程所在区域地应力较高,当隧道在坚硬完整、干燥无水的Ⅰ、Ⅱ级围岩(如花岗岩)地段中进行开挖时,由于应力集中,掘进机通过该地段时三向应力状态的突变,使得围岩的岩石应力等待重新分布和释放,在掌子面或离掌子面一倍左右洞径的地段便有发生岩爆,甚至发生较强烈岩爆的可能,严重时洞壁收敛、将卡住刀盘使其动弹不得。

隧道通过各断层泥砾带、千枚岩中局部破碎的炭质千枚岩地段,由于岩质软弱,洞室埋深较大,地应力值相对较高,施工中有可能产生软岩塑变形现象。借鉴兰武二线铁路乌鞘岭特长隧道、宝中铁路大寨岭隧道及京九铁路家竹等隧道等施工经验,在大埋深条件下,地层中存在高地应力,隧道开挖后围岩中应力释放,可能发生围岩塑性大变形,造成片帮剥落、掉块、断面收敛变形大、成洞困难等问题。

(3) 围岩渗漏水、涌水风险

隧道通过各断层破碎带,由于构造裂隙水较发育,地下水循环较快,施工中有可能产生突然涌水现象,主要分布在断层带及影响带、节理密集带、软弱结构面、岩性接触带、岩脉发育地段,由于断裂带物质组成的不均一,特别是断层中还有泥砾等软弱夹层,将会出现较大的涌水、突泥。造成围岩自稳能力差,容易发生围岩失稳,TBM可能沉陷、被埋,难以继续掘进前行,存在重大风险。

(4) 瓦斯渗漏风险

隧道施工中,可能产生的有害气体主要有甲烷(CH_4)、二氧化碳(CO_2)、硫化氢(H_2S)、二氧化硫(SO_2)、粉尘等。隧道埋深大、延伸长,具有良好的储存封闭条件,便于地下有害气体的储存富集,风险极大。

二 设备风险分析

TBM是非标设备,其选型和设计,不仅决定了TBM在施工过程中能否发挥正常的施工功能,也会影响到后期施工过程中施工风险发生可能性的大小,因此必须按照地质条件进行针对性设计,如因地质资料的不翔实和不准确,在TBM前期选型、地质适应性分析及

制造厂家针对性设计中可能会存在认知偏差,从而导致设备实际使用中存在与地质不适应的风险。其主要有以下 5 个方面:

(1) TBM 选型及功能性缺陷

不同的地质情况决定了 TBM 适用的类型,选用敞开式还是护盾式,要具体分析,若实际地质与设计地质偏差太多,可能会导致选型失败、设备掘进困难。

(2) 刀盘结构形式、刀具配置和刀间距设计

根据岩石强度及完整性的不同,需要针对性配置不同直径的滚刀,并设计合适的刀间距。若地质资料不详细、对该地层情况认识不充分或地质情况过于复杂多样,且目前技术又不能设计可调节的刀间距时,可能会存在刀间距设计不适应导致掘进困难的风险。

(3) 设备性能不足风险

因未探明详细地质情况或设备设计时考虑不充分,性能储备不足,在遇到特殊地质可能会出现扭矩不足、推力不够等导致 TBM 掘进缓慢、卡机等风险。

(4) 刀盘损坏风险

长距离掘进中,若岩石强度过高或石英含量过高,均可能存在刀盘磨损、开裂风险。

(5) 主轴承或密封损坏风险

长距离掘进中,因设计或使用不当,可能存在主轴承或密封损坏风险,不得不在洞内进行更换,费时费力。

三 人为风险分析

TBM 施工的专业性极强,需要具有专业技术的施工人员进行施工操作,需要有相应的管理措施来规范施工操作。由于人的认知水平、业务素质能力、道德素质等的局限性,可能造成制订的项目管理制度不合理,制订的施工方案不合理,设备操作不熟练,应急处置不合理,设备维修保养水平低下,设备故障率高等问题。同时人的身体素质,特别是高原适应缺氧、低气压的能力,也是造成人为风险的因素之一。

另外部分施工人员专业技术水平较差,并且施工管理组织不严格,导致施工方案和措施不当,也增加了 TBM 施工过程风险事故发生的可能性。

四 作业环境风险分析

(1) TBM 进出洞风险

TBM 在工作井进出洞时,需要凿除预留洞口处钢筋混凝土挡土墙,而后由 TBM 刀盘切削洞口加固土体进入洞圈密封装置,此过程中洞口土体及加固土体暴露时间较长,且受前期工作井施工方法及其施工扰动影响,容易因加固土体或洞圈密封装置的缺陷而发生洞口水土流失或塌方。如遇饱和含水砂性土层,更易发生向井内的大量涌砂涌水而导致 TBM 出洞"磕头"或 TBM 进洞"突沉",甚至在 TBM 进洞突沉中拖带盾尾后一段隧道严重变形或坍垮,造成极严重的工程事故,并严重破坏周边环境。由于 TBM 进出洞发生事故概率较高,其后果可能极为严重,因此,对关系到 TBM 进出洞风险的每个细节都必须采取可靠的风险控制措施。

(2) TBM 穿越重要构筑物风险

运营地铁隧道、越江公路隧道及立交桥、高速铁路等重要构筑物的变形要求极其严

格。在 TBM 穿越施工过程中稍有不慎，易对高灵敏度软土产生相对较大的扰动，从而引起较大的地层损失率，导致被穿越的重要交通设施产生过大不均匀的变形，严重威胁城市交通命脉的运营安全，对社会产生较严重的后果。

(3) TBM 穿越地下障碍物风险

由于预处理措施不当或 TBM 切削刀具事先配备不足，在 TBM 穿越地下障碍物时，推进受阻、姿态频动而致前方土体反复、过大扰动导致地层坍陷；刀盘前方清障时引起开挖面失稳和坍塌；推力猛增或刀盘转速较快而致刀盘刀具卡死、损坏甚至 TBM 瘫痪而无法正常推进。

任务三 TBM 施工风险管理

TBM 施工风险源管理非常重要，每个细节对于风险发生与否都是有影响的。科学、积极有效的风险源管理，在工程施工中对于杜绝安全事故、消灭安全隐患，控制风险源的状态具有重要的意义。

一 开工前施工风险源管理

(1) 工程开工前，项目经理应组织项目部各职能部门负责人、安全工程师、相关技术人员，对单位工程施工中可能存在的风险、消除风险的管理方法及代价进行评估，确定施工中的风险源，并对风险源进行动态管理。

(2) 风险识别、评估和风险源管理是项目部安全生产管理工作的重要内容之一。风险评估和管理的主要目标就是已知某种风险的存在而研究制订相关的管理、控制措施，提高项目部应对突发事件的能力。风险源管理的主要目标就是控制风险源的状态，通过制订相关的管理、技术措施以保证风险源运行在一个可控、可预见的范围内，进行安全生产。

(3) 项目管理中风险评估和风险源管理主要采取事前预防管理的方法：

①落实政府及相关部门颁布的各项安全法规、标准、公司制订的安全管理制度。项目部是施工安全生产的主体，是落实安全生产的关键环节。

②强制实施许可证制度。劳务队伍必须具有安全生产许可证，项目经理、项目部主要领导具有安全培训证，安全工程师、安全员和安全管理人员具有资质证，特种作业人员持证培训上岗等。

③执行多方位的安全培训制度。作业人员进场施工前必须进行安全操作培训并考试合格，特种作业人员必须定期培训，工程技术人员与领导干部必须参加安全技术与安全管理理培训等。

④定期对单位工程的风险源进行辨识与评价。这是风险源管理的工作重点，在对各施工工点、环境、设备等进行全面辨识与分析的基础上进行相应的风险源评价，制订出各项措施，消除事故隐患，确保安全生产。

⑤使用监控系统进行现场监测与控制。利用软件、硬件技术对重点风险源进行实时监控，做好事故的全面预防工作。

⑥制订事故应急救援预案。根据可能发生的同类事故案例及预先事故评估模拟结

果,制订出预防事故、控制事故、展开救援的方案,为后续的事故控制与处理提供技术支持。事故发生后,现场人员应根据制订的应急救援预案,成立并指挥救援队伍快速有效地控制事故、对受伤人员进行有效的医疗处理、组织涉险人员疏散、事故灾后的清理与恢复生产等。最后根据"事故处理四不放过原则"逐项进行处理,并通过反馈机制加强和完善事故的事前预防措施。

二 施工中风险源管理

工程施工过程中,项目部经理应定期组织项目部各职能部门负责人、安全工程师、相关技术人员,对单位工程施工中存在的风险、风险源进行评估及管理。

(1)项目部重点工程及风险性较大的工程每月评估一次,确定施工中出现的新风险源并制订落实预防措施。

(2)项目部一般工程及风险性较小的工程每季度评估一次,确定施工中出现的新风险源并制订落实预防措施。

(3)项目部针对各种意外情况可组织临时的评估。

任务四　TBM 施工风险防控对策

一 地质风险对策

1. 破碎带、软弱围岩坍塌风险对策

断层破碎带施工时,应采取科学的预测手段切实掌握前方断层破碎带的地质情况,以慢速掘进为主,控制出渣量,尽量减少对围岩的扰动;及时施作管片衬砌,并允许围岩有一定的变形,充分利用围岩自身的承载力,以达到支护和围岩共同受力的目的。必要时利用超前小导管、超前化学注浆等手段进行超前支护,改良土层的整体性、稳定性;若遇围岩极为破碎需采取超前全断面帷幕注浆等手段加固时,要采用人工开挖绕洞至掌子面进行注浆加固后再掘进通过。

2. 大埋深、高地应力岩爆及围岩大变形风险对策

围岩大变形洞段施工中,要根据超前地质预报成果和开挖揭示围岩验证变形等级,施工中尽量减少对围岩的扰动,充分发挥围岩的自稳能力,快速形成封闭结构,改善支护结构的受力状态,控制隧道的收敛及拱顶下沉。

若围岩收敛变形较为严重时,利用 TBM 的扩挖功能,外垫边刀加大开挖直径增大预留变形量;若在变形量极大、速度快的极端情况下,当 TBM 扩挖不足以克服卡盾时,采取从 TBM 护盾后施作绕洞进入掌子面前方采取人工钻爆法处理步进通过的施工方法。同时加强监控量测,对数据进行分析处理,并反馈指导施工中修改支护参数等施工技术措施。

隧道施工中可能发生岩爆时,应遵循以防为主、防治结合的原则,对掌子面前方的围岩特性及水文地质条件等进行预测、预报,当发现有较强烈岩爆发生的可能性时,应及时

研究施工对策措施,做好施工前的必要准备;此外,应及时对 TBM 法施工岩爆段防治措施进行总结分析,探索出适合工程岩爆段的施工方法,反馈指导施工。

3. 围岩渗漏水、涌水风险对策

围岩渗漏水、涌水段施工中,对于涌水治理应采用"以堵为主、排堵结合"的施工处理方案。掘进前,首先通过打超前钻孔,探测钻孔的出水量、水压、涌水里程等。当出水量不大时,利用 TBM 前面的钻机打排水孔排水,在做好排水的情况下继续掘进;当水量较大、岩石破碎不具备排水条件时,应注浆堵水后再掘进;当遇到裂隙发育、漏水量大的破碎带,并且破碎带含承压水层,岩石的导水性及富水性较好时,应采用排堵结合的施工方法。

4. 瓦斯渗漏风险对策

(1)利用 TBM 自带的监测系统实行全过程有毒有害气体含量监测。

(2)加强通风进行稀释有毒有害气体,进洞人员佩戴防毒口罩等防护措施。

(3)设专职人员值班,制订监测制度和事故上报处理程序,并制订应急预案。

(4)根据监测制度,定期对风速、风量、CH_4、CO、H_2S 等气体的浓度进行检测,如果出现浓度偏高等异常情况,按程序应及时增加检测频率,做到早发现早采取措施,将损失降到最低。如果发现气体浓度超标,需及时上报,经分析研究后,根据实际情况采取不同的处理措施,必要时启动应急预案。

5. 地质因素应对措施

(1)高地温地段应对措施

高原铁路隧道所在地区断裂发育,晚近期构造活动强烈,新生代岩浆岩侵入频繁,岩石变质作用多种多样,深大断裂沟通地壳深部热源,使得该地区地热异常,热水活动强烈,高温高热现象极为显著。其产生原因主要有两个:一方面是隧道埋深大、穿越的不同地质单元多,且地壳内岩石中含有放射性物质,其裂变产生地温;另一方面,由于花岗岩、片麻岩、混合岩、石英岩、板岩、灰岩等各类坚硬、致密岩石的热导率较低、传热性能差,在岩体中易于聚集热能,因此随着隧道工程埋深的增加,地温一般也逐渐增加。

为达到规定的标准,在施工中一般采取通风和洒水及通风与洒水相结合的措施。地温较高时,可采用大型通风设备予以降温。地温很高时,在正洞开挖工作面前方的一段距离,利用平导超前钻探,如有热水涌出,可在平导内增建降水、排水设施和排水钻孔,以降低正洞的水位。如正洞施工中仍有热水涌出时,可采用水玻璃—水泥双液注浆,以发挥截水及稳定围岩的作用。

(2)岩溶地层溶洞应对措施

地下岩溶发育的 3 个必要条件包括可溶性岩石的性质、地质构造特征和地下水动力条件,其中可溶性岩石是岩溶发育的物质基础。岩石的可溶性越强,在同等条件下,就越有利于岩溶发育。隧道作为线状工程,其穿越各段可溶性岩石层的溶解度大小控制着隧道沿线岩溶发育的分布特点。地质构造特征对岩溶发育影响的重要性在于它不仅控制了可溶性岩地层的分布和变形特征,更重要的是它为水流对可溶性岩进行选择性溶蚀创造了基本条件。

隧道通过岩溶区,应查明溶洞分布范围和类型,岩层的完整稳定程度、填充物和地下水情况,以此确定施工方法。对尚在发育或穿越暗河水囊等地质条件复杂的岩溶区,应查明情况审慎选定施工方案。对有可能发生突然大量涌水、流石流泥、崩坍落石等,必须事先制订措施,确保施工安全。

隧道穿过岩溶区,如岩层比较完整、稳定,溶洞已停止发育,有比较坚实的填充,且地下水量小,可采用探孔或物探等方法,探明地质情况,如有变化便采取相应的措施。如溶洞尚在发育或穿越暗河水囊等岩溶区时,则必须探明地下水量大小、水流方向等,先要解决施工中的排水问题,一般可采用平行导坑的施工方案,以超前钻探方法,向前掘进。当出现大量涌水、流石流泥、崩坍落石等情况时,平行导坑可作为泄水通道,正洞堵塞时也可利用平行导坑在前方开辟掘进工作面,不致正洞停工。岩溶地段隧道常用处理溶洞的方法主要包括"引、堵、越、绕"等4种。

"引"指遇到暗河或溶洞有水流时,宜排不宜堵。应在查明水源流向及其与隧道位置的关系后,用暗管、涵洞、小桥等设施宣泄水流或开凿泄水洞将水排出洞外。当岩溶水流的位置在隧道顶部或高于隧道顶部时,应在适当距离处,开凿引水斜洞(或引水槽)将水位降低到隧底高程以下,再行引排。当隧道设有平行导坑时,可将水引入平行导坑排出。

"堵"指对已停止发育、跨径较小、无水的溶洞,可根据其与隧道相交的位置及其充填情况,采用混凝土、浆砌片石或干砌片石予以回填封闭;或加深边墙基础,加固隧道底部。当隧道拱顶部有空溶洞时,可视溶洞的岩石破碎程度在溶洞顶部采用锚杆或锚喷网加固,必要时可考虑注浆加固并加设隧道护拱及拱顶回填进行处理。

"越"指当隧道一侧遇到狭长且较深的溶洞,可加深该侧的边墙基础通过。隧道底部遇有较大溶洞并有流水时,可在隧道底部以下砌筑圬工支墙,支承隧道结构,并在支墙内套设涵管引排溶洞水。隧道边墙部位遇到较大、较深的溶洞不宜加深边墙基础时,在边墙部位或隧底以下筑拱跨过。当隧道中部及底部遇有深狭的溶洞时,可加强两边墙基础,并根据情况设置桥台架梁通过。隧道穿过大溶洞,情况较为复杂时,可根据情况,采用边墙梁、行车梁等,由设计单位负责特殊设计后施工。

"绕"指在岩溶区施工,个别溶洞处理耗时且困难时,可采取迂回导坑绕过溶洞,继续进行隧道前方施工,并同时处理溶洞,以节省时间,加快施工进度。绕行开挖时,应防止洞壁失稳。

(3)高磨蚀性地层应对措施

①高磨蚀性地层施工时,应将超前地质预报纳入施工工序管理,在立足地勘的基础上,结合中长距离水平声波剖面法(HSP)超前地质预报、短距离超前地质钻孔、开挖揭示围岩地质编录等方法,验证判断掌子面前方围岩定性情况,及时反馈指导施工。

②应结合工程实际情况,合理选择刀具,以降低刀具损耗。

③摸索适宜的掘进参数,充分挖掘设备潜力,同时加大刀盘喷水,助力破岩。

④加强现场施工组织,提高TBM设备利用率。

二 设备风险对策

TBM作为一种施工设备,它不是万能的,不可能应对所有地质,更多的是需要采取施工手段进行解决。设备方面只能从TBM选型和设计挖潜,尽可能规避TBM施工装备风险。

(1)做好地质详勘工作,正确选择TBM形式和功能配置。在确定TBM形式前,必须详细了解隧道地质,召开地质适应性分析会,充分论证分析,选取最适合隧道的TBM形式,对于一些特殊地质条件可以考虑使用双模式 TBM,并针对可能会遇到的地质情况,提出性能需求。

(2) 加强 TBM 针对性设计。确定了 TBM 形式后,根据地质适应性分析情况,进行针对性设计,能够在设备上实现的必须实现,不能在设备上实现的要及时提出,以便于提前采取其他措施予以处理。为了提高 TBM 在多变和极端地质环境下的适应性,应遵循以下几项原则:

①必须确保人员和 TBM 设备安全。
②能有效解决施工中遇到的各种难题。
③能够应对各种地质风险如岩爆、大变形、坍塌、破碎断层、涌水等。
④具有高适应性并兼顾局部特殊性化。

(3) 加强 TBM 制造过程监造,确保制造质量符合设计要求。TBM 设计方案确定后,在制造过程中,必须做好设备监造工作,确保所进行的针对性方案都能够按照设计图纸完美制造出来,满足现场使用要求。

(4) 持续对设备进行改进和升级,以适应掘进中遇到的新问题。TBM 实际掘进过程中,不可避免地要遇到一系列新问题,需要对设备进行持续改进或升级。TBM 使用单位和制造厂家要保持密切沟通,紧密合作,完善改进或升级方案,并妥善实施,解决遇到的问题。

(5) 工程参建各方要明确 TBM 并不能有效应对解决所有不良地质情况,在工程设计、工程策划及工程施工阶段都要做好不良地质段使用非 TBM 工法处理通过的预案。

三 人为风险对策

为了规避 TBM 施工过程中因人为因素造成的风险事故,从人员素质、制度、人员培训等方面进行应对。

(1) 全面提升从业人员素质
①经验丰富。地下工程的风险需要丰富的经验应对。
②专业高效。TBM 施工工序安排紧凑,一环扣一环。高效先进的 TBM 装备需要高效的专业作业人员,是保证 TBM 施工安全、施工质量与工期的关键因素之一。
③良好的身体素质。能适应气候特点,能胜任岗位工作。

(2) 制定完善的规章制度并严格执行
①建立科学合理的绩效考核制度,定期考核,及时兑现。
②制定科学的分配及奖惩制度,充分调动施工人员劳动积极性,提高作业效率。
③根据设备特点制定针对性的操作规程及安全制度。

(3) 加强人员培训
①针对 TBM 施工特点,定期对施工人员进行技能培训,建立成梯次的施工人才队伍培养制度,确保人员轮休时,施工生产不受到影响。
②落实职业病防治措施,定期对施工人员进行必要的演练和培训。

四 作业环境风险对策

TBM 周边作业环境资料的准确性是 TBM 施工及选型的依据,TBM 施工中重大风险源的判别及预防、地下管线及地表建筑物保护都要依托准确的周边作业环境资料。

(1)加强地下管线勘察

进一步探明工程周边地下管线情况,摸清既有管线的走向、位置、埋深等基本参数,以及对现场施工的影响,为管线迁改的合理性、管线保护方案的制订提供原始的数据,为TBM施工提供可靠的管线成果资料。

根据管线调查状况和评定的风险等级,在TBM施工过程中及时调整掘进参数,优化措施,制定科学有效的应对措施。

(2)加强建(构)筑物调查

施工前,对TBM隧道施工影响范围内的建(构)筑物进行详细调查,为TBM掘进控制和建构筑物沉降控制等保护提供可靠的依据。

根据建(构)筑物调查的成果报告情况,结合施工经验,对每处建(构)筑物逐一辨析,确定建(构)筑物的等级,提出对建(构)筑物的施工措施,如提前加固、桩基托换、临时迁改、提前拆除、施工过程保护控制等。

收集既有建(构)筑物状况原始资料,作为日后建(构)筑物损坏,产权单位索赔时的原始证据。

(3)加强设备维修保养

施工过程中加强设备维修保养,做好设备保温工作,减少因低温、低压环境导致设备功效降低发生的程度。

◆ **思考题** ◆

1. TBM施工风险主要有哪些?
2. 简述TBM施工风险识别的基本方法。
3. 影响TBM施工的地质因素主要有哪些?
4. TBM施工的地质风险主要有哪些?
5. TBM施工的设备风险主要有哪些?
6. 简述TBM施工的主要人为风险因素。
7. TBM施工的作业环境风险主要有哪些?
8. 简述开工前施工风险源管理措施。
9. 简述施工中风险源管理措施。
10. 简述破碎带、软弱围岩坍塌风险防控对策。
11. 简述大埋深、高地应力岩爆及围岩大变形风险防控对策。
12. 简述围岩渗漏水、涌水风险防控对策。
13. 简述瓦斯渗漏风险防控对策。
14. 简述高地温地段应对措施。
15. 简述岩溶地层溶洞应对措施。
16. 简述高磨蚀性地层应对措施。
17. 简述设备风险防控对策。
18. 简述人为风险防控对策。
19. 简述作业环境风险防控对策。

参 考 文 献

[1] 陈馈.TBM在铁路隧道施工中的应用[J].建筑机械,2006(8).

[2] 杜彦良,杜立杰.全断面岩石隧道掘进机系统原理与集成设计[M].武汉:华中科技大学出版社,2011.

[3] 陈馈,冯欢欢.TBM施工风险与应对措施[J].隧道建设,2013,33(2):91-97.

[4] 李达,洪开荣,谭忠盛.渤海海峡隧道TBM施工风险评估及关键风险对策探讨[J].中国工程科学,2013.(12):95-100.

[5] 刘泉声,黄兴,时凯,等.深部挤压性地层TBM掘进卡机孕育致灾机理[J].煤炭学报,2014,39(S1):75-82.

[6] 陈馈,洪开荣,焦胜军.国内外盾构法隧道施工实例[M].北京:人民交通出版社,2016.

[7] 陈馈,洪开荣,焦胜军.盾构施工技术[M].2版.北京:人民交通出版社,2016.

[8] 陈俊.大伙房水库输水隧洞TBM法施工风险识别及对策探析[J].水利技术监督,2016,(3):105-107.

[9] 陈馈,杨延栋.高黎贡山隧道高适应性TBM设计探讨[J].隧道建设,2016,36(12):1523-1530.

[10] 杜立杰.中国TBM施工技术进展、挑战及对策[J].隧道建设,2017,37(9):1063-1075.

[11] 邓铭江.超特长隧洞TBM集群施工风险管控技术[J].Engineering工程(英文),2018,4(1):244-264.

[12] 杨延栋,陈馈,张啸.复杂地质条件TBM研制关键技术及应用[J].隧道建设(中英文),2019,39(6):1052-1058.

[13] 卢春房,蔡超勋.川藏铁路工程建设安全面临的挑战与对策[J].中国工程院院刊,工程,2019,5(5):833-838.

[14] [德]伯纳德·梅德尔,莱昂哈德·施密德,威利·里兹,等.硬岩掘进机[M].北京:中国铁道出版社,2019.

[15] 王江卡,谭顺辉,陈馈.岩石掘进机(TBM)施工关键技术[M].北京:中国铁道出版社,2020.

[16] 陈馈,熊勇军,蒲晓波,等.TBM驾驶与施工[M].北京:中国铁道出版社,2021.

[17] 杜彦良,陈馈,王江卡.TBM隧道施工[M].福州:福建科学技术出版社,2021.

[18] 张彦伟,宁锐,马宏建,等.单护盾岩石隧道掘进机(TBM)施工关键技术[M].北京:人民交通出版社股份有限公司,2021.

[19] 陈馈,贺维国,王江卡.TBM设计与施工关键技术[M].福州:福建科学技术出版社,2022.

[20] 洪开荣.超长深埋高地应力TBM隧道修建关键技术[J].铁道学报,2022(3).

[21] 杜彦良,陈馈,王江卡.岩石隧道掘进机(TBM)设计施工管理关键技术[M].成都:西南交通大学出版社,2023.